LA RÉPUBLIQUE DES LOUPS

AIRY ROUTIER

LA RÉPUBLIQUE DES LOUPS

Le Pouvoir et les Affaires

CALMANN-LÉVY

ISBN 2-7021-1819-4

Imprimé en France

A Valérie,
Airy-Charles, Benoît, Nathan et Valentin

1

ENTRE CHIEN ET LOUP

Le visiteur du soir

– Faites-le entrer !

Le moment est venu. Marc Viénot a raccroché son téléphone et se lève pour accueillir le visiteur tardif, en cette soirée du mercredi 19 octobre 1988. La petite équipe de crise avec laquelle le patron de la Société Générale passe ses journées vient de s'éclipser discrètement dans le bureau voisin, celui de Jean-Paul Delacour. Mais ce dernier est là, tendu, fermé. Viénot a tenu à ce qu'il soit présent à ses côtés. Par prudence, mais aussi par défi : il sait bien ce que la présence du beau-frère d'Édouard Balladur, numéro deux de la banque, a de provocateur dans une telle circonstance. Tout a été réglé pendant l'après-midi, après ce coup de fil, reçu à 15 h 10.

– Bonjour, cher ami, il faut que je vous parle. Je souhaiterais vous voir le plus rapidement possible.

– Aujourd'hui ?

– Maintenant, si vous pouvez.

– Passez me voir à 6 heures.

Bien sûr, le président de la Société Générale aurait pu recevoir son interlocuteur dans l'instant. Tous ses rendez-vous de l'après-midi étaient d'ailleurs susceptibles d'être annulés. Depuis plusieurs semaines, le premier étage de la banque, celui des dirigeants, est exclusivement mobilisé sur l'attaque boursière dont elle sait être l'objet. Or, celle-ci a été déclenchée brutalement le matin même en Bourse, à Paris et à Londres, dès les premières cotations. Mais Viénot a voulu gagner un peu de temps. Pour préparer l'entrevue, prévenir les « amis » et surtout ne pas laisser croire qu'il cède à la panique. Sérénité : c'est l'image que veut donner la banque en ces circonstances difficiles, et c'est aussi celle de son président, trop vite catalogué comme un grand bourgeois dilettante.

Pourtant, au moment où les deux hommes avancent vers la porte pour accueillir leur visiteur, le cœur de Viénot s'accélère soudain. La fureur froide qui l'habitait cède brutalement la place à une bouffée de curiosité, presque enfantine : comment son interlocuteur va-t-il se présenter, et surtout justifier ses mensonges passés? Ne lui a-t-il pas juré à plusieurs reprises, les yeux dans les yeux, qu'il n'était pour rien dans le ramassage systématique des actions de la banque? Or, depuis quinze jours, Viénot sait. Le fond du dossier l'a choqué, mais la trahison personnelle plus encore. Comment l'homme qui traverse en ce moment d'un pas assuré le grand hall désert du siège de la banque, boulevard Haussmann, osera-t-il l'assumer?

Sans le moindre complexe apparent.

– Je suis l'un des seuls dirigeants français de stature internationale, affirmera-t-il d'emblée, après les rapides serrements de main d'usage, alors que les trois hommes se sont à peine installés autour de la table de réunion, dans le bureau en rotonde de Marc Viénot, face à l'Opéra. Le ton est assuré : il arrive en conquérant! Viénot est sidéré, convaincu que son interlocuteur se moque ouvertement de lui. Sa fureur froide est revenue. Il a peine à se contenir :

– Aux faits, je vous prie!

L'homme déplie ses longues jambes, marque un temps d'arrêt. Et avoue. C'est bien lui qui est à l'origine du ramassage des titres de la Société Générale. Il vient de passer le seuil de 5 % du capital de la banque et s'apprête – comme le veut la loi – à demander au comité des établissements de crédit l'autorisation de franchir le seuil des 10 %. Viénot est curieusement soulagé. Enfin les choses sont claires! Mais il n'est guère surpris. Il connaît dans ses grandes lignes le dispositif de l'assaillant. Il en a repéré les zones d'ombre. En début d'après-midi, avant même la clôture de la Bourse, ses antennes lui ont rapporté l'ampleur des transactions en lui signalant une particularité : les acheteurs ont trouvé tous les titres qu'ils réclamaient, comme si de gros vendeurs n'avaient attendu qu'un signal pour les mettre sur le marché.

Ce qui l'étonne en revanche, ce sont les propos conciliants qui sortent de la bouche de son interlocuteur : il ne dirige pas cette opération contre lui, mais a l'intention au contraire de renforcer de façon amicale le capital de la banque pour le préserver d'éventuelles agressions étrangères; sa propre connaissance du monde industriel, son entregent dans les milieux gouvernementaux socialistes et son appui permettront de préserver la banque du pire, et pourront même lui donner un souffle nouveau. « C'est lui, l'impudent, qui ne manque pas de souffle », pense Marc Viénot. La Société Générale a été privatisée dans les règles, dispose d'un réseau international hors pair, ses ratios sont meilleurs que ceux de la BNP et du Crédit Lyonnais, elle a des associés fidèles sur les cinq continents :

– La Société Générale n'a nul besoin de vos conseils!

Le visiteur reprend sa démonstration, évoque ses amitiés politiques, se fait menaçant, laisse entendre que la partie est jouée d'avance et que mieux vaut négocier. Mais peu à peu, son ton devient moins assuré : « Il a commencé à s'embrouiller dans ses déclarations, à mélanger les pourcentages », remarquent les deux banquiers. Lui, d'habitude si maître de ses attitudes et de son verbe, le voici qui dodeline sur son siège. A l'évidence mal à l'aise.

Viénot sent le coup tordu. Tout ceci n'a pas de sens. Pas question de faire durer cette conversation qui ne mène à rien et qui, plus tard, pourrait lui être opposée. Il se lève soudain :

– Nous considérons votre opération comme inamicale et souhaitons que vous y mettiez un terme.

– Il n'en est pas question! Mais n'ayez crainte : je vous répète que notre démarche n'est pas hostile et que mes amis et moi souhaitons simplement associer nos forces aux vôtres, dans l'intérêt de la Société Générale. Je vais d'ailleurs vous confirmer tout ceci par écrit.

Sur le pas de la porte, le visiteur se retourne une dernière fois :

– Si je comprends bien, vous le prenez très mal?

– Exactement, je le prends très mal!

Soudain, la voix s'est faite plus sourde, presque hésitante :

– C'est très ennuyeux, car si nous ne parvenions pas à nous entendre, je ne pourrais pas compter sur vous pour reclasser nos titres...

Plaisante-t-il? Viénot est, cette fois-ci, complètement interloqué. On comptait sur lui pour racheter les actions de sa propre banque, acquises à son insu, de façon hostile?

– Vous ne manquez pas d'air!

Incongrue dans sa bouche, l'expression entendue à la table familiale est sortie toute seule. C'en est trop. Les deux hommes ne se serrent pas la main. Ils ne se rencontreront jamais plus. L'entretien, glacial, n'a pas dépassé une demi-heure. Aussitôt le visiteur raccompagné, Viénot et Delacour sonnent le branle-bas. L'équipe de crise s'est précipitée dans le bureau du patron. On prévient immédiatement quelques grands industriels amis et sûrs, ainsi que les parrains politiques. Ceux-là mêmes qui, au RPR, ont conduit la privatisation de la banque. Arrive alors, par porteur, la lettre de confirmation promise, dégoulinante de bonnes intentions. Marc Viénot dicte une réponse dans l'instant, qui sera elle aussi portée le soir même. Dès le lendemain matin, le président de la Société Générale en adressera par précaution un double, assorti d'un petit mot personnel, aux quatorze administrateurs de la société que préside l'assaillant. « Cette opération est totalement inamicale, répète Marc Viénot, nous nous y opposerons. »

Viénot ne s'est pas couché, comme beaucoup l'avaient craint, ou espéré. Des grains de sable imprévus enraient parfois les plus belles machines. La bataille pour le contrôle de la Société Générale aura donc lieu. Engagée en secret au printemps 1988, dès la réélection de François Mitterrand, elle va exploser à l'automne; impliquer et parfois compromettre tout l'appareil d'État et ses institutions les plus vénérables; déstabiliser le ministre des Finances qui verra deux de ses directeurs de cabinet compromis, le second étant – fait sans précédent – acculé à la démission. A l'origine de la révélation de l'affaire Pechiney, cette bataille pour le contrôle de la Société Générale va ensuite jeter indirectement l'opprobre sur plusieurs personnalités de premier plan et, peut-être, provoquer la mort d'un homme, ami intime du président de la République. Elle va aussi briser des patrons jusque-là incontestés – dont certains seront chassés sans ménagement du jeu du pouvoir – et déchirer un réseau de relations noué parfois de longue date, provoquant une profonde redistribution des cartes dans le monde de la finance, de l'assurance – comme en témoigne l'OPA de Suez sur Victoire – et même de l'industrie.

Au-delà du projet de loi de circonstance sur le « dénoyautage » du capital des entreprises privatisées par Édouard Balladur, voté au printemps, l'affaire de la Société Générale et celle de Pechiney, son excroissance délictueuse, ont aussi accéléré l'évolution de la société française dans ses rapports avec l'argent; suscité l'émergence d'une nouvelle morale de type anglo-saxon; réveillé la presse, la Commission des opérations de Bourse et d'autres institutions, qui ont redécouvert, parfois provisoirement, leur rôle de régulateur dans une société de droit. Ces affaires ont surtout obligé l'État et le capital à redéfinir leurs rapports toujours incestueux. A jeter les bases d'une nouvelle économie mixte, plus équilibrée que l'ancienne, marquant le recul de l'État régalien face à la société civile.

Le mystérieux « visiteur du soir » pensait faire un bon coup. Mais provoquer un tel séisme, un an, jour pour jour, après le plus grand krach de l'Histoire, jamais Georges Pébereau n'y avait songé, entre chien et loup, ce mercredi 19 octobre 1988.

1

LA BOULIMIE DE GEORGES PÉBEREAU

Boulevard du crépuscule

Lorsque la double porte capitonnée du bureau de Marc Viénot se referme derrière lui, Georges Pébereau ne mesure pas complètement l'ampleur du processus qu'il vient de déclencher, et qui le conduira droit à l'échec. L'entretien, bien sûr, s'est mal passé. Épouvantablement mal. Mais pouvait-il en être autrement? Pébereau balaie de ses pensées la petite flamme d'inquiétude qui le tarabustait depuis la fin de la conversation, à partir du moment où il s'est rendu compte que son interlocuteur ne voulait rien savoir, rien comprendre, rien négocier. Pas une brèche, pas une réponse qui lui aurait permis de rebondir, d'argumenter, de convaincre. Un mur désespérément lisse. Viénot, il le savait, n'a aucun sens politique. Et sans doute trop de principes : amical, inamical, parole donnée, confiance trahie, mais à quelle époque vit-il?

Au fond, tout cela n'a guère d'importance, se rassure Pébereau en descendant souplement les grandes marches de l'escalier circulaire. Les forces qu'il a mises en jeu sont telles que Viénot ne pourra tout simplement pas s'y opposer. Lui-même a tout prévu. La présence du beau-frère d'Édouard Balladur interdisait au patron de la Société Générale d'aborder aujourd'hui la discussion de fond. Mais ce n'est qu'une question de temps. Viénot ne fait pas le poids, sa raideur en témoigne : il devra bientôt changer de ton.

Ce soir-là, l'affrontement de deux mondes et de deux cultures se réduit encore à celui de deux hommes. Amical, inamical? Dérisoire. Ce n'est pas d'amitié dont il s'agit, mais tout simplement de haine, recuite par un profond mépris réciproque. Pébereau considère Viénot comme un apparatchik couleur muraille, sans consistance ni répondant. Un président potiche qui n'a plus sa place dans une France ouverte sur un monde en proie aux débordements du capitalisme sauvage. Viénot de son côté tient Pébereau pour un intrigant sans parole ni compétence bancaire, gonflé de suffisance et prêt à tout – même à s'allier au diable socialiste – pour revenir sur le devant de la scène.

Chacun s'estime seul porteur des valeurs libérales devenues à la mode, et conteste à l'autre toute légitimité capitaliste. Ridicule : capitaliste, aucun des deux ne l'a jamais été, ni de près ni de loin, du moins selon les critères anglo-saxons. Marc Viénot et Georges Pébereau n'ont jamais risqué que l'argent des autres sous la protection de l'État, leur maître. Cet affrontement qui va bouleverser le monde français des affaires, et que les deux camps vont s'efforcer de réduire à une bataille idéologique, met aux prises deux hommes qui ont été l'un et l'autre nourris au bec de l'État, sous l'aile duquel ils ont longtemps déroulé une carrière brillante, mais bien protégée. Ils symbolisent, chacun à sa manière, la société d'économie mixte de la période de reconstruction d'après-guerre, en réalité à la botte de l'État tout-puissant, étrange avatar de la très ancienne collusion entre le monde du pouvoir et celui de l'argent. Cette société d'économie administrée qui a connu son apogée aux débuts de la cinquième République, et qui est, sous cette forme-là, contestée aujourd'hui avec vigueur par les idéologues libéraux.

Ces deux symboles du capitalisme d'État sont de la même génération. En octobre 1988, Viénot a cinquante-neuf ans et Pébereau cinquante-sept. Tous deux ont évidemment usé leurs culottes dans les meilleurs lycées parisiens, ont eu accès aux grandes écoles de la République. Après quoi, bien sûr, ils ont intégré l'un de ces grands corps où est choisie, sur des critères largement arbitraires, la future élite du pays. C'est là que l'on couve les poignées d'élus qui deviendront plus tard des hauts fonctionnaires dociles ou des dirigeants d'entreprise obligés du pouvoir d'État. Les autres, quels que soient leurs mérites ultérieurs, leur aptitude au commandement ou leur capacité à créer des richesses, générer des bénéfices ou conquérir des marchés seront, eux, condamnés à leur obéir.

Petit-fils d'un gouverneur de la Banque de France, fils d'un chef d'entreprise passionné avant l'heure de design industriel, Marc Viénot suit la filière attendue : Sciences-po et l'ENA, sur les conseils de son oncle Jacques Brunet, inspecteur des Finances devenu plus tard gouverneur de la Banque de France. Le jeune Viénot ne déçoit pas. Il sort de l'ENA dans la botte et peut choisir à son tour l'inspection des Finances, voie royale pour faire carrière sous les lambris dorés.

D'origine plus modeste, Georges Pébereau a de son côté choisi tout naturellement Polytechnique, comme le souhaitait son père, conservateur des hypothèques à Digne : en 1950 le prestige de l'école est considérable, particulièrement chez les petits-bourgeois, car c'est le meilleur turbo d'ascension sociale. Comme tant d'autres, Georges Pébereau aurait pu s'en satisfaire, épouser une jeune fille bien née et poursuivre une carrière programmée, sa peau d'âne à la main. Mais à dix-neuf ans, il voit déjà beaucoup plus loin et travaille comme un fou alors que, sitôt intégrés, la plupart des élèves se mettent en roue libre. Il se plie sans rechigner à la discipline militaire stricte qui règne alors en ces lieux : port de l'uniforme, cirage des pompes [1].

Replet, plutôt laid et introverti (décontraction, franche calvitie et régimes minceur aidant il ne cessera, comme les

1. « Le rituel est surréaliste : imaginez l'entrée des trois cents élèves dans un amphithéâtre suivie des " A vos rangs! ", " Fixe! ", " Garde-à-vous! ", entrée du professeur, cours (c'est-à-dire monologue), contre-appel, sortie (...) Quelques-uns suivent, les autres dorment, le capitaine surveille, tout est dans l'ordre. Mais quel ordre! En deux ans je n'ai pas vu un élève poser une question au cours d'un amphi ni le corps enseignant s'en soucier », raconte Jacques-Antoine Kosciusko-Morizet dans *La Mafia polytechnicienne*, Le Seuil, 1973. Jean Peyrelevade, président de l'UAP et professeur à l'École polytechnique a été coauteur de ce livre, mais ne l'a pas cosigné.

bonnes bouteilles, de s'améliorer au fil des ans et d'affirmer son pouvoir de séduction), le jeune Pébereau est alors habité d'une implacable volonté de réussir. Il ne néglige pas les épreuves militaires – qui sont notées – et fait valoir son « bon esprit » à tout propos : la « note de gueule » peut faire gagner quelques points dans le classement de sortie. Il rejoindra donc sans problèmes, directement en deuxième année, l'École des Ponts et Chaussées. Il n'est alors pas le dernier à marquer sa condescendance à l'égard des autres élèves, non polytechniciens, qui suivent les mêmes études mais n'entreront pas, comme lui, dans le prestigieux corps des Ponts qui donne accès, par la grande porte, au ministère des Travaux publics. Ce ministère crée, entretient et gère toutes les infrastructures de transport et exerce la tutelle publique sur la SNCF, la RATP, les compagnies maritimes et aériennes. Idéal pour faire carrière ! Lorsqu'en 1955 il quitte l'école de la rue des Saints-Pères, Georges Pébereau n'a que l'embarras du choix : il en sort major. Il a vingt-quatre ans.

Nul ne peut en douter : Marc Viénot et Georges Pébereau, si différents par ailleurs, sont tous deux d'incontestables membres de la « noblesse d'État [1] ». A l'époque, ces filières royales ne sont même pas contestées : Viénot et Pébereau démarrent leur vie professionnelle sur un nuage. « Lord à vingt-trois ans », selon le raccourci plaisant d'Alain Minc, major de l'ENA, lui aussi inspecteur des Finances, et qui s'y connaît.

Tandis que Marc Viénot observera sans plaisir l'effondrement de la quatrième République à laquelle il était attaché, et ne masquera pas ses réticences vis-à-vis des conditions de l'arrivée du général de Gaulle au pouvoir, Georges Pébereau, lui, ne laissera pas passer la vague gaulliste dont il mesure très rapidement l'ampleur et les opportunités. Le béton coule à flots : au début des années soixante, c'est la grande période

1. Selon le joli titre du livre de Pierre Bourdieu, qui décrit avec sa précision et sa prétention habituelles l'émergence de cette nouvelle caste méritocratique autoproclamée, sujet d'étonnement des observateurs étrangers. *La Noblesse d'État*, Éditions de Minuit, 1989.

du gaullisme triomphant qui se dévoie peu à peu dans les magouilles immobilières. Le ministère des Travaux publics, toujours dépensier, est une forteresse politique. Pébereau en deviendra le pivot, élargissant peu à peu son influence auprès d'Edgar Pisani, de François-Xavier Ortoli (surnommé « l'agent FXO »!), de Robert Galley et d'Albin Chalandon.

Sa carrière épousera de façon exemplaire l'évolution des relations, toujours incestueuses, entre l'État et les entreprises, dans la France d'après-guerre. Se dessinent à travers lui les contours d'une économie mixte fluctuante et pleine d'ambiguïtés. Qui est au service de qui? Servir l'État ou se servir de lui? Pour Pébereau, c'est clair : l'État est un maître, mais ce doit être un maître généreux et influençable. Les ficelles, c'est lui qui entend les tirer.

Il y parviendra extraordinairement tôt. Major des Ponts, il choisit son affectation de jeune ingénieur d'État. Ce sera Nîmes, où l'on s'apprête à reconstruire le pont de Beaucaire, sur le Rhône. Il va y montrer ses qualités d'organisateur, prouver qu'il sait respecter la contrainte des règlements, s'accommoder de la routine tout en prenant des initiatives – modestes, mais bien mises en valeur.

Les travaux achevés en 1957, Georges Pébereau rejoint immédiatement le service des Ponts et Chaussées de la Seine, évidemment le plus coté : la proximité des ministères permet d'être plus vite remarqué. Dans « l'arrondissement est de Paris », il conçoit l'échangeur de Bagnolet [1]. Mais les plus lucides des jeunes ingénieurs des Ponts mesurent les risques que fait courir à leur corps, donc à leur plan de carrière, l'urbanisation galopante du pays. Les Ponts et Chaussées ont construit leur puissance sur l'équipement de la France rurale : n'auront-ils plus leur place dans la ville? Terrifiante perspective! Il faut donc adapter le corps des Ponts au choc de l'explosion urbaine. Grâce à quoi, débarrassé de son ancrage rural, il pourra reprendre du service pour cent

1. C'est dans cet arrondissement que s'est déjà fait remarquer, quelque temps auparavant, Roger Gaspard, qui dirigea EDF jusqu'en 1963, avant d'aller prendre la tête du groupe privé Schneider, sur ordre du gouvernement.

ans [1]. Georges Pébereau est totalement impliqué dans ces débats. Pendant cette période de bouillonnement intellectuel, un esprit volontaire peut brûler les étapes s'il sait ce qu'il veut. Pébereau sent le moment venu de se jeter sur l'avant-scène : jamais plus il ne voudra la quitter! Il se fait élire à trente-trois ans à la tête de l'association des anciens élèves des Ponts [2].

D'emblée, à la tête de sa petite troupe, Pébereau préconise le regroupement du ministère des Travaux publics et des Transports avec celui de la Construction, met tout cela noir sur blanc dans un rapport qu'il transmet directement... à l'Élysée! Il n'a pas froid aux yeux. Il vient tout simplement de lancer une manière d'OPA (le mot n'existe pas encore) du corps des Ponts sur le ministère de la Construction qui – miracle dans cette France quadrillée! – n'est trusté par aucun corps rival.

La réélection, fin 1965, du Général, et la volonté affirmée par Georges Pompidou de concentrer le pouvoir dans quelques méga-ministères tenus par un tout petit nombre de proches, emplissent d'espoirs les jeunes corpsards. Tout leur avenir se joue en quelques semaines [3]. Le 14 janvier 1966, la nouvelle tombe : Edgar Pisani est nommé à la tête d'un nouveau grand ministère, dit de « l'Équipement », qui regroupe les administrations de la Construction, des Travaux publics et des Transports. Georges Pébereau a gagné! Il ramasse sa mise et entre immédiatement au cabinet Pisani, avec le titre

1. Jean-Claude Thoenig et Erhard Freidberg ont parfaitement décrit l'efficacité de cette réaction corporatiste qui a conduit à la création des DDE (directions départementales de l'Équipement) : *Phénomène de corps et Réformes administratives*, Paris, DSD-CNRS, 1970.

2. « Pour les anciens, cette arrivée d'un " jeune Turc " s'interprète comme un véritable coup de force et un manquement grave aux traditions : en revanche, pour les éléments les plus dynamiques, cette élection représente une garantie d'être présent là où l'esprit de réforme risque de souffler », écrivent Michel Bauer et Bénédicte Bertin Maurot. *Les 200, comment on devient un grand patron* « L'épreuve des faits », Le Seuil, 1987.

3. Les jeunes loups ont cependant eu une grosse frayeur en lisant *Le Figaro* du 4 janvier 1966. On y annonce que la construction va être rattachée à un super ministère des Affaires sociales confié à Michel Debré et les travaux publics au ministère des Finances dévolu au jeune Valéry Giscard d'Estaing – un énarque! Fausse alerte, heureusement.

de conseiller technique. Reste à verrouiller l'autorité du corps des Ponts, et la sienne. Cela ne traînera pas [1].

Le 9 juin suivant, c'est Georges Pébereau lui-même qui présente la réforme à la presse. Partout en France, des directions départementales à l'Équipement (DDE) regrouperont les anciennes directions de la Construction et les services départementaux des Ponts et Chaussées. Les ingénieurs du corps des Ponts prendront la tête de ces administrations territoriales : l'OPA sur le ministère de la Construction est accomplie.

Fort de sa nouvelle légitimité (il a sauvé le corps des Ponts d'une possible marginalisation), Pébereau n'aura pas de peine à asseoir sa situation personnelle [2]. Le véritable patron de l'Équipement en France, c'est lui. A la même époque, il remarque et promeut un jeune inspecteur des Finances du nom de Robert Lion, qui deviendra son ami. Bien plus tard celui-ci – on le verra – saura renvoyer l'ascenseur, au moins à deux reprises.

Pour conquérir à la hussarde l'appareil d'État, Pébereau a utilisé des qualités dont il ne se départira pas : *vista* exceptionnelle qui lui permet de sortir « par le haut » d'une situation engluée, connaissance intime des hommes et de leurs faiblesses, capacité de séduction peu commune et total cynisme. Cette période qui le voit réussir son premier coup de poker, il ne l'oubliera jamais. On y connaît une croissance échevelée, dans une société où les grandes entreprises et l'État dorment ensemble sous la haute stature du Général. L'argent public coule à flots et irrigue la France au garde-à-vous; les grands programmes sont lancés, tous plus ambi-

1. « Une relation personnelle étroite et complice s'instaure entre le ministre et le leader du corps : se joignant à l'équipe des collaborateurs directs du ministre, les dirigeants du corps des ingénieurs des Ponts ne tardent pas à occuper une place d'une importance exceptionnelle, à tel point qu'au bout de quelques jours, la réforme du ministère de l'Équipement sera en fait prise en main et dirigée par un tandem composé du ministre et du leader du corps des Ponts », écrivent Jean-Claude Thoenig et Erhard Freidberg, *op. cit.*

2. Conseiller au ministère, il accapare en même temps le poste de directeur de l'Aménagement foncier et de l'Urbanisme, cumulant ainsi pouvoirs et avantages du politique et de l'administratif.

tieux et coûteux les uns que les autres (nucléaire militaire puis civil, plan calcul, Concorde, etc.). Georges Pébereau en est convaincu : en termes de pouvoir et de revenus, les vraies réussites ne peuvent s'accomplir en France qu'à la lisière du public et du privé.

Encore faut-il choisir son camp. A cette époque, le public est encore paré de toutes les vertus, mais le privé, déjà, offre des perspectives financières très nettement supérieures. Or, Georges Pébereau se met à éprouver pour l'argent, ce qu'il signifie et ce qu'il apporte, des sentiments forts et particuliers. C'est donc sans la moindre réticence qu'ayant épuisé les charmes du service public, il décide à trente-sept ans de « pantoufler ». Il rejoint, en août 1968, la Compagnie générale d'électricité (CGE), cinquième entreprise privée française, mais peut-être la plus influente et en tout cas celle qui offre de loin les plus fortes rémunérations à ses hauts dirigeants. L'intéressé avance d'autres raisons. Claude Etchegaray, alors directeur général de LMT, avait recueilli son commentaire grandiloquent : « J'aurais pu devenir ministre, mais j'ai préféré l'action [1]. »

Action, certes, mais sans risques : après dix ans de service public, le statut du corps des Ponts prévoit la possibilité d'une mise en disponibilité de trois ans, une fois renouvelable. Si Pébereau échoue, il sait qu'il peut retourner dans son administration d'origine. Ce n'est pas une clause de style. La mésaventure est arrivée dix-huit ans plus tôt à l'homme qu'il va rejoindre à la CGE, et avec lequel il fera tandem pendant des années : Ambroise Roux, son maître devenu son ennemi juré.

X-Ponts lui aussi, et apparenté par sa mère à la famille Poulenc, Ambroise Roux avait saisi l'occasion, à vingt-huit ans, d'aller pantoufler dès 1950 à Rhône-Poulenc. Las ! Il y patauge et devra au bout de quelques mois rejoindre son administration d'origine, sans que cela nuise en quoi que ce soit à sa carrière ultérieure. Il faut dire qu'Ambroise avait

1. Valérie Lecasble, « Les Avatars de Georges Pébereau », *Dynasteurs*, février 1989.

alors vite rebondi, en entrant au cabinet de Jean-Marie Louvel, ministre de l'Industrie exceptionnel pour avoir réussi la performance de rester quatre ans de suite à son poste, en dépit de l'instabilité de la quatrième République. Sacré cheval! Ambroise Roux le chevauchera longtemps. Il ne tarde pas, d'abord, à diriger son cabinet, succédant à Philippe Thomas, inspecteur des Finances qui deviendra plus tard un très médiocre président de Pechiney.

Qui est donc le président de la CGE en 1968, lorsque Pébereau y fait ses premiers pas? Jean-Marie Louvel, bien sûr, au demeurant sénateur, maire de Caen, membre du comité directeur de l'association des maires de France! Ambroise Roux – entré lui-même à la CGE en 1955 avec le titre de directeur général adjoint – s'était, quelques années plus tôt, démené pour l'installer au poste suprême lorsque, à quatre-vingts ans, Émile Marterer avait songé à partir en retraite. Dans ce système mixte, lorsque l'on n'a ni l'âge ni le pédigree requis pour être soi-même le patron, le fin du fin est bien d'en choisir un à sa main...

Année après année, l'histoire se répète. Voici donc Georges Pébereau à son tour à la CGE (5,5 milliards de francs de chiffre d'affaires), à la remorque d'Ambroise Roux, qui se montrera moins commode que le brave Louvel. Va-t-on confier à l'ingénieur des Ponts une responsabilité à la Société générale d'entreprise, cinquième société française de travaux publics que la CGE vient d'acheter? Pas du tout! Pébereau n'a pas quitté l'Équipement pour crotter ses chaussures dans la glaise. Il est immédiatement bombardé directeur de la CGE, qui vient de se transformer en une holding financière coiffant les filiales industrielles. Mais ce titre manque d'épaisseur, surtout pour quelqu'un qui n'a pas de compétences financières particulières. Il souhaite donc une responsabilité opérationnelle dans une filiale. Laquelle, entre sept? Ce sera le téléphone, avec Ambroise Roux. L'un et l'autre sont évidemment les plus porteurs. Voici donc Pébereau directeur général adjoint de la Compagnie industrielle de télécommunications (CIT), avec la promesse d'en devenir le directeur dès 1969. Commence alors pour la CIT – et la CGE – une période d'expansion échevelée dont Pébereau revendiquera plus tard la paternité, au moment de son éviction de la CGE en 1986 [1].

Le jeune polytechnicien a beaucoup évolué. Séduisant, pervers et carnassier, il a laissé enfler son ego aussi vite que l'industrie française du téléphone, ce qui n'est pas peu dire. Une croissance qui ne doit pas grand-chose aux avantages technologiques indéniables dont dispose la CIT, grâce aux études conduites sur fonds publics et à celles que lui offre sur un plateau le centre de recherche du ministère [2]. Les performances de la CIT sont en réalité à porter au seul crédit d'Ambroise Roux et de Georges Pébereau, qui ont hissé à un niveau jusque-là inégalé ce savoir-faire très particulier qui consiste à se partager les bons terrains de chasse, à se répartir les marchés, à fixer des règles de non-concurrence et, si possible, à s'installer dans une situation de monopole face à un État largement complice de toutes ces vilenies antiéconomiques, finalement si coûteuses. Longtemps, il s'est laissé faire, au nom de la croissance et de l'impérialisme industriel. Formés dans l'idéologie d'après-guerre, ses responsables sont obsédés par la reconstruction et imprégnés d'ambitions colbertistes. Pour eux, l'État doit être à la fois le chercheur, l'investisseur et le financier. Lui seul est capable d'une vision globale, et à long terme. Lui seul sait. Le rôle dévolu aux industriels est alors de mettre tout ceci en musique, de contenir les syndicats et parfois de proposer une orientation, un investissement, un accord. Un point, c'est tout. Les ministres et la plupart des fonctionnaires sont aga-

1. Georges Pébereau fait alors publier un communiqué pour rappeller que le chiffre d'affaires d'Alcatel (ex-CIT) est passé de 378 millions de francs en 1967, juste avant son arrivée, à 28,3 milliards en 1985; et ses bénéfices de 12,5 à 299 millions. Plus spectaculaire encore : au moment où il quitte la CGE, Pébereau vient de racheter toutes les activités de télécommunication européennes du géant américain ITT, l'amputant ainsi du quart de son chiffre d'affaires, alors que dix-huit ans plus tôt la petite CIT ne pesait que 2 % d'ITT! Le nain est devenu un géant du téléphone, au deuxième rang mondial.

2. Jean-Michel Quatrepoint relèvera plus tard (*Le Monde* du 15 mai 1984) la modestie des performances réalisées alors sur les marchés étrangers, les seuls concurrentiels.

cés par la diversité des entreprises – publiques ou privées –, leurs conflits d'intérêts, leurs querelles qu'il faut sans cesse arbitrer. Ils trouvent cela subalterne et peu excitant : l'important est de construire, dans l'ordre, et dans la direction indiquée. Version moderne du « Je ne veux voir qu'une seule tête ! » C'est la grande époque des champions nationaux, chers à Georges Pompidou.

Coller aux besoins de l'État, parfois les anticiper et vivre à ses dépens : c'est ainsi qu'on fait de bonnes affaires, et qu'on garde de l'influence. Voilà une vieille tradition de la CGE et de ses homologues étrangères (Siemens en RFA, GEC en Grande-Bretagne, General Electric aux États-Unis notamment). Mais lorsque Pompidou accède à l'Élysée et François-Xavier Ortoli au ministère de l'Industrie, Ambroise Roux et Georges Pébereau deviennent les princes incontestés de cette économie ambiguë. Pour donner leur pleine mesure, il leur faudra cependant attendre encore quelque temps. Mai 1968 a balayé l'État. Pompidou a été écarté. Sous l'apparente restauration, la déliquescence du pouvoir gaulliste gèle toutes les initiatives. Pébereau en profite pour se faire les dents.

Premier dossier qu'il saisit : la fusion de la CIT avec l'Alsacienne de construction atomique, de télécommunication et d'électronique (Alcatel) que la CGE vient d'acheter et dont le directeur s'appelle Georges Besse. CIT-Alcatel est vite créée et Georges Pébereau s'en attribue la direction générale. Mais ce n'est là qu'un amuse-gueule. Car un problème autrement plus grave se pose. Dans leur appétit commun de s'attirer les commandes publiques, la CGE et Thomson ont répondu présent sur la plupart des grands dossiers industriels ouverts par le gouvernement. Elles se sont ainsi précipitées dans le secteur informatique après le lancement du plan calcul par le général de Gaulle [1]. Dans le nucléaire et le gros matériel électrique, Alsthom est bridée par la présence encombrante des deux groupes : Thomson est à son capital tandis que plusieurs filiales communes sont par-

1. Voir Jean-Michel Quatrepoint et Jacques Jublin, *French Ordinateurs*, Alain Moreau, 1976.

tagées avec la CGE. Dans le téléphone, promis à un développement considérable, la CGE craint une offensive de Thomson. Et puis il y a les activités grand public, l'électroménager, les télécommunications, etc. A force de courir après l'argent public, les deux groupes se retrouvent peu à peu en concurrence frontale : une situation qu'ils exècrent par-dessus tout! Pendant quelque temps, chacun a encore espéré déshabiller l'autre en bénéficiant d'un surcroît de faveur de l'État. Mais Pébereau a vite compris qu'à ce petit jeu, il y a tout à perdre et rien à gagner. Il prône donc rapidement un Yalta général pour que chacun, bien protégé, prenne sa part des commandes publiques, payées au prix – élevé – du monopole.

A l'époque, c'est ainsi que la France finance ses entreprises, par ailleurs largement sous-capitalisées. La Bourse ne joue qu'un rôle modeste, et les actionnaires sont structurellement défaillants. Dirigées par une technostructure toute-puissante et indéboulonnable, largement autocontrôlées, les grandes entreprises n'attendent que de l'État les moyens financiers de leur développement. Grâce aux « contrats d'étude », aux« plans nationaux » et aux surfacturations des produits achetés par la puissance publique. Ce type de relations perdure sous une forme atténuée – sauf dans les secteurs de la Défense où il reste de règle, en France comme à l'étranger. C'est le « système Dassault », tel qu'il fonctionne encore aujourd'hui.

Le 15 juin 1969, Georges Pompidou emporte l'élection présidentielle avec 58,2 % des voix face à Alain Poher, président du Sénat, l'un des tombeurs du Général, qui a prôné le « non » au référendum sur la régionalisation. Pompidou devient président de la République avec l'appui tacite du parti communiste français qui a prôné l'abstention au deuxième tour. Priorité : l'industrialisation du pays. Pour Ambroise Roux et son lieutenant Pébereau, l'heure de l'assaut a sonné. Et celle de la gloire. Le premier est très proche de Georges Pompidou (il se spécialisera dans la fréquentation assidue des chefs d'État successifs) et d'un grand nombre des membres de son cabinet. Quant au second, il retrouve au ministère de l'Industrie Ortoli, l'agent FXO dont, quelques années plus tôt, il avait été le directeur de cabinet au ministère de l'Équipement.

« Roux, flanqué de Pébereau, arrivaient une fois par semaine, parfois plus souvent, leurs dossiers sous le bras, avec leurs plans d'investissement, leurs promesses d'implantation et leurs besoins de financement, se souvient un membre du cabinet devenu – lui aussi – patron d'une grande entreprise nationale : ils connaissaient les couloirs du ministère mieux que nous. Quand, affolés par leurs appétits, parfois on leur disait " non ", ou " pas tant ", ils prenaient un air contrit, ne s'énervaient pas et revenaient la semaine suivante. Entre-temps, des coups de fil avaient débloqué les crédits et la situation. Rue de Grenelle, Ambroise Roux et Georges Pébereau étaient chez eux ! »

Dès la fin du mois de novembre, les accords de Yalta sont signés, pour cinq ans, entre Thomson et la CGE. Thomson reste prééminente dans ses activités de base – l'électronique militaire et les produits grand public – et reçoit mission de fédérer l'informatique nationale. En contrepartie, le groupe vend à la CGE sa participation dans Alsthom (ferroviaire, gros matériel électrique, en particulier pour les centrales nucléaires) et lui laisse le marché du téléphone, qu'il s'interdit de pénétrer. Voilà les deux champions nationaux partis pour la gloire : les meilleures courses ne sont-elles pas celles où un seul bon cheval est affiché au départ ?

Les deux compères auront vite les mains libres : après le décès de Jean-Marie Louvel en 1970, Ambroise Roux accède à la présidence de la CGE, dont la direction générale revient à Georges Pébereau, qui vient de fêter ses quarante et un ans. Pébereau négocie alors constamment avec l'État, son client principal, pour emporter les commandes publiques des PTT, d'EDF, de la SNCF et de l'Armée. Mais il poursuit simultanément le *Kriegspiel* industriel franco-français avec, à l'époque, un objectif principal : évincer le baron Empain –

un Belge, plus jeune que lui! – de l'industrie nucléaire et lui racheter son entreprise, Jeumont-Schneider. Ce qui permettrait, en passant, de récupérer ses activités téléphoniques pour asseoir le monopole de la CGE dans ce domaine. Préalable : le gouvernement interdit au baron de céder Jeumont-Schneider à l'Américain Westinghouse, dont il exploite les licences. Les pouvoirs publics prennent alors avec les grandes entreprises privées des libertés qui, aujourd'hui, feraient hurler les plus ardents défenseurs de l'économie planifiée [1]! Mais le deuxième étage de la fusée ne fonctionne pas. Le baron gardera son entreprise, pour quelques années encore. Jusqu'à son enlèvement.

Bloqués de ce côté, Roux et Pébereau s'apprêtent à rebondir plus haut : ils négocient carrément la fusion de Thomson et de la CGE! Paul Richard, le patron de Thomson, lève le préalable essentiel en acceptant de devenir le numéro deux d'Ambroise Roux. Beaucoup plus jeune qu'eux, Pébereau n'en prend pas ombrage : son heure viendra. Mais attention! Deux entreprises, fussent-elles privées, ne peuvent pas fusionner de par la seule volonté de leurs présidents, dans la France pompidolienne. Valéry Giscard d'Estaing, « libéral » ministre des Finances, est opposé à une telle opération qui, dit-il, aboutirait à la création d'un géant susceptible de « dicter sa loi à l'État » : la fusion de Thomson et de la CGE sera donc jetée aux oubliettes. Compromise avec le pouvoir gaulliste, la CGE a mangé son pain blanc. Elle vit comme une défaite l'élection de Giscard, en mai 1974. Le Président a la rancune tenace. Il ne pardonne guère, surtout à ceux qui ont financé la campagne électorale de Chaban.

Un équilibre est rompu : le nouveau président – qui fait du développement du téléphone une de ses priorités – favorise les commandes de matériels classiques alors que, pendant

1. « Dans cette affaire, des hauts fonctionnaires s'octroient la libre disposition de patrimoines industriels qu'ils redistribuent sur le papier sans que quiconque trouve l'exercice incongru. Des industriels favoris du pouvoir, comme Ambroise Roux, interdisent des solutions et n'en acceptent d'autres (...) qu'à condition que les pouvoirs publics négocient à leur place et leur apportent les concours nécessaires. » Élie Cohen, *L'État brancardier*, « Liberté de l'esprit/Fondation Saint-Simon », Calmann-Lévy, septembre 1989.

des années, l'administration a financé le développement d'une technologie d'avant-garde, propre à CIT-Alcatel. Plus grave : il recrée une concurrence franco-française – scandale ! – en introduisant Thomson sur le marché, à l'échéance des accords de non concurrence signés entre les deux groupes. La CGE est alors cataloguée comme une entreprise gaulliste, et Thomson, devenue « libérale » comme par enchantement, se vante d'avoir les faveurs de Giscard : c'est ridicule mais c'est ainsi !

Moins « mouillé » que Roux, Pébereau s'efforce de renouer les fils avec le pouvoir. Le succès est mitigé. Difficile, même pour lui, de se démarquer d'Ambroise Roux, dont la forte personnalité commence à lui faire ombrage. Il se met à voyager. A lui, l'air du grand large et les accords planétaires où, entouré d'une batterie d'avocats surpayés, on échange sur le papier technologies et parts de marché. Cela ne mène à rien : un accord croupion avec le Suédois Ericsson, et un autre, qui restera mort-né, de coopération globale avec le Hollandais Philips, ainsi que des négociations confuses avec l'Américain ITT.

Pébereau ronge son frein. C'est à cause de la présence encombrante d'Ambroise Roux qu'il ne peut, croit-il, donner la pleine mesure de ses talents. Ce qui commence à l'agacer prodigieusement. Mais sa marge de manœuvre est étroite. Lui qui penche plutôt à droite n'ose pas s'opposer, comme « on » le lui demande, à l'embauche de Robert Mitterrand, frère du candidat malheureux, qui prendra la direction d'une filiale informatique de la CGE. Il s'accommodera plus volontiers du recrutement d'Édouard Balladur, dans la plus pure tradition de la CGE, qui récupère tous les laissés-pour-compte de la politique, voire des affaires.

Lorsque l'échéance présidentielle arrive à nouveau, la CGE n'a qu'un poulain : Jacques Chirac. Elle est défaite avec lui, dès le premier tour. Pire : elle sera nationalisée puisque François Mitterrand est élu et que – oh, surprise ! – il tiendra ses promesses. Ambroise Roux ne le supporte pas, qui se croit à l'évidence libéral. Il a beau avoir dirigé pendant des années la CGE comme une entreprise nationalisée, accrochée aux basques de l'État, l'idée même de nationalisation lui fait horreur. Ou peut-être est-ce simplement l'idée d'avoir, pour la première fois de sa vie, un véritable actionnaire qui le désespère. La roue tourne. Sa démission ne fait pas le bruit qu'il espérait. Mais il se rattrapera, en consacrant son énergie à fédérer les grands patrons privés pour jeter les bases d'un nouvel establishment, loin du CNPF, de ses contradictions et de ses compromissions. Pendant cinq ans, Ambroise Roux deviendra ainsi le « parrain » de tous ceux que l'arrivée de la gauche a jetés sur le bord de la route, ou s'efforcera à tout le moins de le faire croire.

Georges Pébereau n'a pas, comme son maître, ces pudeurs d'infante. Le pouvoir est à prendre : il le prend. Son analyse n'est que l'habillage de ses ambitions, mais elle sonne juste. Privée ou publique, quelle différence pour la CGE ? L'État, moins avare de ses deniers, sera-t-il plus encombrant que les potiches dorées sur tranche qui ornent la table de son conseil d'administration? Il en doute, et le dit d'ailleurs sans ambages, un rien provocateur : « En tant que citoyen, je suis un peu inquiet de la liberté laissée aux dirigeants d'entreprise nationalisée. »

Encore faut-il garder son influence sur l'État actionnaire. Pour conforter sa position, Pébereau en rajoute, se précipite au château, fait le siège d'Alain Boublil, conseiller du président pour les affaires industrielles, et de Charles Salzmann, qui s'occupe également de dossiers sensibles. C'est grâce à l'entremise de ce dernier qu'il achète à Patrice Pelat, un proche ami de François Mitterrand, sa société Vibrachoc, en difficulté, à un prix manifestement surévalué et dans des conditions qui seront plus tard très contestées. Qu'importe? Pébereau a gagné. Auprès des socialistes en quête de légitimité dans le monde patronal, il est devenu « incontournable » (ce mot commence à faire fureur).

Jusqu'en 1985, Pébereau reste formellement le numéro deux derrière Jean-Pierre Brunet, un diplomate de carrière peu encombrant. Mais avec l'âge est venue l'impatience, qui le pousse de plus en plus souvent à la faute. C'est une insulte à l'avenir que de réclamer le fauteuil présidentiel en juin 1985, alors que la gauche s'achemine vers une défaite quasi certaine aux élections législatives neuf mois plus tard. Ambroise Roux ne lui pardonnera pas cette avidité, lui qui avait eu l'intelligence de laisser Jean-Marie Louvel mourir à son poste avant d'accepter ce fauteuil pourtant si convoité.

Pébereau s'en moque : il se croit invincible. « Toujours en mouvement, redoutant la solitude et les vacances, il entraîne désormais dans son sillage une camarilla de conseillers qu'il consulte à tout propos, fascine, humilie, aime et rejette », écrit Valérie Lecasble qui, journaliste aux *Échos*, le suivait alors pas à pas : « Sa méthode? Décharger son angoisse et son agressivité sur son entourage à qui il fait porter le chapeau de ses erreurs. Son obsession? Séduire, les hommes surtout, en brossant un tableau enjolivé d'une situation qui, à ses yeux, ne peut être que " puissante " et " mondiale ". Pourtant, il ne les respecte guère, ceux qu'il cherche à séduire. On ne lui connaît qu'une seule relation que n'entache aucune ombre : celle qui le lie à son frère Michel, patron du Crédit commercial de France, de douze ans son cadet [1]. »

La machine tourne déjà trop vite, mais elle tourne encore rond. Pébereau atteint les deux objectifs qu'Ambroise Roux s'était fixés en vain : il souffle à Bouygues le contrôle de Framatome, le fabricant de chaudières nucléaires laissé-pour-compte après la faillite de Creusot-Loire (dont s'est débarrassé le groupe Schneider). Et il absorbe les activités télécommunication de Thomson (10 milliards de francs de chiffre d'affaires), au terme d'opérations controversées, coûteuses pour l'État et sur lesquelles Alain Boublil et Charles Salzmann se sont très fortement engagés [2].

Face à ces deux succès, la colonne « passif » de Georges

1. Valérie Lecasble in *Dynasteurs,* art. cit.
2. Les liens étroits entre Alain Boublil, Charles Salzmann et Georges Pébereau sont parfaitement décrits par Jean-Michel Quatrepoint, *Les Dossiers noirs de la gauche*, Alain Moreau, 1986.

Pébereau s'allonge de jour en jour. Sa prétention ne fait plus sourire et sa volonté de puissance mine jusqu'à son entourage le plus immédiat. Il réveille comme à plaisir ses collaborateurs au milieu de la nuit, réclamant des notes de synthèse pour le lendemain matin. Plusieurs de ses proches craquent psychologiquement. Parfois il leur ouvre les bras, désireux de se faire pardonner. Ou bien il s'en désintéresse, et parfois même s'en moque, avec le nouvel élu dont il s'est entiché. Tout ce sur quoi il n'a pas de prise l'insupporte. « J'ai assisté à cette étonnante évolution psychologique, raconte un de ceux qui travailla longtemps à ses côtés avant de s'en éloigner pour, dit-il, " sauver sa peau " : le plus surprenant a sans doute été l'explosion de son avidité, latente jusqu'alors et connue de ses seuls intimes. »

Ils sont donc nombreux, ceux qui ont pu donner au *Canard enchaîné*, en avril 1984, le document révélant qu'il s'était fait attribuer une rente à vie de 400 000 francs par an réévalués, et reversables pour moitié à sa veuve, ceci quelles que soient les conditions de son départ [1]. Le peuple de gauche est scandalisé. La CGE aurait-elle été nationalisée pour rien? Pébereau est désarçonné. Pour obtenir malgré tout la présidence, il devra activer toutes ses relations à l'Élysée, promettre beaucoup, faire amende honorable. Et renoncer à sa rente. Le 10 juin, il est nommé au *Journal officiel* administrateur de la CGE. La cooptation à la présidence n'est plus qu'une formalité. Il a gagné.

Mais à force de vouloir plaire au président de la République et à son entourage, il multiplie les faux pas. Trois d'entre eux lui coûteront cher. Il propose ainsi de se séparer d'Édouard Balladur, discret président de deux filiales de la CGE, qui honnit les nationalisées, mais pas au point de leur préférer un employeur privé. Balladur ne l'oubliera pas

1. Pierre-Donatien Cot, que la CGE avait récupéré alors qu'il venait de quitter la direction générale d'Air France après un *lock-out* raté face au personnel navigant, a reçu une délégation du conseil d'administration pour s'occuper des rémunérations, directes et indirectes, des hauts dirigeants. Ce qui permet d'accorder ce genre de faveur en dehors du regard des administrateurs salariés, mis en place par les lois Auroux dans les entreprises nationalisées.

lorsqu'il reviendra au pouvoir, en 1986. A la veille des législatives ensuite, Pébereau ne tient pas sa promesse de sauvegarder les emplois d'une usine, reprise à Thomson et située à Conflans-Sainte-Honorine, ville dont le maire est Michel Rocard – alors en délicatesse avec le PS et le président de la République. Celui-ci s'en souviendra en 1988, au plus fort de l'assaut sur la Société Générale. Enfin, lorsque la victoire de la droite apparaît inéluctable, il promeut Pierre Suard à ses côtés. X-Ponts comme lui et comme Ambroise Roux, mais aussi terne que les deux autres sont flamboyants, Suard est un militant RPR. Pébereau croit qu'il se dédouanera ainsi à bon compte, et que le rachat spectaculaire des filiales européennes d'ITT forcera son maintien. Il ne se rend pas compte que Suard fera un excellent président d'une CGE militante et privatisée. Sa nomination apparaîtra naturelle : organisateur sans génie, Suard se verra confier la mission de donner consistance aux accords à haut risque signés par son prédécesseur.

La réputation de Pébereau est faite : un don Juan que la conquête fascine, mais qu'ennuie la vie commune. En 1986, il est sur un siège éjectable. Déconnecté de la réalité, ivre de pouvoir, c'est le colosse aux pieds d'argile d'un monde disparu, mais lui seul l'ignore.

2

LES NATIONALISATIONS INDIGESTES

Soleil rose

Dimanche 8 mai 1988, 20 heures : François Mitterrand est réélu président de la République avec 54,02 % des suffrages exprimés. Pour tout le monde, c'est un triomphe. Mais pour le chef de l'État, le succès est tempéré d'une petite déception. Au vu des résultats du premier tour, il avait mis secrètement la barre plus haut : 55,1 %, score réalisé contre lui par le général de Gaulle vingt-trois ans plus tôt, lors de la première élection présidentielle au suffrage universel de la cinquième République. En divisant la droite et en déstabilisant Jacques Chirac sur le thème de la restauration de « l'État impartial », Raymond Barre lui a donné un coup de pouce décisif, mais insuffisant pour satisfaire ce que certains de ses proches, mis dans la confidence, qualifient déjà en privé de « coquetterie de vieillard ».

La nomination de Michel Rocard au poste de Premier ministre ne surprend guère, en dépit du lourd contentieux qui a longtemps opposé les deux hommes. Le deuxième septennat de François Mitterrand débute sur le thème de l'ouverture, conformément aux engagements du candidat dans sa « Lettre à tous les Français » qui désormais fera office de petit livre rose d'une France réconciliée. Or, Rocard est, de tous les socialistes, celui qui est le mieux à même de symboliser l'ouverture, d'amadouer les coteries centristes et de susciter les ralliements individuels.

Le choix de Pierre Bérégovoy pour la rue de Rivoli fait lui aussi le bonheur des milieux d'affaires. Puisque, cette fois encore, Matignon lui a échappé, où serait-il mieux à sa place que dans le bureau de la rue de Rivoli qu'il a occupé de 1984 à 1986? Le compagnon fidèle du président y a réconcilié la gauche avec le monde des affaires. En mettant en œuvre une véritable libéralisation de l'économie (liberté des changes et des prix, modernisation des marchés financiers), Pierre Bérégovoy a conduit une politique courageuse, reconnue comme telle par les éléments les plus modernes de la société : à gauche, elle heurtait les dogmatiques et à droite, de nombreux corporatismes.

Lorsqu'en 1986 Bérégovoy cède son fauteuil à Balladur, l'inflation est jugulée, les entreprises françaises sont plus libres et la Bourse de Paris affiche une parfaite santé. Les cours y sont élevés et les volumes de transactions abondants, ce qui va rendre possible les privatisations du gouvernement Chirac. De nouveaux marchés ont été ouverts, qui ne cèdent en rien aux transactions les plus sophistiquées de places enviées comme Wall Street ou Chicago. Le Matif (marché à terme des instruments financiers), de création récente, a déjà dépassé en ampleur celui de Londres. Les entreprises utilisent à plein ces nouveaux moyens de financement ou de protection contre les aléas de trésorerie en se dégageant peu à peu de la contrainte bancaire. Le krach d'octobre 1987 a évidemment tempéré bien des illusions, mais l'essentiel a été sauvegardé. La Bourse de Paris a retrouvé ses forces et les entreprises n'ont pas été affectées. Elles dégagent des bénéfices sans précédent.

Le refus opposé par les plus grands leaders centristes à la proposition qui leur est faite d'entrer au gouvernement; la présence, dans ce même premier gouvernement, d'une belle brochette de sous-ministres socialo-sectaires ou prétendus tels, à côté des grands hiérarques du PS que sont Pierre Joxe ou Lionel Jospin; la décision, enfin, de dissoudre l'Assemblée et de provoquer ainsi de nouvelles élections : tout cela déchaîne la presse de droite, qui flaire le piège. Il s'agit d'une ouverture en trompe-l'œil! Mais les vrais détenteurs du pouvoir économique et financier ne s'y trompent pas, qui font contre mauvaise fortune bon cœur, dans le secret de leurs conseils d'administration : Rocard à Matignon, Bérégovoy rue de Rivoli réunissent dans leurs mains la totalité du pouvoir gouvernemental. De plus, parmi la horde hétéroclite de représentants de la « société civile » appelés au gouvernement, le choix de Roger Fauroux à l'Industrie achève de rassurer les plus anxieux. Ancien président de Saint-Gobain (avant comme après la nationalisation), ancien directeur de l'ENA, docteur en théologie, catholique pratiquant, honnête homme entre tous, et qui n'est pas insensible à ce que cela se sache, Fauroux est une « conscience », informée et éclairée. Un adepte du « parler vrai », sur qui on peut compter. « On » ne sera pas déçu.

Le seul sujet d'inquiétude des milieux d'affaires? L'évolution des relations entre le pouvoir politique et le capital. Or, François Mitterrand, en voulant calmer le jeu, l'a figé : « Il n'y aura ni nationalisations, ni privatisations », a-t-il indiqué dans sa « Lettre à tous les Français ». De nombreux responsables socialistes avaient espéré – et quelques-uns suggéré – une formulation à la fois plus dynamique et plus pragmatique, prenant en compte l'indispensable adéquation à une réalité par nature changeante. Malgré tout, le grand patronat privé est satisfait. Pouvait-on exiger du chef de l'État qu'il se déjugeât plus nettement? Le message a le mérite d'être clair. Voilà une formule politique, voire électorale, à ne pas prendre au pied de la lettre, pense-t-on dans les milieux « bien informés » : elle signifie simplement que le chef de l'État ne veut plus entendre parler de ce sujet, dont il ne saisit plus clairement les enjeux idéologiques. Les textes sacrés se lisent, mais surtout s'interprètent, et le grand prêtre Rocard – pense-t-on – donnera à cette formulation énigmatique son contenu mobilisateur.

Or Michel Rocard – soudain, tout le monde s'en souvient avec émotion – plaidait en 1981 pour des nationalisations douces, avec le maintien en place d'actionnaires privés à hauteur de 49 % maximum du capital des entreprises concernées. Pour limiter l'ampleur de l'indemnisation. Pour contraindre l'État à gérer les entreprises nationalisées comme des privées, du seul fait de la présence d'actionnaires minoritaires et de la cotation des titres en Bourse. Mais surtout pour apporter aux entreprises les fonds propres qui leur manquaient, grâce à de simples prises de contrôle majoritaires par augmentation de capital réservée à l'État ou aux banques nationalisées. Durement combattues par Mauroy, Fabius, Chevènement et bien d'autres, ces thèses seront balayées par le chef de l'État. Son argument massue : rompre avec un concept d'économie mixte qu'il récuse alors explicitement ! « On ne peut servir deux maîtres à la fois », disait en 1981 l'hôte de l'Élysée : c'est-à-dire gérer les entreprises à la fois pour le compte de l'État et d'actionnaires privés. A l'époque, nul n'imaginait que leurs intérêts n'étaient pas forcément antagonistes !

Pour le *big business,* l'élection de 1988 n'est donc pas un drame. Certes, elle implique l'arrêt des privatisations, mais beaucoup de grands patrons n'en sont au fond pas fâchés : au rythme où elles sont conduites, elles assèchent le marché financier épuisé par le krach d'octobre 1987 et risquent de gêner leurs propres projets. Surtout, alors que s'approche l'échéance du marché unique européen, ne sont-elles pas lourdes de danger pour des entreprises au capital encore peu assuré, objets de convoitises étrangères ?

Le président a parlé de « libérer » le capital des sociétés récemment privatisées de « l'emprise des factions ». Et alors ? Tout le monde sait que sur Havas ou sur la CGE, Balladur a poussé le bouchon trop loin. Que les patrons réputés barristes ou centristes veuillent avec les socialistes rééquilibrer ces outrances dogmatiques, nul ne s'en indigne vraiment. A condition qu'ils se contentent de corriger les excès manifestes.

Même la nomination d'Alain Boublil, qui n'est pas du sérail, au poste de directeur de cabinet de Pierre Bérégovoy, rue de Rivoli, n'inquiète pas les grands patrons privés. Bien sûr, à l'Élysée, il fut en 1981 l'ayatollah des nationalisations à cent pour cent, avec le remplacement des anciens dirigeants par de nouveaux, proches du pouvoir, et de vastes restructurations à la clef, conduites à la hussarde sous l'aile de l'État, seul dépositaire de l'intérêt général. Son obsession : les grandes filières industrielles assises sur une puissante recherche publique, pilotées par le pouvoir politique, financées par le budget, dans l'intérêt des entreprises concernées, de la classe ouvrière en général et du pays tout entier. Ces thèses choquent alors moins qu'on ne l'imagine : débarrassées de leur gangue idéologique, elles rejoignent celles de la haute époque gaulliste. Plusieurs personnalités nostalgiques des « grands programmes » se mettront d'ailleurs sans réticence à la disposition du nouveau pouvoir, sans forcément partager ses choix politiques. Hubert Curien, Maurice Allègre, Georges Besse par exemple, qui respectent l'État fort et se plaisent à le servir. Simultanément, de nombreux patrons, violemment opposés aux nationalisations pour des raisons idéologiques, s'accommodent au fond de la politique industrielle volontariste qui les sous-tend. Elle peut, pensent-ils, les servir. Didier Pineau-Valencienne, patron de Schneider ou Georges Pébereau, bien sûr, sont de ceux-là. Ils attendent beaucoup de l'État. Peu nombreux en vérité sont ceux qui contestent, au début du septennat, les interventions publiques dans leur principe même.

En 1988, tout cela est déjà de l'histoire ancienne. Boublil a très vite mis de l'eau dans son vin, puis du vin dans son eau. Plus que d'autres au contact des réalités industrielles, il a épousé, en les accentuant, toutes les évolutions des socialistes vis-à-vis de ce monde qu'ils ont découvert peu à peu : celui du *big business*. En 1988, Boublil fait les yeux de Chimène aux patrons privés, dont certains – et non des moindres ! – ne tarissent pas d'éloges sur lui, mais à voix basse : ils apprécient sa connaissance exceptionnelle des réalités industrielles et sa capacité à défendre leurs dossiers, même les plus délicats, s'il estime qu'ils vont dans le sens de l'intérêt général. Entre le cru Boublil 1981 et le cru Boublil 1988, il y a plus que l'évolution d'un opportuniste, marqué par deux alternances politiques. Il y a aussi la douloureuse mue des gouvernants socialistes, et celle d'une grande partie de la société française à l'épreuve des faits.

Au début du premier septennat, la plupart des socialistes sont à des milliers d'années-lumière de la réalité économique et *a fortiori* industrielle. Pour la plupart d'entre eux, l'entreprise n'est qu'un lieu de conflit, et si la lutte des classes ne s'y exprime que de façon assourdie, le malheur des uns y fait toujours le bonheur des autres, et vice versa. A l'époque, ces questions industrielles – micro-économiques – ennuient horriblement les dirigeants du parti qui, en général, ne s'intéressent à l'économie que de très loin, à condition qu'elle reste théorisée. La culture enseignante prédomine, avec ses abstractions confortables : elles seules peuvent nourrir les mythes ! On ne lit donc que *Le Monde* et encore prend-on bien garde de ne pas le commencer par la fin.

Comment donc s'étonner des bêtises commises alors, avec une bonne conscience qui laisse pantois ? Augmentation brutale du SMIC ; relance par la consommation intérieure ; abaissement de l'âge de la retraite sans contreparties financières ; réduction de la durée hebdomadaire du travail sans diminution de salaire ; hausse des charges des entreprises et des impôts des particuliers : prises isolément et appliquées avec progressivité, chacune de ces mesures aurait sans doute été applicable, sans rompre les grands équilibres. Toutes ensemble, elles provoqueront un dérèglement complet de la machine économique : effondrement du franc, dégradation brutale du commerce extérieur, augmentation massive du chômage. Sans parler du gel de la construction et du marché immobilier, provoqué par la panique – au demeurant peu justifiée – de millions de petits propriétaires affolés par la loi Quilliot.

Pour les entreprises, privées ou nationalisées, cette gestion erratique est lourde de conséquences. Déjà exsangues, affaiblies par le deuxième choc pétrolier de 1979, les voilà criblées de charges et souvent désignées à la vindicte publique : elles s'enfoncent dans le rouge. Les publiques plus encore que les privées, car il leur est à l'époque impossible d'ajuster leurs effectifs à leurs besoins.

Aux erreurs macro-économiques qui les pénalisent, s'ajoutent, pour les entreprises publiques, l'invraisemblable comportement de leur tutelle. Au ministère de l'Industrie officie Jean-Pierre Chevènement, qui tient la tête de tous leurs dirigeants bien serrée sous le licou. « Il voulait être le patron de toutes les boîtes » dira un jour Alain Boublil qui, de son côté, n'était pas en reste. Il éprouvait comme un malin plaisir à faire attendre ces mêmes patrons dans l'antichambre de son bureau minuscule, au premier étage d'une aile obscure de l'Élysée. En réalité, éperdus de bonheur de s'être inventé un nouveau jeu, avec ses centaines de petits soldats, les hommes politiques gouvernementaux adopteront pendant quelques mois vis-à-vis des entreprises qu'ils viennent de nationaliser un comportement parfaitement infantile, ouvertement régressif.

Les plaisirs de l'enfance, malheureusement, n'ont qu'un temps. Le 11 janvier 1983, six présidents de groupe industriel nationalisé sont reçus à déjeuner par François Mitterrand, en l'absence de Jean-Pierre Chevènement. C'est un coup monté par Pierre Dreyfus, ancien président de Renault, grand praticien de l'autonomie des entreprises publiques et premier ministre de l'Industrie du septennat. Agé, fatigué, Pierre Dreyfus a préféré se retirer, mais il a rejoint l'Élysée comme conseiller. Les manières de Chevènement l'insupportent. Au cours du repas, les oreilles du ministre sifflent. Loïk Le Floch-Prigent, patron de Rhône-Poulenc et ancien directeur de cabinet de Pierre Dreyfus, conduit l'attaque. Mais tous s'inquiètent des pressions constantes dont ils sont l'objet et dénoncent la bureaucratie tatillonne de leur tutelle : ils viennent de recevoir une directive du ministère de l'Industrie leur enjoignant de dresser l'inventaire de toutes les machines à écrire de leurs groupes, sans doute pour préparer quelque nouveau plan bureautique...

L'anecdote a fait mouche. Le chef de l'État a compris. Au cours du conseil des ministres du 2 février suivant, il « rappelle fermement à l'ensemble des ministres que l'exigence d'une politique industrielle cohérente doit se garder d'une bureaucratie tatillonne ». Le lendemain, Jean-Gabriel Fredet, journaliste au *Matin de Paris*, demande à Chevènement s'il se sent visé. Manifestement hors de lui, le ministre lâche en guise de réponse une phrase qui fera date : « Un ministre, ça ferme sa gueule ou ça démissionne ! » Il sera bientôt remplacé par Laurent Fabius.

Ce retour à des rapports plus sereins entre l'État et ses entreprises précède de peu le changement de cap économique que réclame Pierre Mauroy. Le franc s'effondre, miné par une politique à contresens de celle que conduisent nos partenaires européens. Après de nombreuses hésitations, au terme d'une semaine folle racontée en détail par Serge July [1] et Philippe Bauchard [2], François Mitterrand opte pour l'Europe : il accepte une nouvelle dévaluation du franc, refuse de sortir du serpent monétaire européen (comme le lui suggéraient Jean-Pierre Chevènement, Laurent Fabius ou Jean Riboud, le patron de Schlumberger) et entérine une politique de rigueur non avouée, qui porte en germe l'augmentation massive du chômage et le départ des ministres communistes du gouvernement. C'est un tournant capital. Aussi significatif, celui de la politique socialiste vis-à-vis des entreprises, entre 1983 et 1984, passera, en revanche, curieusement inaperçu. Il est vrai qu'empêtré dans ses contradictions, prisonnier de la langue de bois, le gouvernement est alors incapable de diffuser un message clair.

Bernard Hanon, le patron de Renault, l'apprendra à ses dépens, le samedi 19 janvier 1985, à 4 heures du matin, dans sa suite de l'hôtel Pierre, à New York. La sonnerie du téléphone le tire de son sommeil. C'est son ami Pierre Gazarian, représentant de Renault aux États-Unis, qui vient lui-même de recevoir un coup de fil, et lui demande d'appeler Paris sur-le-champ. Ce que Bernard Hanon fait aussitôt :

1. Serge July, *Les Années Mitterrand*, Grasset, 1986.
2. Philippe Bauchard, *La Guerre des deux roses*, Grasset, 1986.

– Alain, que se passe-t-il?

– Monsieur le Président, j'ai pensé devoir vous lire sans attendre le titre de « une » du *Matin de Paris.*

– Allez-y!

Bernard Hanon ne se fait guère d'illusions. L'avant-veille, sur Antenne 2, le chef de l'État avait déjà lâché, en réponse à Philippe Gallard, journaliste à *Ouest-France* :

– Renault pose un grave problème qu'il faudra résoudre dans les jours qui viennent!

Hanon a essayé, sans succès, d'en savoir plus. Il a donc décidé d'assister, comme prévu, au conseil d'administration d'American Motors, la filiale américaine de la Régie. Il pressent ce que va lui dire Alain Dubois-Dumée, son directeur de la communication :

– « Renault : Georges Besse va remplacer Bernard Hanon ». L'article, signé de Georges Valance, indique que la décision de mettre fin à votre mandat a été prise par le Premier ministre, et qu'elle doit vous être annoncée lundi...

– Quel crédit dois-je accorder à cette information?

– Je ne sais pas. Cela semble sérieux. J'ai appelé Fredet à Matignon. C'est le silence total. S'il y a encore quelque chose à faire, il vaudrait mieux que vous soyez là.

– Merci. Je rentre par le Concorde de 11 heures. Je serai ce soir à Paris.

C'est pire que tout ce qu'il imaginait. Non seulement le gouvernement lui annonce son éviction par voie de presse, mais son successeur est désigné avant même qu'il en soit averti [1]. Hanon est brisé. Homme de Renault, il y fut – sous Pierre Dreyfus et Bernard Vernier-Palliez – un exceptionnel directeur de l'automobile, un virtuose du marketing et un incomparable connaisseur du produit. Le voici viré, et de quelle manière! Proposé par son précédesseur Pierre Drey-

1. Jean-Gabriel Fredet, qui avait quitté *Le Matin* pour diriger la communication de Laurent Fabius à Matignon, a été injustement soupçonné d'être à l'origine de cette fuite. Il n'y a en réalité pas eu manipulation, mais véritable scoop : Georges Valance, alors rédacteur en chef au *Matin*, a entendu une conversation alors qu'il faisait antichambre dans le bureau de Jacques Delors, rue de Rivoli. Il ne restait plus qu'à recouper l'information, ce qui fut fait.

fus, désigné en janvier 1981 par Valéry Giscard d'Estaing, il a été nommé par la gauche en août de la même année, et encore renouvelé quelques mois plus tôt, après avoir promis qu'il ne procéderait à aucun licenciement. « Le groupe devrait revenir à l'équilibre en 1985 ; le sureffectif n'est pas un problème immédiat », a-t-il même dû déclarer dans une interview au *Monde* [1]. Sa faute, alors que Renault fonce à tombeau ouvert vers les 10 milliards de francs de pertes ? Avoir accepté, dans de telles conditions, le prolongement de son mandat, et couvert ainsi le mensonge d'État de son autorité d'industriel.

La lettre qu'adresse Laurent Fabius à Bernard Hanon le 23 mai 1984, le jour même de sa reconduction au conseil des ministres, est significative. Encore ministre de l'Industrie, Fabius demande au patron de la Régie de « mener à bien son indispensable modernisation industrielle (...) avec une attention particulière pour la difficile question de l'emploi ». Le ministre insiste sur « l'importance capitale du développement de la recherche et de la formation », appelle Renault à « accentuer ses efforts d'investissement, sa politique commerciale et à moderniser en profondeur les processus de production ». Laurent Fabius préconise ensuite une « participation active des salariés et un fonctionnement exemplaire en matière d'expression et d'exercice du droit syndical », pour conclure : « Un aspect essentiel de votre responsabilité consiste à assurer rapidement l'équilibre financier du groupe, condition de son développement économique et social. » En clair, Laurent Fabius demande à Bernard Hanon tout et le contraire de tout avec, en plus, une cerise sur le gâteau : le rétablissement des comptes, alors que la Régie se dirige tout droit vers le gouffre ! A l'époque, la gauche croit encore que les entreprises marchent à la baguette.

Hanon n'aurait jamais dû accepter d'être reconduit dans de telles conditions. Il sera donc éliminé, après avoir été psychologiquement détruit, victime expiatoire des contradictions du pouvoir politique. N'appartenant à aucun corps, nul

1. *Le Monde* du 31 août 1983.

ne prendra sa défense : c'est le parfait bouc émissaire, qui s'ennuie aujourd'hui après avoir traité d'égal à égal avec Lee Iacocca, le légendaire patron de Chrysler. Le corps des Mines entrera dans la place avec ses successeurs, Georges Besse et Raymond Lévy, qui obtiendront carte blanche pour réduire les effectifs et tailler dans le vif. Avec, au bout de la route, le redressement le plus spectaculaire de toute l'histoire de l'industrie automobile. Fin de l'exception Renault qui, soit dit en passant, ne devrait plus échapper désormais à l'emprise des grands corps.

L'effondrement de Renault était exceptionnel par son ampleur, mais fut considéré à tort comme atypique. Celui de Creusot-Loire, en revanche, sera parfaitement symbolique : il va profondément modifier le regard du gouvernement socialiste sur une certaine forme de capitalisme privé, et celui du pays tout entier sur le rôle de l'État, protecteur suprême. De ce jour date la rupture avec le système d'économie mixte pratiqué depuis des décennies. Didier Pineau-Valencienne, qui a pris les rênes du groupe Schneider après l'éviction du symbole d'un capitalisme désinvolte qu'est le baron Empain, est un patron comme les aimaient les socialistes, au début du septennat. Un manager à l'américaine, formé à HEC et à Harvard. François Mitterrand l'a personnellement décoré et Pierre Mauroy le cite en exemple [1]. C'est pourtant le même homme qui s'opposera au gouvernement socialiste dans un bras de fer légendaire aboutissant, le 28 juin 1984, à la plus grande faillite de l'histoire industrielle française : celle de Creusot-Loire.

Il y a deux décennies, le groupe Schneider était l'égal de l'allemand Krupp, mais ses patrons successifs ont accumulé fautes de gestion et diversifications hasardeuses, longtemps masquées par les aides publiques et les multiples plans de réorganisation concoctés par les hauts fonctionnaires. Pour le sauver, Didier Pineau-Valencienne possède une vieille recette : il veut fourguer à l'État les activités déficitaires du

1. Voir Pierre Mauroy, *C'est ici le chemin*, Flammarion, 1982.

groupe, aides massives à la clé, et se garder les plus juteuses. Face à une gauche présumée naïve et incompétente, il s'agit de pousser à son paroxysme le vieux système de la nationalisation des pertes et de la privatisation des profits. Tout cela, bien sûr, habillé du manteau du libéralisme. Dans ce registre, Pineau-Valencienne n'a pas froid aux yeux, comme s'en apercevront les journalistes qu'il réunit le 13 juin 1984 pour leur annoncer que Creusot-Loire demande à être admis au redressement judiciaire :

– Je suis un défenseur du capitalisme libéral, et des propositions qui nous ont été faites, il ressort que ce que recherchent réellement les pouvoirs publics, c'est prendre le contrôle d'Empain-Schneider, en clair la nationaliser mais en essayant de faire croire que c'est le seul moyen de sauver Creusot-Loire.

À ce petit jeu, des experts comme Ambroise Roux et Georges Pébereau savent parfaitement jusqu'où ne pas aller trop loin. Mais Didier Pineau-Valencienne exagère. Au terme de négociations d'une extrême rudesse menées avec Louis Schweitzer, directeur de cabinet de Laurent Fabius au ministère de l'Industrie, où il pratique le chantage à l'emploi, et alors qu'un accord très coûteux pour l'État semble en vue, il franchira soudain la ligne jaune. En cherchant à humilier publiquement le gouvernement. Cela deviendra parfaitement clair le 28 juin. Un protocole d'accord est en effet signé dans le bureau du président du tribunal de commerce. « Mais le document de compromis qui parvient chez Louis Schweitzer à 16 heures comporte [...] des formulations provocatrices, sur un ton d'ultimatum », écrit Élie Cohen [1]. Le comité interministériel qui se réunit à 17 heures sous la présidence de Jacques Delors, en l'absence de Pierre Mauroy, ne peut que rejeter l'accord qui, « malgré les concessions répétées des pouvoirs publics, est formulé par les dirigeants faillis de Creusot-Loire en des termes inacceptables ».

A 19 h 30, Schweitzer téléphone à Pineau-Valencienne

1. Élie Cohen, *L'État brancardier*, *op. cit.*

– avec qui il vient de discuter plusieurs semaines dans le plus grand secret –, pour lui annoncer le refus gouvernemental.

Dès l'ouverture des journaux télévisés, la France ébahie apprend la nouvelle : Creusot-Loire, leader de la mécanique lourde, 30 000 salariés et 17 milliards de francs de chiffre d'affaires, ne sera ni sauvé, ni nationalisé. C'est la faillite inimaginable, la plus grande de l'histoire industrielle française. Laurent Fabius déclare devant les caméras :

« C'est une écrasante responsabilité que portent les dirigeants de Creusot-Loire. En prenant en otage les salariés, en s'obstinant à privatiser les gains, à refuser les investisseurs, les dirigeants ont eu un comportement scandaleux ! »

Didier Pineau-Valencienne a-t-il agi par aveuglement idéologique ? A-t-il surestimé la crainte des socialistes face aux pressions sociales et sous-estimé leur reconversion idéologique ? Ou bien a-t-il délibérément brûlé ses vaisseaux, convaincu que la faillite de Creusot-Loire était préférable pour son groupe à un hypothétique redressement, même financé exclusivement par l'argent public ? Sans doute tout cela à la fois. Une chose est sûre : si Pineau-Valencienne avait accepté une injection de capital émanant d'investisseurs privés ou publics, il aurait de toute façon perdu le contrôle de son groupe. Car Empain-Schneider n'a pas alors de véritables actionnaires. C'est un monstre d'autocontrôle et de participations croisées que domine un manager habile.

L'image qui s'impose pour décrire son organigramme est celle d'une raffinerie. Pineau-Valencienne et ses amis Gérard Eskénazi (son camarade de promotion d'HEC, qui a participé au transfert des actifs de Paribas à l'étranger au moment de la nationalisation) et Claude Bébéar (Axa) étaient parfaitement conscients de la plus-value qu'ils pouvaient tirer d'une telle situation, dès lors que le groupe était débarrassé de ses branches mortes : avec une mise de fonds minime, c'était la culbute assurée. Pas question de laisser quiconque (privé ou public) tirer les marrons du feu. Le scénario s'est déroulé comme ils l'avaient prévu.

L'Express résumera bien la situation : « D'un côté un

patron attaché au libéralisme demande à l'État de combler une partie du trou en réparation des dommages qu'a subis la branche sidérurgique de son groupe, de l'autre un gouvernement socialiste renvoie un chef d'entreprise aux règles strictes du capitalisme. On croit rêver [1] ! » Mais on ne rêve pas. Les temps ont bien changé. La gauche de 1984 est devenue plus respectueuse des principes du capitalisme que la droite d'avant 1981, et que de nombreux patrons qui s'opposent encore à elle au nom du libéralisme.

Cette affaire marque une autre rupture, historique celle-là : l'État – fût-il socialo-communiste – n'a pour la première fois ni pu ni voulu sauver du naufrage un pan entier de son industrie. Toutes les conditions traditionnelles étaient cependant réunies : il s'agissait d'une industrie lourde et exportatrice, à maints égards stratégique, dont plusieurs usines étaient concentrées dans une ville – Le Creusot – devenue sinistrée, avec une forte tradition syndicale. Le chantage, pourtant, n'a pas fonctionné. Après Creusot-Loire, le regard que les industriels porteront sur l'État, et avec eux le pays tout entier, ne sera plus jamais le même.

Troisième dossier, qui prendra lui aussi à contre-pied les doctrinaires des nationalisations : celui de l'attaque conduite par Saint-Gobain nationalisée sur la Compagnie générale des eaux. Le regroupement des deux entreprises était d'une logique industrielle irréfutable, étant donné la proximité de leurs métiers et de leurs marchés : il en serait résulté le leader mondial incontesté des services urbains. Saint-Gobain était présidée – avant comme après la nationalisation – par Roger Fauroux, et c'est Alain Minc qui menait l'assaut. Un tandem peu suspect d'être habité par des objectifs politiques d'élargissement du contrôle public sur les entreprises. La Générale des eaux est de son côté dirigée par un patron secret et conservateur : Guy Dejouany. En quelques semaines, celui-ci réunira cependant l'arrière-ban de ses soutiens. Il a ses entrées à l'Élysée. Du château, le verdict tom-

1. *L'Express*, 22-28 juin 1984.

bera, sans appel : il n'y aura pas de nationalisation rampante ! Saint-Gobain devra se retirer sans gloire, essuyant sa deuxième rebuffade du gouvernement en deux ans [1]. Un rideau de fer est tombé entre deux mondes qui devront désormais s'ignorer. La situation est donc figée, c'est-à-dire qu'elle pénalise les entreprises nationales, condamnées soudain à l'immobilisme : « Nous devions monter sur le ring les mains liées dans le dos », déplore le patron de l'une d'entre elles.

Renault a apporté la preuve qu'avec ses contraintes politiques, ses inerties et ses contradictions, la tutelle publique peut être particulièrement nocive en période de crise aiguë, de retournement brutal de conjoncture ou de bouleversement technologique (la robotisation est devenue en quelques années pleinement opérationnelle dans les usines automobiles). Renault ne se redressera que lorsque ses patrons auront obtenu carte blanche, c'est-à-dire l'autorisation de gérer l'entreprise comme si elle était privée, avec un critère dominant tous les autres : la recherche du profit.

L'affaire Schneider a révélé que, deux ans après l'arrivée au pouvoir de François Mitterrand, l'idée même de nationalisation était rejetée par tous ! Face à un patron failli et arrogant, pratiquant la provocation et le chantage à l'emploi, la nationalisation du groupe Empain-Schneider eût sans doute été bien plus justifiée que celles de Pechiney ou de Saint-Gobain, mises en œuvre deux ans plus tôt. Elle se serait inscrite dans la ligne de la nationalisation occulte de la sidérurgie, assumée par Raymond Barre en 1978. Pourtant il n'en a jamais été véritablement question, en dépit des cris d'orfraie de Didier Pineau-Valencienne.

Saint-Gobain démontre enfin que les entreprises nationalisées sont délibérément handicapées par leur actionnaire : l'État. Conclusion : dès 1984, il devient évident que le gou-

1. Saint-Gobain avait été obligée, dans des conditions contestables, de revendre sa participation dans Olivetti et de renoncer à toute diversification dans l'informatique.

vernement socialiste rejette – dans les faits – les nationalisations dont il vantera encore longtemps les mérites, publiquement. A quoi sert-il de nationaliser si c'est pour fixer aux entreprises des objectifs exclusifs de profit, et les diriger comme des entreprises privées? Pourquoi s'interdire de nouvelles nationalisations défensives (sauver Creusot-Loire) ou offensives (laisser Saint-Gobain se diversifier dans les secteurs de son choix) si ce n'est parce qu'on conteste, politiquement et économiquement, le bien-fondé des nationalisations elles-mêmes? « Socles du changement » selon Pierre Mauroy, jamais avare d'une image sylvestre fleurant bon les années vingt, les nationalisations se sont engluées dans la glaise des réalités. « Les Français y ont cru, mais maintenant ils s'en foutent », déplorait en 1984 un ministre alors influent.

Bref : après deux ans de pouvoir, les socialistes sont devenus schizophrènes. Toute leur politique visera désormais à donner aux entreprises nationales, que le Budget seul ne peut tenir à bout de bras, les moyens d'agir comme des privées [1], mais ils éluderont toute question de fond. La loi de respiration du secteur public [2] ne sera ainsi jamais déposée par le gouvernement (après un débat houleux entre Édith Cresson, ministre de l'Industrie et Laurent Fabius, Premier ministre), de peur sans doute d'avoir à défendre publiquement une politique de nationalisation déjà officieusement récusée. Car la réalité se fait jour au fil des conversations privées, loin de la langue de bois : les responsables socialistes sont gênés aux entournures d'avoir nationalisé à cent pour cent les plus grandes entreprises françaises et toutes les grandes banques, même si c'était la condition indispensable de la conquête du pouvoir avec l'appui des communistes.

1. L'émission de certificats d'investissement, limités à 25 % du capital, permettent de faire appel à l'épargne publique. Il s'agit d'actions sans droit de vote. Les titres participatifs remplissent la même fonction. Leur rendement est indexé sur des critères propres à l'entreprise, établis lors de l'émission.

2. Cette loi aurait permis aux entreprises nationalisées d'acheter des entreprises privées ou de vendre leur filiales, dans certaines limites, en fonction de leurs seuls choix stratégiques et sans avoir à passer devant le Parlement, comme c'est – très théoriquement – obligatoire aujourd'hui.

Les socialistes ont réalisé qu'ils étaient sur ce point déconnectés de la réalité du pays. C'est la raison pour laquelle le succès populaire des privatisations du gouvernement Chirac les a pris ouvertement à contre-pied. Ils s'accrochaient à leurs vieux mythes, quand le pays avait les yeux fixés sur les *success stories* des *golden boys*! Beaucoup de dirigeants socialistes ont, à cette occasion, pris un sacré coup de vieux. Et aujourd'hui, même rue de Solférino, au siège du PS, peu nombreux sont ceux qui osent défendre sans nuances la politique de nationalisations, de peur d'apparaître complètement ringards.

Plusieurs arguments favorables aux nationalisations de 1981 sont tombés. La Bourse revigorée est capable de draîner des milliards vers les bonnes entreprises, alors que ce n'était pas le cas en 1980 et que l'État avait dû y suppléer; le système capitaliste s'est fait plus dur pour les capitalistes eux-mêmes : désormais efficace, il lui arrive désormais d'éliminer les patrons qu'il juge incompétents ou inadaptés à la situation du moment.

Il reste bien sûr que l'État seul est capable d'investir à très long terme dans des secteurs non rémunérateurs, et qu'il peut être le mieux placé pour défendre des entreprises attaquées par des étrangers hostiles. C'est maigre pour justifier l'étendue du secteur public concurrentiel en France. Désormais, les socialistes eux-mêmes en sont conscients. Le *big business* imagine donc en mai 1988 que les privatisations vont reprendre, sous une forme tempérée et masquée. Et qu'en même temps l'État socialo-centriste va effacer les excès de la mainmise RPR sur les entreprises privées, sans pour autant chercher à y reprendre le pouvoir. Une erreur d'appréciation qui a failli lui coûter cher.

3

LE PLAT DE LASAGNES D'ALAIN BOUBLIL

Little Big Man

17 mai 1988, 10 h 30. Tous sont au garde-à-vous dans la grande salle lambrissée, rue de Rivoli. Avec ce sourire empreint de jubilation intérieure propre à ceux qui ne cessent de s'émerveiller de leur propre réussite personnelle et sociale, Pierre Bérégovoy a réuni au ministère des Finances les directeurs d'administration centrale et son nouveau cabinet, pour les présenter à la presse. La plupart d'entre eux se connaissent de longue date. Par une étrange symbiose, les journalistes accrédités qui hantent les couloirs du ministère semblent coulés dans le même moule que les hauts fonctionnaires qu'ils côtoient et apprécient, souvent sans trop de réserve. Un nouveau venu détonne cependant : le directeur de cabinet, un homme que Bérégovoy connaît et soutient de longue date. C'est lui qui conseillait déjà le PS et lui démontrait l'importance de l'enjeu lorsque les communistes exigeaient la nationalisation des filiales des groupes nationalisables, prétexte à la rupture de l'Union de la gauche en 1977. C'est lui qui épaulait en 1981 Pierre Bérégovoy, alors directeur de campagne de François Mitterrand, sur les dossiers micro-économiques, dans le désordre devenu légendaire de la tour Montparnasse. Autant dire que le ministre a pleine confiance en son directeur de cabinet, à qui il avait déjà demandé – en vain – d'occuper à ses côtés le même poste, au ministère des Affaires sociales, en 1982.

Debout à la droite du ministre, l'élu se pousse du col

comme pour compenser quelques-uns des centimètres qui lui manquent. Il connaît un instant de bonheur cristallin. Entourant le ministre, les membres du cabinet sont, comme lui, attentifs. Il les connaît presque tous et apprécie la plupart d'entre eux, qu'il sait prêts à servir, avec lui, l'État et le président. Face à lui, la haute administration : énarques, inspecteurs des Finances, certains d'entre eux issus de grandes familles. Tous sont convaincus de détenir la réalité du pouvoir. Une caste brillante, sûre d'elle, ouvertement hostile au nouveau directeur de cabinet. En raison des nombreuses casseroles qu'il traîne, comme on le dit dans les dîners en ville, sans que quiconque en ait jamais apporté la moindre preuve?

Alain Boublil n'est sûrement pas blanc-bleu. Il a ses faiblesses, comme tout le monde, et peut-être un peu plus. Mais sa tare principale, c'est de n'appartenir à aucune caste, à aucun corps. Il n'est pas du sérail. Lui-même en est bien conscient : « N'étant ni juif pratiquant, ni franc-maçon, ni provincial, ni prolétaire, ni grand bourgeois, n'appartenant ni à l'inspection des Finances, ni à aucun grand corps, je cumule dans le microcosme tous les handicaps », confie-t-il un jour dans un soudain accès de franchise, alors même qu'il était au faîte de son pouvoir [1].

Avec cette indifférence aux autres qui fait alors sa force, le nouveau directeur de cabinet se moque des rumeurs qui courent sur son compte. Il n'en a cure. Le teigneux de la plage de La Baule que ses copains de vacances appelaient « Micro » par dérision, occupe désormais, à quarante et un ans, l'un des postes les plus importants de l'État. Plus élevé, dans les faits, que celui de la plupart des ministres, même s'il était jusque-là abrité des regards du public : directeur de cabinet du ministre de l'Économie et des Finances.

Sa revanche, il la tient. Revanche sur qui, sur quoi? Lui seul le sait. Ses complexes physiques, il y a longtemps qu'il

1. « Qui a peur d'Alain Boublil? » *L'Expansion*, 18 novembre-1er décembre 1988.

les a sublimés dans le sport. Au tennis, c'est un excellent joueur classé : sur les cours du Racing Club de France, un club chic qu'il fréquente assidûment [1], il fait le spectacle, tant sa motivation et son agressivité sont impressionnantes. Complexes sociaux? Il n'a jamais manqué de rien. Son père, transitaire à Tunis, volontaire dans les Forces françaises libres, a rejoint à Paris la famille de sa mère, connue pendant la campagne de France et épousée illico. Lui-même est certes né en Tunisie, mais n'y a jamais remis les pieds depuis! Il a beau avoir épousé Bénédicte Armand (la fille du très conservateur et très pieux leader de la Fédération des parents d'élèves qui porta longtemps son nom) et élevé ses enfants dans la religion catholique, Boublil sait qu'il est catalogué « juif tunisien », et cela l'insupporte.

Sa blessure la plus profonde est révélatrice des ravages que peut provoquer la machine à élites dont s'est dotée la France. Embarqué, par conformisme familial, dans des études de mathématiques supérieures, il s'y ennuie horriblement, comprenant soudain qu'il a loupé la filière royale du vrai pouvoir. Il tente alors sa reconversion, sans succès : après Sciences-po, tout en parcourant Paris à Solex pour donner des cours de maths, il tentera, trop tard et par trois fois, d'entrer à l'ENA. Et trois fois il échouera, la dernière par manque délibéré de diplomatie [2]. Bien qu'il s'en défende, son objectif unique sera d'arriver malgré tout au faîte du pouvoir, en empruntant les chemins forestiers alors que les autres suivent une route dégagée. Le doute ne l'effleure guère. A vingt ans, dans les surboums, il lui

1. Il s'y est inscrit après avoir été exclu du Stade français, un autre club chic, après une altercation avec le gardien et le directeur, sous un prétexte futile : depuis qu'il fréquentait l'Élysée, Boublil refusait de garer sa voiture ailleurs que devant l'entrée du club!

2. La troisième fois, à une question sur la population de l'Arabie saoudite, le jeune Alain Boublil donne la réponse exacte, alors que son examinateur lui assure péremptoirement qu'elle est fausse, raconte Philippe Reinhard, l'ami d'enfance (qui fut conseiller de Chirac à Matignon) qui l'avait aidé à bûcher l'examen. Piège classique dans lequel Boublil est tombé en maintenant sa position, sans chercher la pirouette brillante et salvatrice qui permet, sans se déjuger, de sauver la face de l'examinateur d'aujourd'hui et du supérieur hiérarchique de demain.

arrive parfois de menacer ses copains de vengeances ultérieures : « Quand j'aurai le pouvoir, je me souviendrai de toi », dit-il à ceux qui ont l'outrecuidance de se moquer de lui. Bénédicte le soutient activement dans cette entreprise prométhéenne : « Dis-leur qui tu es ! » souffle-t-elle à son mari lorsque celui-ci, devenu conseiller à l'Élysée, subit dans le civil les avatars d'un quidam moyen. Voilà pourquoi Boublil, à la tête de l'énarchie réunie dans le saint des saints, face à la presse, s'apprête à boire les paroles de son ministre, en savourant intérieurement sa revanche.

Pierre Bérégovoy se racle la gorge. Lui aussi est ému de retrouver ce palais qu'il a promis de « rendre au peuple » – au musée du Louvre. Mais il est surtout impatient d'imposer une nouvelle politique, qu'il souhaite plus équilibrée, à cette administration tellement en phase avec la politique d'Édouard Balladur, et plus encore avec sa personne, si sophistiquée.

– Bonjour messieurs. Je me félicite de vous retrouver et, avant tout, je souhaiterais vous présenter les membres de mon cabinet à commencer par son directeur... Jean-Charles Naouri...

La foudre ! Boublil a à peine le temps de réaliser que déjà Bérégovoy enchaîne, l'air de rien :

– Je vous prie de m'excuser, mon directeur de cabinet est bien sûr Alain Boublil ce qui, j'espère, ne vous aura pas échappé.

Tout le monde a ri, et Boublil plus encore que les autres. Mais pendant que Bérégovoy poursuit les présentations et définit les grands traits de sa politique et la façon dont il entend travailler avec ses services, il a toutes les peines du monde à masquer son désarroi. Le lapsus vient de réveiller une blessure très ancienne. Jean-Charles Naouri n'était pas seulement le précédent directeur de cabinet de Pierre Bérégovoy – celui-là même qui a imaginé et organisé la déréglementation des marchés financiers. C'était aussi, une vingtaine d'années plus tôt, un modèle et un mythe pour Alain Boublil. Il avait, comme lui, poursuivi des études de mathématiques avancées mais était alors, intellectuellement, loin devant. « Un génie pur, qui m'impressionnait », reconnaîtra-t-il un jour dans un accès de modestie dont il n'est pas coutumier [1]. Il l'admire. Lui a réussi sa reconversion, intégré l'ENA dont il est sorti inspecteur des Finances. Plus surprenant encore – du moins rétrospectivement : son succès à la tête du cabinet de Bérégovoy n'a en rien été entaché par son goût, aussi brutal que tardif, pour les plaisirs de la vie que lui a fait connaître plus tard Jean-Marc Aletti (dont la famille était propriétaire de l'Aletti, le plus bel hôtel d'Alger avant l'indépendance), un play-boy séduisant, en fuite pour avoir monté des opérations délictueuses sur le Matif, sous le couvert de la charge d'agent de change Buisson. Son départ de l'administration, enfin, fait rêver Boublil : quand Jean-Charles Naouri quitte le ministère en 1986, il se paie en effet le luxe de refuser la présidence de la banque privée Stern parce que la famille (liée aux David-Weill, de Lazard) n'avait pas voulu lui offrir la part importante du capital qu'il réclamait. Il rejoint alors, à la surprise générale, la banque P & O (ex-Rothschild) comme associé et crée une société d'investissement au capital entièrement privé : Euris.

Boublil revient sur terre. Impérativement, il devra faire mieux que Naouri. Sacré défi ! Et encore ne sait-il pas à cet instant que tous les directeurs en face de lui – solidarité de corps oblige – sont parfaitement avertis des conditions peu glorieuses dans lesquelles il a été nommé. Avant de l'appeler, Pierre Bérégovoy avait proposé le poste à Jean-Charles Naouri lui-même, mais aussi à Christian Sautter, secrétaire général adjoint de l'Élysée à Hervé Hannoun, conseiller à l'Élysée et à Yves Mansion, qui préférera n'être que chargé de mission à son cabinet. Tous avaient refusé, pour des raisons diverses, parmi lesquelles sans doute la volonté alors affichée par le ministre de « dénoyauter » les sociétés privatisées par Édouard Balla-

1. *L'Expansion*, art. cit.

dur : en clair, d'éliminer ou de réduire la prétendue mainmise RPR sur leurs conseils d'administration. Pour ces jeunes surdiplômés, un tel poste est un tremplin, pas un sacerdoce.

« Participer à une politique de gauche en l'infléchissant dans le sens de la rigueur et de l'efficacité convenait à ces jeunes loups, commente un ministre socialiste, mais s'impliquer dans une offensive contre la partie la plus influente du haut establishment privé, même pour la bonne cause, leur apparaissait bien trop risqué pour la suite de leur carrière. »

Alain Boublil, lui, a accepté dans l'instant. Parce qu'on ne refuse pas son bâton de maréchal, comme l'ont dit ses détracteurs? Ou parce qu'il a plus de conviction que de prudence, comme l'assurent ses très rares amis? Les deux sans doute : en occupant ce poste prestigieux alors qu'il n'est ni inspecteur des Finances ni même simple énarque [1], Alain Boublil touche les dividendes de quinze ans de travail forcené, mais en conduisant lui-même le dénoyautage, il est aussi convaincu de faire œuvre utile. Il va enfin pouvoir appliquer la politique qu'il a imaginée, proposée et qu'il est l'un des seuls, pense-t-il, à pouvoir faire aboutir, grâce aux réseaux de relations qu'il a tissés pendant sept ans avec de nombreux patrons depuis son petit bureau de l'Élysée. Car il en a fait du chemin, là-bas, le petit Boublil, depuis les jours de gloire où il entendait faire tout seul la politique industrielle de la France, en mettant en application les principes couchés dans le livre qu'il l'a fait connaître au PS : *Le Socialisme industriel*, publié en 1977. A cette époque il tranchait de tout, prenait des grands airs entendus et, dans les réunions interministérielles, lâchait volontiers, avec assurance : « Le président pense que... » Ce qui mettait souvent un terme à la discussion. « Le plus

1. Jacques Calvet, patron de Peugeot SA, qui fut directeur de cabinet de Valéry Giscard d'Estaing rue de Rivoli, n'était pas inspecteur des Finances, n'ayant pu à son grand dam accéder « qu'à » la Cour des comptes. Mais son ministre était, lui inspecteur des Finances. Giscard aurait-il supporté à ses côtés quelqu'un d'aussi titré que lui?

souvent, le président n'en pensait rien du tout, se souvient Jean Peyrelevade, alors directeur adjoint du cabinet de Mauroy à Matignon : Boublil nous imposait tout simplement ses choix personnels. »

Les ministres de l'Industrie de François Mitterrand qui succèderont à Pierre Dreyfus (Jean-Pierre Chevènement, Laurent Fabius, Édith Cresson) ne le souffraient pas. « Boublil est suffisant, insuffisant et naturellement méchant », dira un jour, excédé, l'un d'entre eux. Tous, à un moment ou à un autre, ont demandé sa peau. Peine perdue. C'est en revanche Boublil qui obtiendra la peau de Chevènement. En s'appuyant sur le président, bien sûr, qui apprécie son dévouement, sa vivacité d'esprit, sa compétence et aussi son cynisme [1]; mais également sur certains patrons d'entreprise publique, puisqu'il était, avec Loïk le Floch-Prigent , (alors président de Rhône-Poulenc et ancien directeur de cabinet de Pierre Dreyfus au ministère de l'Industrie), à l'origine du déjeuner où a sonné l'hallali pour Chevènement. En réalité, Boublil a perçu les ravages des excès de l'interventionnisme avant beaucoup d'autres, au gouvernement. Et surtout, il a très tôt senti tourner le vent politique. C'est pour cela que certains patrons commencent, dès 1983, à l'utiliser : ils craignent l'activisme de Chevènement plus encore que le sien. D'autres se servent tout simplement de lui.

Boublil se fait des illusions. Déjà, ses ennemis sont plus nombreux et plus déterminés que ses amis. Son arrogance naturelle, sa suffisance et surtout sa politique lui valent des rancœurs durables. Des anciens dirigeants de Saint-

1. Alain Boublil a été choisi par François Mitterrand pour corriger les épreuves de son livre *Ici et Maintenant*. C'est lui qui rédigera le discours du candidat pour un mémorable « Forum de *L'Expansion* » consacré à « la gauche face aux patrons ». Mais ce qu'a le plus apprécié François Mitterrand, c'est la façon dont Alain Boublil a su justifier, sur le plan économique, la liste des entreprises nationalisables, alors que celle-ci avait été constituée sur des critères politiques parfaitement arbitraires et le plus souvent très fumeux : la CGCT avait par exemple été retenue tout simplement parce que c'était une filiale du conglomérat américain ITT, symbole du mal absolu dans les années soixante-dix pour avoir contribué au renversement de Salvador Allende au Chili en 1973 !

Gobain, comme Roger Fauroux ou Alain Minc par exemple, n'auront de cesse de le voir disparaître du paysage depuis que, par deux fois, au nom de principes opposés, il a contré leurs projets stratégiques. La première fois en obligeant l'entreprise à renoncer aux diversifications qu'elle avait engagées ; la deuxième fois en l'empêchant de prendre le contrôle de la Compagnie générale des eaux.

Avant sa nationalisation, Saint-Gobain avait pris en toute connaissance de cause la décision – risquée – de se diversifier dans l'informatique avec une participation au capital du Français Bull, et une autre, de 34 %, à celui de l'Italien Olivetti que redressait un industriel encore peu connu : Carlo De Benedetti. Dès le lendemain de la nationalisation de Saint-Gobain, Boublil veut appliquer ses théories des filières industrielles : la compagnie n'a rien à faire dans l'informatique et doit immédiatement revenir sur ses métiers de base exaltants : le verre, l'emballage, l'isolation, les matériaux pour le bâtiment et les canalisations de Pont-à-Mousson !

L'essentiel n'est-il pas de satisfaire en priorité les besoins du peuple ? Un conflit personnel est en outre intervenu entre Charles Salzmann, lui aussi à l'Élysée, et les dirigeants de Saint-Gobain à propos du remplacement du P-DG de CII-Honeywell-Bull. Il n'en faudra pas plus pour que Saint-Gobain se retire de Bull et soit par conséquent incitée à céder sa participation dans Olivetti. « Une erreur industrielle historique du gouvernement socialiste et une sottise financière immense » écrira Jean-Michel Quatrepoint, qui racontera comment Georges Pébereau, soutenu par Alain Boublil, a fait le forcing auprès de Jean-Pierre Chevènement pour récupérer cette participation en lui faisant miroiter que la CGE et Olivetti souhaitaient faire de grandes choses ensemble [1]. Notamment une usine de machines à écrire en France, tandis que l'Italie adopterait le Minitel français ! La réponse de Chevènement est

1. Jean-Michel Quatrepoint, *Histoire secrète des dossiers noirs de la gauche, op. cit.*

ferme : « Ne bougez pas, ces actions ne vous appartiennent pas et je vous interdis de négocier quoi que ce soit avec quiconque ! »

Mais le tandem Boublil-Pébereau est bien coordonné. Fabius n'a pas sitôt remplacé Chevènement que Pébereau vint lui « révéler » qu'il a été négocier un accord avec Carlo De Benedetti... en lui assurant que c'était à la demande même de son prédécesseur. Saint-Gobain et sa filiale Bull revendront 23 % des actions d'Olivetti à Carlo De Benedetti lui-même, et 11 % à la CGE pour sceller un accord industriel « historique ». Fabius, qui prône publiquement l'autonomie de gestion pour les entreprises nationalisées, s'est laissé piéger en dépit des nombreuses mises en garde qui lui ont été adressées. Le 2 novembre 1983, les actions Olivetti sont cédées au prix de 3 000 lires à Carlo, qui les revendra le 21 décembre suivant à l'Américain ITT. Au prix de 4 500 lires ! La fortune de Carlo De Benedetti était faite en deux mois sur le dos du contribuable français, grâce aux embrouilles de Georges Pébereau et aux dernières poussées de dogmatisme d'Alain Boublil. Inutile de dire qu'Olivetti n'a jamais distribué un seul Minitel en Italie, que l'usine de machines à écrire n'a jamais vu le jour et que la CGE a vendu par petits paquets les 10 % d'actions Olivetti qui lui restaient, avec une belle plus-value. Des rumeurs de délits d'initiés sur le titre Olivetti ont couru à cette occasion, mais ils n'ont jamais été établis.

C'est au nom de la logique des « filières » que Boublil s'est activé pour sortir Saint-Gobain de l'informatique. Cette logique existait incontestablement entre Saint-Gobain et la Compagnie générale des eaux. Or, c'est au nom d'un principe inverse, celui de l'entreprise privée, qu'il fera échouer l'attaque de la première sur la seconde.

Une nouvelle fois obligé de battre en retraite, Roger Fauroux et Alain Minc n'oublieront pas ce que leur ont coûté les certitudes successives d'Alain Boublil. Dans les dîners en ville, Alain Minc (que Carlo De Benedetti, séduit, a embauché pour lui donner la direction de Cerus, sa filiale française) poursuivra le « conseiller » de ses commentaires assassins et nourrira la rumeur publique de ses confidences susurrées. L'autre le lui rend bien : il n'en faut pas plus pour faire le bonheur des journalistes. D'autant que pour se démolir, tous deux rivalisent d'esprit, de férocité et d'imagination. Pourtant, « Minuscule » (c'est ainsi que Minc appelle Boublil) et « Pinocchio » (surnom de Minc, marionnette au service du condottiere, selon Boublil) sont sur le même bateau : celui que le capital et l'État offrent, provisoirement et par délégation, à ceux qui les servent. Aucun des deux ne veut le voir.

Avec Fauroux, Boublil s'est fait un ennemi d'un autre poids. Moins vif mais sans doute plus rancunier : accent chantant et regard clair, ce vieux scout pratique volontiers le pardon des offenses, mais pas jusqu'au masochisme : ce serait un péché. Il ruminera longtemps sa revanche jusqu'au jour où, ministre de l'Industrie... Boublil n'en a cure. Depuis son bureau qui donne directement sur la nouvelle pyramide du Louvre, le ministre de l'Industrie ne lui fait pas peur : il en a croqué d'autres. Et puis, qui va ressortir ces vieilles histoires? Lui-même a tellement changé.

Depuis des années, il a développé ses réseaux et noué des relations avec de nombreux patrons de tous bords. Il s'est créé des obligés, devenant l'obligé de plusieurs d'entre eux. N'est-ce pas ainsi, croit-il, qu'on construit un réseau? Bien sûr, Boublil n'est pas naïf au point de penser que tous ces industriels le fréquentent pour son érudition, ou pour la conversation de Bénédicte. Mais ses vrais amis, et en tout cas ses relations les plus solides, il croit les avoir passés au crible de la sélection naturelle, parmi ceux qui ont continué à lui rendre visite de 1986 à 1988 quand son petit bureau de l'Élysée était déserté par la majorité des patrons : « Ceux qui venaient me voir n'avaient rien à me demander, et je n'avais rien à leur offrir [1]. » Dans l'adver-

1. *L'Expansion*, art. cit.

sité, les fidèles sont rarement ceux qu'on attend. Boublil n'aurait ainsi jamais imaginé que Samir Traboulsi, ce financier libanais si riche, si séduisant et si opportuniste lui garderait son amitié, alors qu'il avait tant à faire à droite, dans les cercles du pouvoir.

Boublil est convaincu qu'il dispose, avec un tel tissu de relations, de l'atout qui lui permettra de conduire en douceur le dénoyautage des entreprises privatisées. Il a observé la manière dont s'étaient reconstitués les réseaux d'influence de la droite capitaliste de 1982 à 1986, notamment autour de l'Association française des entreprises privées (AFEP) que préside Ambroise Roux. Il croit qu'il peut fédérer le monde des affaires anti-RPR grâce à un réseau symétrique, adossé à la puissance publique avec sa capacité d'intervention illimitée. D'autant qu'assurée de la durée du pouvoir, la gauche va recevoir des patrons les dividendes de leur légitimisme naturel. Pour lui, comme pour Pierre Bérégovoy et François Mitterrand, la nécessité de rétablir l'autorité de la nouvelle majorité présidentielle sur les grandes entreprises privatisées ne fait aucun doute. Ce sont, estime-t-il, des leviers incomparables pour conduire une politique économique à long terme. Toutes leurs décisions ont des conséquences politiques. L'État ne peut donc s'en désintéresser, et sans doute doit-il même, parfois, leur montrer le chemin. Bien sûr, chacun connaît désormais les limites de l'exercice. Plus question de passer en force : l'État doit agir avec doigté. Retrouver son influence sur une base consensuelle, en offrant notamment sa protection contre d'éventuelles attaques étrangères.

Pour dénoyauter dans les limites fixées par le président de la République, Boublil a sa recette. Il l'a mijotée depuis plusieurs années, et vendue depuis quelques mois à Pierre Bérégovoy, ainsi qu'au président. Allongé sur une chaise longue au cours d'une chaude après-midi de juillet, sur la grande pelouse du Racing Club de France, il en livre les secrets sans trop de précaution après une partie de tennis d'une violence particulière. Il est vrai qu'inventée par les *mamas* italiennes, la recette est banale : c'est celle du plat de lasagnes, où l'on superpose des couches successives de viande et de pâtes, bien liées par une sauce onctueuse, le tout mis au four et gratiné. Une couche de l'ancien noyau dur RPR (déjà ramolli par ses contradictions face à un pouvoir socialiste assuré de la durée), une couche de nouveaux venus socialo-barristes, le tout lié par un professionnel incontestable, qui n'a aucun besoin d'être socialiste, à condition de ne pas être hostile au PS. Tout ceci mijoté dans le four de l'État qui, après une cuisson appropriée (courte ou longue, selon les ingrédients et leur capacité naturelle à se mélanger) donnera au plat toute sa saveur. Aucun risque d'incendie, ou même de fumée un peu âcre. Pierre Bérégovoy a apprécié la recette, et fait confiance au cuisinier. Au château, le patron est d'accord : banco! Le cuistot se met donc immédiatement au fourneau. Pourtant, le premier plat de lasagnes qui sortira du four ne devra rien à son tour de main. Mais à celui d'un maître queux. Un véritable chef. Un ami du président.

4

LA CHASSE GARDÉE D'ANDRÉ ROUSSELET

L'homme du président

« Je ne leur laisserai pas le plaisir de me virer ! »

Si André Rousselet a du vague à l'âme, comme d'habitude il n'en laisse rien paraître. Son ton est sarcastique, alors qu'il commente, face à un grand industriel, la victoire toute récente de la droite aux élections législatives de mars 1986. Pas question de faire soupeser à soixante-trois ans ses mérites par le nouveau pouvoir, lui qui a démissionné de la préfectorale – sans position de repli – par fidélité à François Mitterrand lors de l'arrivée du général de Gaulle en 1958 ! Pas question de se prêter, dans quelques semaines, au petit jeu humiliant que subiront, entre autres, Jean-Paul Huchon, Jean Peyrelevade, Loïk Le Floch-Prigent, Bernard Attali, Georges Pébereau et quelques autres. Celui de l'entrevue pénible avec Jacques Friedmann, conseiller de Jacques Chirac et d'Édouard Balladur, au cours de laquelle l'exécuteur zélé et maladroit de leurs basses œuvres annoncera leur éviction à ces patrons d'entreprise nationale. Pas plus qu'eux, André Rousselet n'a démérité, bien au contraire. Mais alors que les patrons du Crédit Agricole, de Suez, de Rhône-Poulenc, du GAN ou de la CGE, cohabitation oblige, peuvent avoir quelque espoir de garder leur poste – Alain Gomez, patron de Thomson, sauvera bien le sien ! –, celui d'Havas sait parfaitement que c'est pour lui totalement exclu. En raison de son amitié avec François Mitterrand qu'il accompagne souvent le lundi matin pour un parcours sur le golf de Saint-Cloud ? Peut-être : Bernard Attali sera bien sanctionné simplement parce qu'il est le frère jumeau de Jacques, le trop brillant conseiller du président qui agace tant la droite. Pour André Rousselet, c'est autre chose : la nécessité de quitter l'avant-scène est inhérente à la fonction même du président d'Havas.

Depuis que l'agence de presse a été nationalisée en 1945 – pour collaboration avec l'occupant – ses liens avec les gouvernements en place ont été organiques. Ce poste fait partie du petit nombre de ceux auxquels s'applique automatiquement le système des dépouilles. A travers Havas et ses régies publicitaires, les gouvernements successifs ont longtemps cherché à influencer la presse écrite d'abord, l'ensemble des médias ensuite, avec un bonheur inégal. Mais la nébuleuse Havas rend bien d'autres services : c'est une gigantesque machine réputée efficace pour recycler l'argent public. Très longtemps assurée du quasi-monopole des campagnes de publicité de l'État ou des entreprises nationales, elle brasse des fonds considérables qui lui permettent de consentir en retour aux gouvernements en place de grands et menus services. Et comme l'immatérialité de la publicité se prête à toutes les facturations imaginables, Havas est un outil aisé de financement des partis politiques et bien sûr, en priorité, des partis au pouvoir [1].

Les choses sont moins aisées que dans les années soixante, lorsque Havas, qui récoltait tous les budgets d'État, n'hésitait pas à promettre aux annonceurs Légions d'honneur ou permis de construire en prime... Mais le cordon ombilical est loin d'avoir été coupé. C'est d'ailleurs pour perpétuer la tra-

1. Les modes changent, et les circuits de financement aussi. Les surfacturations des entreprises de travaux publics et des grands concessionnaires de distribution d'eau tiennent toujours le haut du pavé, ainsi que les divers bakchichs lors des attributions d'autorisation de grandes surfaces. Le bon vieux système dit de « la caisse enregistreuse », dans les hypermarchés, garde tout son intérêt : en déconnectant les caisses quelques minutes par jour, on dégage du cash, la différence étant décomptabilisée avec les « démarques », c'est-à-dire les vols. Mais la grande découverte des années quatre-vingt, en matière de financement occulte des partis politiques, est bien l'utilisation en Bourse d'informations d'initiés, qui ne lèsent personne d'identifiable. Le développement de ces circuits sophistiqués, facilité par l'explosion des marchés, donnera un coup de vieux à tous les autres.

dition, au profit de la gauche, que François Mitterrand a placé son ami Rousselet à la tête de l'agence en juillet 1982. Il y remplaçait un autre de ses amis, moins au fait des réalités sonnantes et trébuchantes nécessaires à l'exercice du pouvoir : Pierre Nicolaÿ, évacué presto à la vice-présidence du conseil d'État. Rousselet, c'est du sérieux. Plus que Patrice Pelat, il a été le trésorier personnel de François Mitterrand pendant toutes ses périodes de vaches maigres, et tout spécialement pendant ses quatre campagnes électorales présidentielles, de 1965 à 1988.

André Rousselet est un homme de pouvoir. Un véritable patron. Et un dur à cuire. Son regard délavé, son élocution hésitante, son goût pour les havanes et l'art contemporain (il possède la Galerie de France, l'une des plus prestigieuses de Paris) masquent un tempérament de tueur. Comme les grands fauves, il n'est véritablement féroce que s'il est attaqué. La compagnie de taxis G7, qu'il contrôle, est tenue d'une main de fer, avec des méthodes de gestion peu en phase avec l'idée qu'on se fait, en 1981, de la morale socialiste. Pour avoir laissé publier cette information en juin 1981 dans son journal *Les Échos*, Jacqueline Beytout se fera vertement rabrouer. Elle qui en a vu d'autres est pourtant sidérée par la brutalité de ce premier contact : « Attendez-vous à ce que nous vous lancions dans les pattes un véritable concurrent ! »

André Rousselet tonne depuis l'Élysée. Il a accepté d'être le premier directeur de cabinet de François Mitterrand, quoi qu'il n'ait aucun goût pour la politique politicienne, du moins en première ligne. Les deux hommes ont eu le coup de foudre l'un pour l'autre en 1950 sous les tropiques, Mitterrand étant ministre de la France d'outre-mer et Rousselet simple sous-préfet de Guadeloupe. Quelques années plus tard, Rousselet deviendra chef de cabinet du jeune garde des Sceaux. Leur fidélité ne s'est jamais démentie. Aussi, lorsque le président arrive en terre inconnue, il choisit parmi les fidèles celui qui a les reins les plus solides et le caractère le mieux trempé. Rousselet ne se dérobe pas. Sa première tâche sera de colmater les brèches d'un bateau qui fait eau de toute part. Et vis-à-vis des journaux, de bien marquer le terrain. Il classe les journalistes en fonction de leurs sentiment présumés à l'égard du président et fait pression sur Jacques Rigaud pour qu'il exile à Washington Philippe Alexandre, l'impertinent chroniqueur de RTL. Il est convaincu de son bon droit : les hommes politiques, forts de leur légitimité électorale, ont prééminence sur les hommes de presse. André Rousselet sait aussi être charmeur. Il étonne, détonne, mais se fait respecter. Et souvent apprécier. La communication le passionne. Très vite, il obtiendra la présidence d'Havas qu'il convoite et qui, semble-t-il, lui a été promise de longue date en cas de victoire de Mitterrand. Sinon, sans angoisse, il aurait continué à chipoter les rémunérations des artisans prolétarisés de la G7, tout en s'amusant gentiment dans le commerce des œuvres d'art.

Dès son arrivée dans l'immeuble moderne de l'avenue Charles-de-Gaulle, à Neuilly, il fait comprendre que le vrai patron, c'est lui. La maison abrite de multiples féodalités, conséquences de l'ego hyper-développé des publicitaires, et surtout des strates successives qu'ont laissées les ressacs du pouvoir. La rumeur rapporte qu'à son arrivée, une partie de la mémoire de l'entreprise s'est rapidement envolée dans les incinérateurs. Sa reprise en main sera facilitée par deux drames : la mort de Jacques Douce, le grand professionnel qui a tenu pendant vingt ans, dans les vents contraires, les rênes de la maison, et le suicide mystérieux d'un de ses adjoints, Georges Roquette. Rousselet choisit alors de cumuler la présidence d'Havas avec celle d'Eurocom, la société qui coiffe toutes les agences-conseil de l'entreprise. Le nouveau patron a des idées simples : les « créatifs » peuvent créer, mais qu'ils s'en tiennent là, et sous son autorité.

Un an plus tard, Rousselet décide de puiser 1 milliard de francs dans les finances d'Havas pour se lancer dans l'aventure de la chaîne de télévision cryptée dont l'agence détiendra 25 %. Le soutien du président de la République ne suffit pas : il faut une bonne dose d'imagination, une perception aiguë du marché, de l'estomac, une capacité à réunir un tour de table d'industriels, et surtout une belle obstination. Car les débuts de Canal Plus sont épouvantables. Pour commencer, les décodeurs ne sont pas au rendez-vous. Ensuite, ils ne fonctionnent pas, ou mal. Les abonnements ne rentrent pas. La presse se déchaîne : il n'y a pas de marché. Laurent Fabius, Premier ministre, cherche à récupérer Canal Plus pour en faire une chaîne « en clair » confiée à Jean Riboud, patron de Schlumberger et ami du président. Au cours d'un déjeuner avec Fabius, Rousselet pique une énorme colère : « Vous êtes un jeune incompétent ! »

Laurent Fabius est estomaqué. Il se dépêchera de raconter au président l'affront fait à la République et, dans les mois qui suivent, cherchera tous les moyens d'éliminer Rousselet. Celui-ci voit la plupart de ses vedettes, dont Patrick Poivre d'Arvor, quitter Canal Plus, qu'on dit mort-née. On ne parle que du prochain lancement d'une cinquième et d'une sixième chaîne, financées par la seule publicité. Privés d'images, les Français vont en être saturés. Les abonnements, qui rentraient au rythme de trois mille par jour, tombent à trois mille par semaine. Canal Plus se met à programmer des courses de taureaux au moment même où s'organise sa mise à mort. *Le Quotidien de Paris* titre : « C'est le Manufrance de l'audiovisuel ! » André Rousselet utilise alors sa dernière carte. Il demande une audience officielle à François Mitterrand, met en balance son amitié de trente ans, lui assure que Canal Plus est viable et va même plus loin : « Ce sera le seul succès audiovisuel de votre présidence ! »

Jean Riboud en personne téléphonera quelques jours plus tard à Rousselet dans sa maison de Beauvallon, au-dessus du golfe de Saint-Tropez où il est parti se mettre au vert : « Bravo André, tu t'es bien battu et tu as gagné. Canal Plus restera cryptée. »

Rousselet convainc la plupart de ses actionnaires de rester avec lui, se bat sur tous les fronts, allant jusqu'au bras de fer public avec Pierre Bérégovoy pour que celui-ci, ministre des

Finances, l'aide à assurer momentanément ses échéances avec un prêt de 500 millions de francs. Et le miracle a lieu. Rousselet a choisi Pierre Lescure, un grand professionnel, compagnon de Catherine Deneuve, pour concevoir les programmes et créer l'identité de la chaîne. Bien ciblée, Canal Plus a trouvé son ton. Les abonnements affluent. Au lieu de la faillite promise, voilà qu'apparaissent d'importants bénéfices. Canal Plus devient la plus rentable des télévisions cryptées du monde, qui va vendre à l'étranger son savoir-faire. C'est la seule vraie *success story* du paysage audiovisuel français. Rousselet a acquis sa légitimité interne et ses galons dans le monde de la communication. Pierre Lescure le reconnaît volontiers : « Nous n'avons tenu que par sa seule volonté. »

La chaîne cryptée a été sauvée. Tout se calme. Mais Laurent Fabius restera le seul homme politique interdit d'antenne à Canal Plus tant que Rousselet en sera le président...

Pas question donc de se laisser virer de la présidence d'Havas comme n'importe qui. Aussi, avant même les élections de 1986, alors que prend forme l'hypothèse de la cohabitation, Rousselet a noué des contacts avec Balladur et son entourage. François Mitterrand en a parlé à Jacques Chirac, qu'il vient de nommer à Matignon. Celui-ci est d'accord : on laissera à André Rousselet les mains libres à la tête de Canal Plus, qu'il a créée de toutes pièces et où sa légitimité est incontestable; en contrepartie, le nouveau gouvernement réattribuera les concessions de la Cinq et de la Six. Quant à Rousselet, il donnera lui-même sa démission de la présidence d'Havas, cédant la place à Pierre Dauzier, numéro deux du groupe, chiraquien affiché et corrézien lui-même. Dauzier a été curieusement couvé par Rousselet, qui l'a nommé quelques années auparavant codirecteur général du groupe. Il sera chargé de conduire la privatisation. Rousselet a-t-il poussé Dauzier parce que, connaissant les limites du personnage, il savait qu'il garderait un ascendant sur lui?

Dauzier n'est ni un stratège, ni un grand commercial, ni un créatif. C'est un homme alors âgé de quarante-huit ans, au brushing impeccable, toujours tiré à quatre épingles, un peu effacé, et qui a fait toute sa carrière à Havas dans l'ombre de Jacques Douce. Sa principale force est la conscience aiguë qu'il a de ses limites. Il consacre donc beaucoup de son énergie à consolider sa position dans un fauteuil convoité par tous les gros calibres qui l'entourent. Vis-à-vis du pouvoir, il sait faire preuve d'une grande souplesse. Et Rousselet, homme de pouvoir s'il en est, a certainement flairé quel parti il pouvait tirer d'une telle nature.

Pierre Dauzier ne refuse rien à Chirac [1]. Il accepte surtout une privatisation choquante (la seule qui ait d'ailleurs échappé à la maîtrise complète d'Édouard Balladur), avec un noyau dur ouvertement et exclusivement RPR : sur les neuf administrateurs initiaux, six sont en effet RPR ou proches, face à deux représentants (légaux) du personnel et à un « professionnel », directeur général de *Ouest-France* ! Parmi les administrateurs, deux gros calibres : Jérôme Monod, patron de la Lyonnaise des eaux et ancien secrétaire général du RPR ; Jean-Marc Vernes, banquier du RPR, président du groupe sucrier Béghin-Say ainsi que de la Banque du Marais. Tout Paris s'en amuse, et les socialistes aussi, qui tiennent enfin leur privatisation symbole de « l'État partial », « soumis aux clans et aux factions ». Pendant ce temps, Rousselet évite soigneusement de hurler avec les autres loups. Il continue d'entretenir des rapports suivis avec Pierre Dauzier, de seize ans son cadet, qu'il conseille et flatte. Ils se voient

1. Sur ordre, Havas contrera les offensives d'Hachette et de Maxwell dans la presse régionale. Et après intervention de la veuve de Marcel Dassault auprès de Jacques Chirac, Havas rachètera *Jours de France* en perdition, qu'il ne parviendra pas à redresser. L'ancien « hebdomadaire de l'actualité heureuse » sera revendu au groupe Hersant, avec une moins-value de près de 250 millions de francs ! Sur ordre toujours, Havas s'associera à Hachette pour présenter un dossier de candidature au rachat de TF1. L'association des deux géants suscite une levée de boucliers générale, dans les milieux de la presse et de la publicité. Nombreux sont ceux qui croient qu'Havas est monté au créneau simplement pour fusiller le projet Hachette de Jean-Luc Lagardère, dont ne voulait pas Chirac, et favoriser Bouygues. Cela reste à démontrer. Ce qui est sûr en revanche, c'est qu'Havas n'a pas versé une larme sur sa propre éviction.

ou se téléphonent deux ou trois fois par semaine. Avant mai 1988, alors que la victoire de François Mitterrand apparaît probable, il lui laisse espérer qu'il pourrait être maintenu à son poste, s'il tenait compte des nouvelles réalités.

François Mitterrand réélu, André Rousselet va pouvoir mettre en œuvre sa stratégie de reconquête, qui passe, tactiquement, par le simple « rééquilibrage » du noyau dur d'Havas. Il a dans sa manche plusieurs atouts, ainsi qu'un joker inattendu.

Les conditions de la réélection de François Mitterrand, avec l'appui tacite des centristes, ont complètement inversé le rapport de forces politique. Aux yeux de la majorité des décideurs – et les annonceurs publicitaires en font partie –, Havas est en position de marginalisation à droite, tandis qu'André Rousselet, qui n'a jamais lui-même été socialiste, occupe une position centriste. Incontestée sur le plan professionnel, sa propre légitimité se trouve soudain renforcée sur le plan politique.

Du point de vue financier aussi, la situation a beaucoup évolué. L'introduction en Bourse de Canal Plus a été un succès, bien plus net que la privatisation d'Havas. Au point que la capitalisation boursière de la chaîne cryptée, âgée d'à peine quatre ans, est supérieure à celle d'Havas, premier groupe de communication d'Europe, qui couvre à lui seul 30 % du marché français! Mais les boursiers savent qu'Havas est aux ordres du pouvoir, prête à rendre les services les plus coûteux, et vit sur des rentes de situation de plus en plus précaires, à mesure que la main de l'État se fait plus légère sur les entreprises [1]. Havas contrôle toujours 25 % de Canal Plus, mais la filiale, qui contribue pour 40 % aux résultats, est devenue plus « sexy » que la maison-mère. Après le krach d'octobre 1987, André Rousselet a d'ailleurs

1. Un signe qui ne trompe pas : quelques mois après sa privatisation, la Société Générale a lâché Havas au profit d'une agence étrangère : Saatchi et Saatchi. Alain Margaron, qui dirige la communication de la banque, s'attendait à des mesures de rétorsion. Surprise : il ne s'est rien passé! Enfin, si l'on peut dire...

commencé subrepticement à acheter en Bourse des actions d'Havas, sa propre holding.

Chiraquien en peau de lapin, Pierre Dauzier se fait soudain le chantre de son ancien patron, André Rousselet. Il l'appelle à ses côtés au conseil d'administration d'Eurocom dont il chasse Claude Douce, fondateur de l'agence Bélier et frère cadet de Jacques Douce. Au RPR, on n'en revient pas. Ami d'enfance de Jacques Chirac, obligé de Jean-Marc Vernes – ce banquier ami des Dassault et des Chirac –, Pierre Dauzier avait accepté sans broncher la constitution d'un noyau dur si caricaturalement RPR qu'il en était risible. Et le voilà soudain qui se répand dans les salons en tenant des propos subversifs : « La géographie de notre capital est un handicap pour notre crédibilité internationale ». Havas ne réalise que 18 % de son chiffre d'affaires à l'étranger, pourcentage dérisoire et inquiétant, alors que se prépare l'Europe de 1993. Pour qui n'aurait pas compris, Dauzier annonce même *urbi et orbi* « qu'Havas est une affaire privée » mais que « sa sensibilité à l'environnement extérieur est supérieure à celle d'une affaire classique [1] ». Qu'en termes galants...

Avec Jérôme Monod, André Rousselet trouve un interlocuteur attentif. Le patron de la Lyonnaise des eaux n'a pas renié ses opinions politiques, mais il est devenu un véritable industriel, à l'ouverture d'esprit incontestable. D'autant que les activités de son entreprise – spécialisée dans l'ensemble des services urbains, y compris les pompes funèbres – l'obligent à entretenir des relations suivies et confiantes avec toutes les municipalités, quelle que soit leur appartenance politique. Jérôme Monod n'est pas de la même génération que Jean-Marc Vernes, dont il ne supporte guère le sectarisme et l'aveuglement. Comment ne pas donner à Havas les moyens de son expansion?

C'est à ce moment qu'intervient le joker, en la personne de Robert Maxwell, le magnat de la presse britannique, qui en

1. *Le Figaro* du 6 août 1988.

juillet annonce tout de go qu'il a racheté en Bourse 5 % du capital d'Havas, et qu'il s'apprête à doubler sa mise en rachetant la participation détenue dans l'agence par la Société Générale de Belgique. Or Robert Maxwell est un ogre. Il fait peur à la droite, parce qu'il est travailliste et déclame sans complexes son admiration éperdue pour François Mitterrand. Il inquiète la gauche, en raison de l'origine obscure de sa fortune (centralisée dans une fondation au Lichtenstein), de son cynisme et de la façon dont il a maté les ouvriers imprimeurs britanniques. Mais surtout sa vulgarité triomphante, son quintal et demi de truculence arrogante, ses rires gras et sa jovialité bouffonne réunissent contre lui une bonne partie de la gauche et de la droite civilisées. C'est Bérurier à la mode britannique. Un éléphant dans un magasin de porcelaines!

André Rousselet pique une colère noire, fonce à l'Élysée, puisque l'Anglais n'a pu se lancer dans une telle aventure sans appuis au plus haut niveau. Il argumente, et revient rasséréné : Maxwell ne brouillera pas les cartes. Il a effectivement proposé ses services au château après les élections, mais aurait été déçu d'apprendre qu'il ne bénéficierait d'aucun appui particulier. Si Rousselet parvient à dénoyauter en douceur le capital d'Havas, libre à lui de le faire : il a priorité. D'ailleurs, Maxwell vient de partir aux États-Unis pour lancer une OPA sur un gros éditeur de livres scolaires.

Cette agression d'un étranger – et quel étranger! – sur une entreprise si franchouillarde a un effet bénéfique : elle provoquera immédiatement une réaction de solidarité, toutes opinions politiques confondues. Pas question de casser la tirelire, ou de laisser filer à l'anglaise la cagnotte Havas. Mieux vaut, en définitive, se la partager entre Français! C'est beau comme de l'antique. Si beau qu'aujourd'hui encore, plusieurs protagonistes sont persuadés que l'attaque de Maxwell était fictive : selon eux, il s'est agi d'un simple chiffon aux couleurs de l'Union Jack, agité par des mains habiles pour susciter face à lui une réaction de solidarité.

Qu'André Rousselet ait été capable d'imaginer une telle

opération de désinformation, c'est possible. Qu'il l'ait menée à bien, du début à la fin, c'est moins vraisemblable. Il a, en tout cas, parfaitement utilisé l'événement, prévu ou imprévu. Dans l'indifférence estivale, après l'épisode Maxwell, les choses vont en effet très vite. André Rousselet et Jérôme Monod se rencontrent à plusieurs reprises fin juillet et fixent rapidement les principes d'un accord global de rééquilibrage. Jérôme Monod révèle dans une interview [1] que les membres du noyau dur initial d'Havas ont tous augmenté leur participation pour contrer les attaques extérieures, et que sa propre entreprise a fait passer la sienne de 5 à 9,9 %, mais qu'elle s'arrêtera là. Le patron de la Lyonnaise des eaux jette un pavé dans la mare : « Je connais bien André Rousselet. L'action qu'il a menée à la tête d'Havas et celle qu'il mène à Canal Plus sont dignes d'estime. Je pense que les actionnaires d'Havas ne seraient pas hostiles à l'idée de voir Canal Plus figurer parmi eux. Ainsi, les moyens d'Havas seraient renforcés. L'équilibre, mieux adapté aux circonstances présentes, permettrait d'avoir, à côté du noyau stable actuel, un nouveau groupe privé et des institutions qui dépendent de l'État. »

C'est tout simplement une offre d'armistice, avec un feu vert officiel au rééquilibrage du noyau dur RPR au profit d'André Rousselet, que vient de prononcer l'ancien secrétaire général du RPR. Les schémas mentaux traditionnels ont fonctionné : privée ou publique, Havas doit appartenir au gouvernement en place. A un État qui se veut impartial, correspond donc une responsabilité partagée à la tête d'Havas. Commentaire, à chaud, d'un des dirigeants de l'entreprise : « La campagne présidentielle a coûté cher à tout le monde, et tout le monde avait besoin de se refaire; les bases du consensus étaient là. »

Commence alors la technique du saucissonnage. Car les membres du noyau dur ont accepté la présence de Canal Plus comme nouvel actionnaire et d'André Rousselet comme

1. *Les Échos* du 1er août 1988.

nouvel administrateur, ainsi que le principe d'un rééquilibrage, mais pas plus. Dans l'esprit de Jérôme Monod – Jean-Marc Vernes s'est laissé convaincre –, un « noyau de rééquilibrage » autour de Canal Plus doit venir faire contrepoids au « noyau historique ». Mais la chaîne n'a bien entendu pas les moyens d'acquérir 25 % du capital d'Havas, ce qu'au demeurant la loi lui interdit puisque le seuil admis d'autocontrôle (la participation d'une filiale dans sa société mère) est de 10 %. Jérôme Monod propose donc que les groupes publics (UAP, AGF, Caisse des Dépôts) qui sont devenus actionnaires d'Havas à hauteur de 15 % soient comptabilisés dans le « noyau de rééquilibrage ». Refus tout net d'André Rousselet, sous prétexte qu'il n'est pas un supplétif des pouvoirs publics. En réalité, ce qu'il cherche à construire, c'est un capital encore plus bétonné. De fait, début septembre, on ne parle plus de deux blocs mais de trois : l'ancien noyau dur RPR et le noyau dur constitué autour de Canal Plus contrôleront chacun 24 % du capital d'Havas, et les actionnaires publics 15 %. L'ancien noyau dur RPR est devenu minoritaire, si l'on agrège les parts contrôlées par André Rousselet avec celles des investisseurs publics.

Pierre Dauzier est ravi. Avec une grande fraîcheur, il affirme qu'il avait « souhaité être le premier dénoyauté » parmi les entreprises privatisées, « pour perdre cette image politique que le groupe a toujours eue et que la privatisation n'avait pas effacée, loin de là ». Élémentaire, mon cher Watson : « Comment prendre le contrôle d'un journal à l'étranger quand on est supposé être le bras séculier d'un gouvernement ou d'un parti ? Aucun de nos grands concurrents n'a une telle image. Il fallait désenclaver Havas de la politique [1]. »

Au RPR, certains militants en avaleraient leurs cartes. Dans le bureau présidentiel d'Air France, où il a été casé, Jacques Friedmann s'étouffe de rage. A gauche, en revanche, on se frotte les mains : s'il y a beaucoup d'hommes comme le président d'Havas à la tête des entreprises privatisées, le pouvoir d'État a encore de beaux jours devant lui !

1. *Le Monde* du 15 septembre 1988.

Mais tout n'est pas gagné. André Rousselet peine à trouver des associés prêts à mettre de l'argent sur la table pour acheter aux anciens actionnaires une partie de leurs titres. Gustave Leven, le patron de Perrier, refuse de le suivre, comme il s'y était engagé : « J'ai d'autres projets », lui dit-il simplement.

On verra vite lesquels : l'argent de Leven sera plus utile pour s'attaquer au noyau dur de la Société Générale. Qu'à cela ne tienne! Le patron de Canal Plus prévoit de faire appel à la BNP, banque nationalisée, et de comptabiliser sa participation dans son groupe de rééquilibrage, non dans le groupe des actionnaires nationalisés. De toute façon, rien ne presse : on prendra le temps qu'il faudra, en fonction des disponibilités de chacun et des cours de Bourse. L'important, en termes de pouvoir, n'est-ce pas d'abord la répartition des postes au conseil d'administration? C'est là qu'il faut verrouiller la situation. Dauzier réunit donc son conseil le 13 octobre. Celui-ci convoquera le 8 décembre une assemblée générale d'actionnaires qui autorisera l'augmentation du nombre des administrateurs. Un seul administrateur vote contre : le RPR Jean-Marc Vernes, qui estime avoir été trompé [1]. Il n'admet pas que Rousselet ait amené dans son camp René Thomas, le patron de la BNP nationalisée, alors que les accords prévoyaient une limitation à 15 % de la part des entreprises publiques. Et il le dit ouvertement.

Jean-Marc Vernes s'insurge : « Notre accord prévoyait que les actionnaires du noyau stable disposaient d'un droit d'agrément sur les candidatures qui leur seraient proposées. Ce fut le cas pour la Garantie mutuelle des fonctionnaires, pour BSN et la Générale des eaux. Mais quand M. Rousselet nous a proposé la BNP, offrant un poste d'administrateur à M. Thomas, j'ai usé de mon droit d'agrément et j'ai dit non. On m'a demandé de céder des titres à M. Rousselet, je l'ai fait. On m'a demandé de faire des places au conseil d'administration pour les nouveaux venus, j'ai donné mon accord.

1. Marc Viénot, le patron de la Société Générale, vote alors comme les autres en faveur de l'arrangement avec le pouvoir socialiste.

Aujourd'hui, à la première opposition exprimée, on viole la clause d'agrément [1] ! » Mais ce 20 octobre, le jour même où Jean-Marc Vernes déchire le voile, Pierre Dauzier l'attaque à visage découvert : « Dans toutes les pièces de théâtre, il y a le prologue, le nœud de l'action et l'épilogue. Parfois, certains acteurs ne l'aiment pas : je ne veux pas être gêné ou freiné dans la conduite d'Havas par des comportements qui pourraient lui nuire. Dans ce cas, il me semble en effet qu'un actionnaire est dangereusement proche de franchir la ligne jaune. Si on touche à Havas, je deviens féroce et sans pitié [2] ! »

Plutôt farce dans cette bouche, la phrase ne fait pourtant pas rire Jean-Marc Vernes. Il est furieux. Contre Dauzier évidemment, qui l'a trahi et pour lequel, en privé, il n'a pas de mots assez durs. Contre Monod et ses « amis » du noyau dur RPR, qu'il excuse cependant du bout des lèvres : « Ils partageaient ma façon de voir, mais pour des raisons personnelles, notamment à cause de la répartition du capital dans leurs sociétés, ils n'ont peut-être pas la même indépendance que la mienne, car un gouvernement, quel qu'il soit, a des moyens de pression. »

Ainsi, entre le 13 octobre – réunion du conseil d'Havas – et le 8 décembre – assemblée générale extraordinaire pour ratifier le choix des nouveaux administrateurs –, Jean-Marc Vernes étale sa rancœur dans tous les journaux. Ces dates sont importantes. Car entre les deux éclatera l'attaque boursière sur la Société Générale, préalable à l'opération de dénoyautage envisagée par Georges Pébereau, qui, elle, tournera mal. Et la résistance de Marc Viénot donnera *a posteriori* des regrets à d'autres. Jean-Marc Vernes essaie d'empêcher l'irréparable. Trop tard ! A la veille de l'assemblée générale d'Havas, il a l'impression – justifiée – de s'être fait rouler dans la farine, et s'en prend en privé à Jérôme Monod : « Si nous nous étions battus seulement dix fois moins que Marc Viénot pour la Société Générale, il n'y

1. *Agence économique et financière*, 20 octobre 1988.
2. *Libération*, 20 octobre 1988.

aurait sans doute pas eu d'opération Rousselet. Mais au lieu de cela, nous nous sommes couchés ! »

Ces velléités de résistance déchaînent la fureur d'André Rousselet, de la rue de Rivoli et de l'Élysée. Car elles entachent ce dénoyautage qui devrait avoir valeur d'exemple. Il faut amener Jean-Marc Vernes à résipiscence. Quelques jours avant l'assemblée générale, « on » lui sort donc dans les pattes une vilaine affaire : celle de l'Office des annonces (ODA). Il s'agit d'une filiale d'Havas très juteuse, qui a le monopole de la publicité dans les pages jaunes des annuaires téléphoniques. Or, 10 % de cette entreprise ont été cédées secrètement à la Banque du Marais de Jean-Marc Vernes, en prévision d'une introduction en Bourse prévue pour juin 1990. La loi exige que les conventions passées entre une entreprise et ses propres administrateurs figurent dans les rapports annuels, ce qui n'est pas le cas.

De là à imaginer que Jean-Marc Vernes a bénéficié d'une cession de complaisance, il y a un pas... qui est vite franchi. Il s'avérera cependant que la légalité a été formellement respectée, puisque la transaction a été conclue avec la Banque du Marais le 2 septembre 1987, alors que la nomination de Vernes comme administrateur, connue depuis l'été, n'a été juridiquement effective que cinq jours plus tard [1]. Mais la faveur semble exorbitante. Le patron RPR a compris : contre lui, le pouvoir est prêt à tout sortir. Il aura l'occasion de s'en rendre compte quelques mois plus tard... D'abord, lorsque la COB s'intéressera de très près aux transferts réalisés entre le groupe italien Ferruzzi et sa filiale Beghin-Say au moment du krach boursier. Ensuite lorsque Suez décidera, en août 1989, de lancer une OPA sur la Compagnie industrielle (maison mère du groupe d'assurances Victoire), quelques semaines seulement après que Jack Francès en a confié la présidence à Jean-Marc Vernes. Une opération conduite avec l'appui occulte du gouvernement et de nom-

1. Le prix de la transaction – 130 millions de francs – n'était, en apparence, pas scandaleusement bas, puisqu'il correspondait à 15,6 fois le bénéfice de l'ODA en 1988. Mais l'entreprise, dit-on, recèle des trésors cachés qui auraient été « sortis » avant l'introduction sur le second marché.

breux jeunes loups de la Finance, désireux d'en finir avec ce symbole des compromissions RPR dans le monde des affaires.

Jean-Marc Vernes, sur le dossier Havas, comprend donc qu'il doit céder. Ce qu'il fera en obtenant une concession très formelle : la BNP viendra bien épauler André Rousselet au capital d'Havas, mais René Thomas ne sera nommé administrateur qu'à titre personnel, et non pas au titre de la BNP. Même pas de quoi sauver la face. Le nouveau conseil d'administration d'Havas est constitué comme prévu le 8 décembre, jour de l'Immaculée Conception. Le nombre d'administrateurs est passé de neuf à quinze, qui constituent le plus prestigieux et le plus consensuel des tours de table qu'on puisse imaginer en France [1]. Jean-Marc Vernes, banquier RPR, y côtoie Jean Peyrelevade (UAP), banquier puis assureur socialiste. Michel François- Poncet, patron de Paribas et copain de Chirac, s'y assoit face à Jean-Louis Pétriat (GMF), l'homme des réseaux mutualistes. Et Robert Lion (Caisse des Dépôts) y serre aimablement la main de Marc Viénot (Société Générale), alors qu'il mène, avec Pébereau, l'attaque contre sa banque. Les couteaux sont rangés au vestiaire. Seul commentaire public, celui de Pierre Dauzier : « Cette répartition du capital doit permettre à Havas de mettre un terme à toute polémique sur la géographie du capital, sa représentation au conseil, ses pseudo-influences politiques. »

Le renoyautage en douceur d'Havas est accompli. Jean-Marc Vernes a mis son mouchoir dans sa poche. Dauzier

1. Dans le camp des partants, Jean Dromer (qui représentait l'UAP), Guy de Wouters (représentant la Société Générale de Belgique, qui vient de céder ses titres) et Roger Lavialle (Ouest-France). Sont maintenus dans leurs fonctions : Pierre Dauzier (Havas), Jean Donnedieu de Vabres (représentant théoriquement les petits actionnaires), Michel François-Poncet (Paribas), Jacques Lafont (Havas), Jérôme Monod (Lyonnaise des eaux), André Rousselet (Canal Plus), Jean-Marc Vernes (Banque du Marais), Marc Viénot (Société Générale) et Bernard Aubergé (Crédit Agricole), bientôt remplacé par Philippe Jaffré, nouveau directeur général. Arrivent enfin cinq nouveaux administrateurs : Michel Albert (AGF), Antoine Riboud (BSN), Robert Lion (Caisse des Dépôts), Jean-Louis Pétriat (Garantie Mutuelle des Fonctionnaires), René Thomas (patron de la BNP, administrateur « à titre individuel ») et Jean Peyrelevade (UAP).

reste le patron en titre. Il va s'employer à faire le ménage parmi ses grands barons. Après Claude Douce, il élimine le publicitaire attitré de Jacques Chirac, Bernard Brochand, au moment même où celui-ci croyait être nommé à la présidence d'Eurocom. Mais il est obligé de faire monter d'autres grands professionnels, comme Alain de Pouzillac et Pierre de Plas. Ayant rempli le rôle qui lui était assigné, Dauzier est désormais entouré d'hommes aux grandes ambitions. L'agence est gérée par les barons, sous l'autorité de deux coprinces, André Rousselet et Jérôme Monod, avec Robert Lion qui entend « tenir un rôle de chef de file au sein du conseil d'administration », et veut faire jouer les synergies entre Havas et la Caisse des Dépôts dans les domaines de la communication et du tourisme [1]. Canal Plus échappe complètement à Havas, qui n'est même pas toujours tenue informée des initiatives de sa filiale. L'agence est revenue sous l'influence de l'État, au risque de perdre chaque jour un peu de sa substance.

L'important n'est pas là : avec ce dénoyautage qu'il juge exemplaire, le gouvernement croit avoir prouvé la validité de la recette qu'il appliquera sans coup férir aux autres entreprises récemment privatisées : un allié dans la place, la haute protection de l'Élysée et le respect des formes [2]... et le tour est joué! L'aggiornamento politique au sommet de l'État, la main tendue aux centristes vont avoir leur traduction naturelle dans le monde des affaires, pensent naïvement les socialistes. La guerre de positions est terminée. Comme l'avait souhaité François Mitterrand, les entreprises vont se libérer de la tutelle des clans et des factions! « Consensus va devenir

1. La Caisse des Dépôts dispose d'une participation importante dans la Compagnie des Wagons-Lits, société de droit belge. La mise en commun des agences d'Havas-Voyages (déficitaire) et de celles des Wagons-Lits Tourisme est alors entreprise, contre l'avis des dirigeants des Wagons-Lits. L'accord sera scellé en avril 1989.

2. Dans l'affaire Havas, les déclarations de franchissement de seuil ont été respectées. C'est du moins ce qu'assure la Commission des opérations de Bourse, qui n'a pas jugé que cette restructuration du capital modifiait le contrôle de la société. Les petits actionnaires n'ont donc pas eu le droit de bénéficier des prix de transaction pratiqués lors des opérations de reclassement, prix qui ont été jalousement tenus secrets.

le mot clef du vocabulaire économique français », conclut doctement le journal *Stratégie*, qui fait la loi dans la publicité.

Ces illusions ne dureront que quelques semaines. Le temps qu'explose au nez du pouvoir l'affaire de la Société Générale.

5

LA « GÉNÉRATION MITTERRAND »

Pour quelques dollars de plus

Samedi 19 juillet 1986, Saint-Jean-Cap-Ferrat. Dans la villa *Les Oiseaux* qu'il s'est fait construire il y a quelques années, Georges Pébereau tourne en rond. Il n'arrive pas à dominer sa fébrilité. Il doit signer demain le rachat, par la CGE, des activités téléphoniques d'ITT en Europe : accord planétaire à haut risque qui va couronner sa carrière de grand industriel au service de l'État? Sans doute. Mais il attend surtout le verdict du nouveau pouvoir, qui s'apprête à évincer un certain nombre de dirigeants d'entreprise publique nommés par la gauche.

Depuis deux semaines, le patron de la CGE est sur des charbons ardents. Plusieurs de ses informateurs lui ont fait savoir que sa cote à Matignon s'était rapidement effondrée. Pourtant, au cours de la traditionnelle *garden-party* du 14 juillet, bourdonnant comme d'habitude autour des tables dressées sur la pelouse de l'Élysée, la plupart des invités le jouaient gagnant. Mais qu'en savaient-ils vraiment? La lecture des journaux lui a apporté un vague réconfort : puisque le gouvernement Chirac lui a laissé négocier cet accord à hauts risques, analysent plusieurs d'entre eux, il l'obligera forcément à en assumer lui-même les conséquences.

Juste de quoi entretenir la confiance vacillante qu'il a dans sa bonne étoile, et le faire rêver à l'impossible. Mais au fond de lui-même, Pébereau sait bien que son sort est joué. Son attitude vis-à-vis des socialistes a été perçue par plusieurs proches de Jacques Chirac comme une véritable « danse d'amour ». Une trahison, tout simplement. Il enrage. Comme si, par fonction, le PDG de la CGE – privée ou nationalisée – ne devait pas en passer par là! Qu'avait fait d'autre Ambroise Roux, du temps de Pompidou? Ce même Roux, il le sait, qui est en train de le démolir méthodiquement, en s'appuyant sur son second à la CGE : Pierre Suard, qu'il a lui-même promu et associé à toute la partie officielle des négociations avec ITT. Pébereau est parfaitement averti du peu d'estime réciproque que se portent Roux et Suard. Mais il sait aussi que leur intérêt commun est de faire alliance pour l'éliminer. Quant au président de la République, sous le choc de la défaite de ses troupes, il ne bougera pas le petit doigt pour lui, qui n'est pas de ses amis. Il lui faut garder ses munitions pour des causes plus élevées. Sa seule chance, bien ténue : que Jacques Chirac restreigne son désir de revanche, en s'offrant le luxe de garder la plupart des patrons nommés par la gauche, pour mieux souligner le scandale du coup de balai général de 1982. Son seul atout : le professionnalisme, que peu de gens, alors, lui contestent.

De toute façon, il n'y peut plus rien : les dés sont jetés. Aussi Georges Pébereau a-t-il préféré quitter rapidement Paris pour rejoindre sa villa de Saint-Jean-Cap-Ferrat. Il y est en excellente compagnie. On se reçoit chez les uns et les autres, à l'heure des cocktails. Les familles les plus huppées de la presqu'île ont plaisir à se retrouver dans la villa *Les Cèdres*, à l'invitation de Mme de Gasperi, héritière des Marnier-Lapostolle (qui possèdent notamment le Grand Marnier). Pébereau y a parfois rencontré Raymond Barre, ou Michel David-Weill, l'associé-gérant de la banque Lazard, qui viennent en voisins. Mais il y a aussi la plage, le sport, le soleil et la détente. Quel que soit le verdict, il doit récupérer ses forces. Ses longues négociations avec les dirigeants d'ITT, les décalages horaires, la tension nerveuse l'ont mis à genoux. Malgré le strict régime qu'il s'impose depuis qu'il s'est converti, il y a quelques années, à la macrobiotique – poisson, riz complet, fruits secs, céréales; ni vin rouge, ni viande, ni sauces – pour lutter contre l'embonpoint, il est épuisé. Vidé. Baignades, planche à voile, tennis lui feront le plus grand bien. De toute façon, pourquoi resterait-il dans l'atmosphère empoisonnée de Paris? Rand Araskog, le *chairman* du conglomérat américain ITT, qui apprécie lui aussi la *french Riviera*, l'y a rejoint d'un coup d'aile, avec son jet personnel.

Tant redouté, le coup de fil d'Édouard Balladur est venu soudain justifier toutes ses appréhensions, vers la fin de la matinée :

– Cher ami, je suis désolé. Mais je tenais à vous faire savoir personnellement que le gouvernement a pris la décision de mettre fin à votre mandat de président de la CGE. Soyez certain que je le regrette profondément. Ne voyez dans tout ceci aucun acte de défiance à votre égard : j'espère que nous aurons bientôt l'occasion de vous en donner la preuve.

Pébereau n'a pas protesté, pas argumenté. Il est tout simplement anéanti :

– Monsieur le ministre d'État, je dois signer demain avec Rand Araskog. Que dois-je faire, que dois-je lui dire?

– Signez, et ne lui dites rien, bien entendu. Les accords avec ITT ne sont pas remis en cause, bien au contraire. La décision qui vous concerne ne sera rendue publique qu'au conseil des ministres de mercredi. Vous êtes naturellement le premier informé. Rien ne doit filtrer d'ici là.

Sitôt raccroché, en trois coups de fil passés à Paris, Pébereau en a eu la confirmation : rien n'avait encore filtré. Même Alain Madelin, le jeune ministre de l'Industrie de la « bande à Léo », placé sous la tutelle étroite de Balladur, ne semble pas au courant. Sacré Balladur! Élégant, même dans le rôle du bourreau. Mais rancunier : il s'est bel et bien vengé des menus affronts que lui a fait subir son patron, à la CGE. Mille pensées contradictoires se télescopent. Pébereau repense à ce qu'il a fait, ce qu'il n'a pas fait, ce qu'il aurait dû faire. Comment la mécanique s'est-elle enrayée, quelle a été son erreur principale, quels sont ceux qui ont eu, contre lui, une influence décisive [1]?

L'essentiel, pour l'instant, est de sauver les apparences. Masquer son désarroi pour boucler avec aplomb l'opération, comme si de rien n'était. Conserver le superbe *self-control* qui, dans les grandes occasions, a souvent fait la différence en sa faveur. Il y parviendra remarquablement bien. Comme prévu, la signature finale a lieu le dimanche 20 juillet, dans la somptueuse résidence de Michel David-Weill, celle-là même que la banque Lazard avait mise à la disposition du général de Gaulle en 1945. Ultimes discussions, paraphes, cocktail : Rand Araskog ne s'apercevra de rien. « Pébereau a réussi là une performance personnelle dont sont capables bien peu d'hommes d'affaires ou de chefs d'État dans le monde », dira plus tard de lui l'Américain.

Pébereau tient bon jusqu'à l'annonce officielle de son éviction, le mercredi suivant, en conseil des ministres [2]. Mais il n'en peut plus. Et c'est les larmes aux yeux qu'il prononce son discours d'adieu devant les hauts dirigeants de la CGE

1. Pébereau se surestime. La raison de son renvoi était beaucoup plus simple. La partie s'est tout simplement jouée entre lui et Alain Gomez, le président de Thomson, marqué à gauche – en dépit de ses idées de droite – parce qu'il fut membre fondateur du CERÈS avec Jean-Pierre Chevènement. Édouard Balladur et Jacques Friedmann avaient convaincu Jacques Chirac que la bonne solution, sur le plan politique, était de remplacer très exactement la moitié des douze présidents d'entreprises industrielles récemment nationalisées. Les écarter tous eût été reproduire à l'envers les excès de 1982 : effet désastreux garanti. Les garder tous aurait désespéré les militants et donné une image de laxisme et de dépendance totale vis-à-vis du président, face à qui l'essentiel était de trouver ses marques, alors que s'ouvrent deux ans de cohabitation laborieuse. Au terme du premier tri, Pébereau était sauvé, Alain Gomez dégommé de la présidence de Thomson. C'était compter sans le lobby des industriels de l'armement, dont la réaction a été aussi rapide qu'efficace, pour défendre le patron de Thomson au nom de la continuité. Pas question de faire de peine à tous ces beaux militaires. Mais pour respecter le sacro-saint équilibre, si Gomez rentrait, il fallait que Pébereau sorte ! Loin d'en être apaisé, ce dernier ressentira une blessure supplémentaire lorsqu'il apprendra plus tard la raison – exclusivement comptable – de son éviction. Sans doute pensait-il mériter exécution plus grandiose.

2. Le secret sera bien gardé. Le chef de l'État n'a eu connaissance de la liste des partants et des sortants qu'au dernier moment. Alain Madelin lui-même fut mis devant le fait accompli, alors qu'il aurait dû être le décideur puisque, ministre de l'Industrie, il exerçait à ce titre la tutelle sur les entreprises nationales du secteur industriel. Il en éprouvera quelque rancœur.

qui ont presque tous interrompu leurs vacances pour la cérémonie, soit qu'ils aient voulu porter à Pébereau le témoignage de leur sympathie, soit qu'ils aient voulu faire allégeance à son successeur, qui est évidemment Pierre Suard :

– J'ai travaillé seize heures par jour à la CGE car cette entreprise était toute ma vie, dit Pébereau à un aréopage de hauts dirigeants un peu interloqués par le désarroi visible de leur patron déchu : aujourd'hui, c'est toute ma vie qui s'effondre...

Il rejoint en catastrophe Saint-Jean-Cap-Ferrat, et... s'effondre effectivement. Ce n'est plus le même homme. Son univers a basculé. Il est brisé, sans ressort. Après coup, Georges Pébereau a un peu enjolivé cet été noir : « Pour éviter de penser, je me suis assommé de sport : au moins cinq heures par jour, sans compter la voile; du tennis, de la planche à voile, et au moins trois kilomètres à la nage. J'ai de la volonté. Ayant décidé de le faire, je l'ai fait [1]. »

Chaque coup de téléphone le fait sursauter. Il espère encore un poste présidentiel dans une grande entreprise publique, comme le lui a fait miroiter Édouard Balladur. Tout imprégné qu'il est de sa culture de technocrate d'État, il ne prend guère au sérieux la proposition de Pierre Moussa : rejoindre Pallas, le fonds d'investissement que l'ancien dirigeant de Paribas, évincé par la gauche, a créé de toutes pièces. Il n'y croit guère et, de toute façon, n'attend encore son salut que des libéraux qui viennent de prendre le pouvoir : ceux-là mêmes qui l'en ont chassé. Pour se faire bien voir, il en rajoute. Alors qu'on lui parle de la présidence de Gaz de France ou de la SNCF, bientôt vacantes, il proposera tout simplement un éclatement de cette dernière en quatre unités autonomes, susceptibles d'être privatisées!

Bref : malgré sa débauche musculaire, Georges Pébereau « pédale dans la choucroute » pendant ces deux longs mois de vacances forcées. Jusqu'à cette rencontre organisée à la fin

1. *The Wall Street Journal*, février 1988.

de l'été – par l'intermédiaire d'un ami commun – avec les deux hommes qui le sauveront du naufrage : Gustave Leven et Jean-Louis Descours, respectivement patrons de Perrier et des Chaussures André. Deux immenses industriels. Le premier est parvenu à imposer « l'eau qui fait pschitt » dans le monde entier, particulièrement aux États-Unis où tous les branchés se désaltèrent en secouant les petites bouteilles à la forme et au design inchangés depuis les années cinquante. Le second est peu à peu devenu le plus grand fabriquant français de chaussures, par croissance interne et acquisitions externes.

Étrange couple un peu dissymétrique : Leven a un ascendant psychologique certain sur son compère, conforté par le fait que lui-même et Perrier contrôlent plus de 30 % du capital des Chaussures André. Beaucoup de choses les réunissent : le grand âge, la jeunesse d'esprit, la créativité, le goût pour les affaires rondement menées et l'argent rapidement gagné. Mais aussi leur relative exclusion du grand establishment français, qui vante leur réussite industrielle sans les avoir jamais franchement intégrés. Parce qu'ils ne sont pas nés coiffés ? C'est ce qu'ils croient [1]. Surtout parce que leur réussite financière a beaucoup choqué, à une époque où il était mal vu de faire fortune trop rapidement. Des Bernard Tapie, longtemps avant l'incarnation du mythe.

Fils, frère et oncle d'agents de change, Leven a su, avant tout le monde, conjuguer finance et industrie. En 1946 il a ainsi, sur un coup de tête, racheté lui-même la Source Perrier que la charge de son père avait mise en vente. Le premier d'une série de coups de génie, entrelardés d'échecs parfois aussi spectaculaires, rançon normale de son goût pour la prise de risque. Des francs-tireurs, qui ont réussi seuls, et ne doivent rien à personne. Tout ce que déteste le microcosme parisien, qui n'a aucune prise sur eux. Tout deux enfin penchent ouvertement du côté de Raymond Barre, dont ils

1. Tous deux ont eu une adolescence difficile. A vingt ans Gustave Leven, jeune israélite, a dû se réfugier en Suisse. Jean-Louis Descours est fils de quincailler. Inspecteur des Impôts, il est devenu président des Chaussures André.

soutiendront, le moment venu, la campagne présidentielle. Surtout Descours, qui s'est longtemps occupé de l'association patronale Entreprise et Progrès. « Ce sont les barricades de 1968 qui ont décidé cet amateur de cigares et de cols anglais à consacrer une partie de son énergie au militantisme patronal et à l'action politique », écrivent de lui Michel Chamard et Joseph Macé-Scaron [1].

Pébereau, pensent-ils, peut servir leurs desseins. Voici donc l'ex-patron de la CGE invité à déjeuner presque en voisin chez Gustave Leven, propriétaire d'un immense domaine qui coiffe, seul, l'une des deux collines de Mandelieu, sur les contreforts du massif du Tanneron, dominant toute la baie de Cannes. Les deux compères se montrent compatissants, presque affectueux. Ils l'engagent à se ressaisir, à balayer tout espoir de récupérer une présidence d'entreprise publique, « qui, de toute façon, n'aura jamais l'ampleur de ce qu'il a connu à la CGE ». Il y a mieux à faire, lui disent-ils à la fin du repas :

– Vous devriez créer votre propre société!

Cette idée lui paraît folle. Pour quoi faire? Avec quel argent et pour obtenir quel pouvoir?

– Je n'ai aucun capital!

Jean-Louis Descours le rassure :

– Vous avez des appuis, des amitiés. Un des meilleurs carnets d'adresses de Paris. C'est le moment d'activer vos contacts français et étrangers. Je serai en tout cas le premier à vous soutenir.

– Non, ce sera moi, surenchérit Leven.

Alors que la conversation se prolonge, Pébereau sent une vraie chaleur l'envahir. Il se rend compte peu à peu que les deux hommes ne lui font pas l'aumône d'un poste de complaisance financé sur l'argent de leurs sociétés. Ils ne se payent pas de mots. C'est tout simplement une part de leur fortune personnelle qu'ils lui proposent, convaincus qu'avec lui cet argent fructifiera plus qu'avec eux. Et il ne s'agit pas de petites sommes : ils sont prêts à mettre au pot 30 millions

1. *La Galaxie Barre*, La Table Ronde, 1987.

de francs chacun! Sur la vaste terrasse ensoleillée, dans cette ambiance très masculine, Pébereau comprend alors l'offre de ce vieillard bronzé, aux mains soignées et au visage buriné rajeuni par ces yeux clairs, pétillants de malice. En contrepartie de leur aide initiale, Leven et Descours attendent de lui qu'il les introduise dans les bonnes affaires qui ne manqueront pas de lui être proposées. Justement là où ils n'ont jamais mis les pieds, et où Pébereau est comme un poisson dans l'eau : à la lisière du privé et du public, au cœur des grands deals où l'on habille les intérêts de l'un des vertus de l'autre. Et pourquoi pas dans les privatisations? Leven accorde sa confiance à Pébereau, mais en attend les dividendes et le lui dit ouvertement :

– Nous ne vous donnons pas d'argent, nous nous le donnons à nous-même!

Pébereau est séduit. Flatté d'avoir une telle valeur marchande, en termes strictement capitalistes. Il a donné son accord. Le pari vaut d'être tenté. Si ces deux-là sont prêts à risquer leur fortune sur lui, c'est qu'il ne doit pas être un si mauvais cheval. D'autres devraient facilement s'en laisser convaincre. Sorti par la porte du capitalisme d'État, il entrera par la fenêtre, avec les capitalistes tout court : de toute façon, la partie ne continuera pas sans lui. On n'a pas fini d'entendre parler de Georges Pébereau.

Alors qu'il rejoint en voiture sa villa de Saint-Jean-Cap-Ferrat, pour la première fois depuis longtemps, il se moque des embouteillages qui bloquent l'entrée de la presqu'île. Plus tard, il ne cachera pas son excitation : « Nous allons gagner des millions de dollars », dira-t-il devant ses proches. Gustave Leven, lui aussi, est content. Il a ferré un gros poisson, avec qui il compte bien ne va pas s'ennuyer : « Nous voulions nous payer du bon temps; Descours et moi adorons faire des affaires! »

Ainsi nait Marceau Investisements. Technocrate pendant trente-trois ans, Georges Pébereau, à cinquante-cinq ans découvre le vrai capitaliste qui sommeillait en lui. Il s'est jeté à l'eau avec une secrétaire et Jean Delpit, un collaborateur qu'il domine depuis plusieurs années. A partir d'une simple chambre aménagée en bureau, Pébereau est parvenu à ramasser, en un an, plus de 1,3 milliards de francs apportés par des investisseurs européens et du Moyen-Orient. Leven et Descours ne s'étaient pas trompés : son carnet d'adresse fonctionne au-delà de toute espérance. Le premier à se mouiller est Claude Bébéar, le patron de la compagnie d'assurances Axa. Il est suivi par Robert Lion, le jeune inspecteur des Finances auquel il avait mis le pied à l'étrier vingt et un ans plus tôt, et qui est devenu tout puissant, au poste pratiquement inamovible de directeur général de la Caisse des Dépôts et Consignations. « Sans cette caution, jamais nous n'aurions pu réunir un tel tour de table », reconnait Jean Delpit. Avant de s'engager, Robert Lion s'est évidemment couvert auprès d'Édouard Balladur. En sortant d'une réunion, il lui demande à brûle-pourpoint :

– Monsieur le ministre d'État, verriez-vous un inconvénient à ce que la Caisse entre au capital de Marceau Investissements, la société qu'est en train de créer Georges Pébereau ?

– Non, non, il n'y a aucun problème !

Balladur s'est-il fait piéger ? Ses proches chercheront à le faire croire par la suite. Telle n'est pourtant pas la vérité. Très conscient du mauvais tour qu'il a joué à Pébereau, le ministre se souvient de ses promesses, vagues mais réelles. Or il ne peut les tenir, car les postes libres sont rares et chacun d'eux fait l'objet d'une âpre bataille entre Matignon et l'Élysée. Pébereau, qui n'appartient à aucun des deux camps, n'a donc guère de chance d'être repêché. La création de Marceau Investissements enlève au ministre une épine du pied, d'autant plus désagréable que tout le monde connaît le contentieux personnel qui l'a opposé à Pébereau, du temps où tous deux étaient à la CGE. D'ailleurs, non content d'autoriser la Caisse à épauler Pébereau, Balladur lui confie une mission... sur le mécénat. Dans le microcosme, un signe qui ne trompe pas : Pébereau est redevenu fréquentable.

L'ancien ministre de l'Industrie François-Xavier Ortoli, qui pantoufle depuis des années chez Total, société pétrolière semi-publique, plonge sans tarder : cela lui rappelle sans doute le bon vieux temps ! Viennent ensuite François Dalle, amené par Gustave Leven – tous deux étaient en affaires sur un dossier concernant les eaux de Vichy – et Jean-Louis Descours. L'ancien patron de L'Oréal occupe une position stratégique : son prestige industriel vaut bien celui d'Ambroise Roux, son honnêteté est incontestée, et c'est un proche du président de la République. Il s'occupe toujours en direct des intérêts patrimoniaux de la famille la plus riche de France, les Bettencourt. Dans la maison de Patrice Pelat, figure en bonne place une photo où l'on reconnaît, réunis dans la Résistance, le propriétaire des lieux, François Mitterrand, François Dalle et André Bettencourt.

Avec un tel parrainage, les étrangers ne se font évidemment pas prier. D'autant que Michel Pébereau, le frère cadet tant chéri, président du Crédit commercial de France, ne ménage pas ses efforts, tout en prenant grand soin de ne pas mélanger les genres. Mais les chalands viennent tout seuls. Parmi les hommes d'affaires étrangers qu'il rencontre, beaucoup lui demandent des nouvelles de son frère. Plusieurs d'entre eux vont plus loin, comme le patron de la holding British American Tobacco : « Dites-lui que nous sommes disposés à investir notre argent chez lui ! »

Marceau Investissements devient rapidement une holding avec laquelle il faudra compter. Moins d'un an après sa création, son tour de table est exceptionnel [1]. Georges Pébereau commence à embaucher des jeunes banquiers d'affaires ou d'anciens collaborateurs de la CGE, comme Xavier Namy. Pourtant, les investissements réalisés et les opérations mon-

1. Seize actionnaires participent à son capital, de 1,74 milliard de francs. Sept d'entre eux en possèdent 9,09 % chacun : le groupe Axa, la Caisse des Dépôts, la Compagnie financière de Suez, L'Oréal, Total, British American Tobacco et la Banque Arabe Internationale et d'Investissement. Sept autres en contrôlent 4,55 % : le groupe Pallas, le groupe Paluel-Marmont, Banco de Bilbao (Espagne), Banque Julius Baer & Cie (Suisse), Partecipazioni (Italie), Edmond Safra (Grande-Bretagne), et Westfalenbank (RFA). Jean-Louis Descours et Gustave Leven possèdent enfin chacun 2,26 % à titre personnel.

tées ne sont pas à la mesure des fonds recueillis et surtout de ce qu'on attend d'un homme comme Georges Pébereau. Marceau a bien servi d'intermédiaire pour trouver un acheteur à Tabur, une filiale de Bic ; pour replacer la participation minoritaire de Thomson dans Alcatel, la filiale de la CGE ; ou pour monter le rachat aux États-Unis de la filiale « eaux » du conglomérat Beatrice par Perrier. Mais tout cela tourne en circuit fermé : Perrier, c'est Leven, dont le Baron Bich est un ami, et Thomson est présidée par Alain Gomez, resté proche de Pébereau.

Qu'importe : sans doute les dirigeants de Marceau Investissements attendent-ils la bonne occasion. Ils n'excluent pas de préparer un raid, et le disent publiquement. D'ailleurs, un brevet supplémentaire de respectabilité leur est accordé lorsqu'Édouard Balladur les autorise à prendre une part, minime (0,5 %) mais symbolique, du capital de quatre sociétés qu'il privatise, dont la Société Générale. Cette faveur donne des idées à Georges Pébereau. Ne pourrait-on pas travailler ensemble ? Dès cette époque, il informe ses actionnaires de son intention de négocier des accords de coopération avec la banque privatisée incluant, si possible, l'échange des participations. Des pourparlers sont engagés. Ils dureront quinze mois, au cours desquels les patrons et leurs équipes se rencontreront à plusieurs reprises, mais n'aboutiront jamais. Pébereau saura, plus tard, en tirer argument...

Pourquoi n'ont-ils pas abouti ? Parce que derrière la façade très respectacle de Marceau Investissements se passent des choses étranges qui, selon Marc Viénot, seront à l'origine des réticences de la Société Générale à son égard. Elles ne seront révélées que beaucoup plus tard, en plein conflit. Dès l'origine, Marceau Investissements est en effet « gérée » par une autre société, Trianon Finance [1]. Celle-ci est contrôlée par Georges Pébereau, avec Gustave Leven et Jean-Louis Descours, et rémunère ses « services » par une ponction annuelle

1. Les statuts de Trianon Finance ont été déposés le 7 novembre 1986, avec un capital de 500 000 F.

de 1,4 % sur l'ensemble des capitaux gérés par Marceau [1] ! Autre surprise : Pébereau ne participe pas directement au capital de Trianon Finance, mais par l'intermédiaire de la Scorimar, une autre société au capital de 250 000 francs, détenue par Georges Pébereau et quelques obligés [2]. Celui-ci n'avait d'ailleurs déboursé effectivement que le quart de ce capital. La Scorimar était en fait surtout riche des 1,7 million de francs par an que Thomson devait lui verser en rémunération de « conseils et prestations », avec, dit-on, un contrat de rachat ultérieur. Voilà qui ressemble fort à une rémunération déguisée. S'agit-il d'une nouvelle version de la rente que s'était fait accorder Georges Pébereau par la CGE et à laquelle il avait dû renoncer après sa publication dans *Le Canard enchaîné*? Toujours est-il « qu'avec 65 000 francs effectivement versés – le prix d'une bonne voiture d'occasion – et l'étrange bienveillance d'Alain Gomez, patron de Thom-

1. Nous avons retrouvé la trace d'une convention qui permet à la société Martel « d'assurer la gestion de Marceau Investissements, la conseiller pour la recherche et l'étude de ses investissements », convention que le conseil de Marceau aurait approuvé le 11 mars 1987 pour un an avec tacite reconduction. Cette autorisation comporte une réserve : les frais généraux de Marceau Investissements, hors dépenses exceptionnelles et commissions versées à des tiers, ne doivent pas excéder globalement 1,5 % du capital et des réserves. Au titre de 1987, Marceau Investissements aurait ainsi versé 3 818 920 francs à la société Martel, dont sont administrateurs Pébereau, Leven et Descours. Mais il semblerait que, dans la réalité, les sociétés Martel et Trianon Finance n'aient jamais fait qu'une.

2. La Société commerciale de réalisations industrielles du Champ-de-Mars (Scorimar) détient 54,2 % de Trianon Finance. Le clin d'œil est amusant : il n'y a jamais eu de réalisations industrielles sur le Champ-de-Mars, mais c'est bien là qu'habite Georges Pébereau, dans un des plus prestigieux emplacements de Paris, là où le mètre carré est le plus cher. Ses statuts ont été déposés le 9 décembre 1986. Georges Pébereau, qui la contrôle à 97,2 %, n'en est même pas administrateur. Le président directeur général de la Scorimar est Marie Thérèse Silvère, épouse de Jean Silvère, lui-même administrateur... et ancien bras droit de Georges Pébereau à CIT-Alcatel. Jean Silvère est aussi administrateur de Trianon Finance. Aux greffes du tribunal de commerce, on retrouve ainsi le nom d'anciens proches de Pébereau, mais aussi de secrétaires fidèles, aux conseils d'aministration des dizaines de sociétés écrans constituées autour de Marceau Investissements. Un point commun aussi : la présence des mêmes commissaires aux comptes : la société Frinault fiduciaire, Jean-Pierre Vincent et Michel Angot.

son, Pébereau contrôlera plus de 3 milliards de francs d'actifs », écrit *L'Expansion* [1].

C'est, pour les capitalistes, une époque privilégiée. Les privatisations s'enchaînent les unes derrière les autres, dans l'euphorie générale. La moitié des salariés des entreprises privatisées en deviennent actionnaires, à des conditions il est vrai très privilégiées. Les petits actionnaires se multiplient, encombrant les guichets des banques et les *back offices* des charges d'agent de change. Mais pendant qu'ils rêvent aux actions gratuites que leur promet Balladur dans dix-huit mois, d'autres s'enrichissent à bien plus grande échelle, et beaucoup plus vite : « Jamais plus nous ne retrouverons la conjonction d'une hausse importante et longue du marché boursier, d'une baisse durable des taux d'intérêt et d'une reconstitution rapide de la santé des entreprises, presque toutes en situation de retournement », note Jacky Letertre, un jeune énarque plein de suffisance affichée [2] qui a pris le contrôle de Duménil-Leblé, une maison de titres endormie, pour en faire en quelques mois une banque d'affaire rentable et une holding influente.

C'est l'époque où Carlo De Benedetti fait la culbute et constitue son empire à coups d'acquisition et d'ingénierie financière, et où Jimmy Goldsmith, comme beaucoup d'autres, fait de l'or avec du plomb. La sphère financière se gonfle : « Il suffisait de se baisser pour ramasser l'argent à la pelle », confie Carlo De Benedetti [3]. Les entreprises encore nationalisées piaffent dans l'antichambre de Balladur : l'argent privé coule à flots et elles se morfondent d'être exclues de la fête.

Pourtant, en marge de cette évolution outrageusement

1. « Société Générale : les dessous d'un complot », *L'Expansion*, 20 janvier-2 février 1988.

2. Entretien avec l'auteur. Jacky Letertre cultive le look de Michael Douglas dans *Wall Street* : bretelles, cheveux en arrière, dans son grand bureau tape-à-l'œil qui donne directement sur le parc Monceau. Il a pour lui d'avoir quitté l'administration afin de plonger à son compte dans le monde de la finance en brûlant ses vaisseaux, c'est-à-dire sans se mettre comme tant d'autres « en disponibilité ». C'est une nouveauté qui traduit, elle aussi, un recul évident du prestige de l'État.

3. Entretien avec l'auteur.

capitaliste des sociétés occidentales, qui désespère les enfants de Marx mais aussi ceux de Coca-Cola, les plus lucides commencent à en mesurer les excès et à redouter le choc en retour. Sir James Goldsmith vend brutalement la Générale Occidentale à la CGE privatisée, et se retire dans ses maisons et sur ses yachts, au Mexique, aux Caraïbes ou aux États-Unis pour se consacrer aux vrais problèmes de l'époque : la survie de la planète menacée de désastre écologique. Personne ne le croit : quel nouveau raid prépare Jimmy, qui ne cessera jamais d'enlever les entreprises comme il a enlevé en 1954 Isabel Patino, la fille du « roi de l'étain » pour en faire sa femme ? Chacun sourit donc d'un air entendu, sans mesurer l'importance symbolique d'une telle décision, venant d'un homme de cette trempe, dont les intuitions ont rarement été démenties.

La gauche française, complètement dépassée par les événements, reprend cependant peu à peu ses marques. Tout cela, pense-t-elle, ne peut pas durer. D'ailleurs, François Mitterrand est vite apparu comme le grand vainqueur de la cohabitation. Chirac s'épuise dans la gestion quotidienne, aux prises avec les jeunes, les étudiants, les ouvriers des chantiers navals, tandis que le chef de l'État lui décerne parcimonieusement bons et mauvais points, et ne quitte plus les sommets. Il en tire un bénéfice évident, du moins dans les sondages. Se représentera-t-il ?

Dans le monde des affaires, les plus lucides se préparent. Des convergences apparaissent entre barristes et socialistes, également exclus du festin des noyaux durs des sociétés privatisées. Dans les déjeuners, tous les leaders centristes, mais aussi des proches de Giscard et même des ministres en fonctions de la bande à Léo, dénoncent ouvertement – à condition de n'être pas cités – la dérive de Jacques Chirac devant ses sabras et la reconstitution de l'État-RPR, qui renvoie l'image de l'État-UDR tant honni.

Se nouent alors de nombreux contacts, généralement informels, sur ce qu'il conviendra de faire en cas de victoire de François Mitterrand. Alain Boublil rencontre beaucoup de monde. On parle, sans s'engager, de convergences d'intérêts : les socialistes ne cachent pas qu'ils ont besoin de capitalistes – politiquement neutres – désireux d'assurer la relève, le moment venu. Certains de ceux-ci se déclarent disponibles, sous certaines conditions.

Pébereau, lui aussi, consulte beaucoup. Ses contacts sont éclectiques. A l'Élysée, il voit souvent Boublil, mais aussi Charles Salzmann, en quête d'un éventuel point de chute. Il a ses entrées à Matignon également, plus discrètes. Mais c'est surtout auprès des leaders centristes qu'il déploie toute sa séduction. Il organise des déjeuners et des dîners, souvent en compagnie de François Dalle et de Jean-Louis Descours, plus rarement de Gustave Leven, avec des hommes politiques d'horizons divers. On parle – déjà – de dénoyautage de la CGE, d'Havas, du CCF ou de la Société Générale. Mais de façon encore abstraite : malheur à ceux qui se mettront en travers de la politique de privatisation voulue par le ministre d'État et plébicitée par tout un peuple de rentiers qui retrouve ses racines du XIXe siècle.

On discutera ainsi dans le vide. Du moins jusqu'au jour du tremblement de terre.

6

APRÈS LE KRACH

Peur sur la ville

Lundi 19 octobre 1987. Jimmy Goldsmith avait raison. La terre est en danger. Mais aujourd'hui, la pollution n'y est pour rien. La planète entière est ravagée par une secousse tellurique sans précédent : un tremblement de terre financier. Partie de Tokyo, où l'indice Nikkei tombe de 620 points, l'onde de choc se transmet quelques heures plus tard aux places européennes et explose en arrivant sur les rivages du Nouveau Monde. A l'ouverture du marché, gavés depuis des heures, les ordinateurs crachent leurs ordres de vente : les cours s'effondrent. A 11 heures, l'indice Dow Jones a déjà perdu 208 points avec un volume de transactions record : 154 millions de titres ont changé de mains. Mais les programmes de vente informatisés accélèrent le mouvement [1]. A 13 h 05, le président de la Security and Exchange Commission (la fameuse SEC) lance une mise en garde : « Au-delà d'un certain niveau de chute, je parlerais avec les autorités du New York Stock Exchange d'une interruption temporaire des transactions. »

Celle-ci n'aura finalement pas lieu. Le remède eût sans

1. Il s'agit de programmes informatisés sophistiqués, dits de *portofolio insurance*, qui mettent automatiquement en vente les actions dès que la baisse des cours atteint un seuil prédéterminé. Les possesseurs de portefeuilles à hauts risques et à haut rendement croient avoir ainsi trouvé la martingale infaillible : la rapidité de l'informatique, non retardée par une quelconque intervention humaine, devait permettre de se dégager dans l'instant. Mais tous les programmes se déclenchant en même temps, l'effet est inverse de celui recherché : il a accéléré l'effondrement, devenu incontrôlable parce que échappant à toute logique humaine.

doute été pire que le mal. Les ordres de vente continuent donc d'affluer, sans contrepartie. A 16 heures, lorsque ferme la Bourse, l'indice Dow Jones a perdu 508 points, et 605 millions de titres ont été échangés. Avec une chute de 28 %, Wall Street vient de connaître la plus forte baisse de son histoire. Pire encore que lors du fameux jeudi d'octobre 1929 où rentiers et spéculateurs – selon la légende – se jetaient par les fenêtres tandis que l'Amérique exportait sa récession, progressivement, à la terre entière.

Mais l'onde de choc n'a pas fini sa ronde. Le mardi 20 octobre, la chute s'accélère en Asie comme en Europe. A Wall Street, c'est vraiment la panique. Du fin fond de l'Amérique profonde affluent les ordres de vente des petits porteurs qui cherchent à solder leurs portefeuilles, à n'importe quel prix. Et encore la Bourse ne reçoit-elle qu'une infime minorité de ces ordres : débordés, la plupart des *brokers* ne répondent tout simplement plus au téléphone. Peu après midi, les autorités du marché appellent Ronald Reagan. On envisage la fermeture du temple du capitalisme. Mais l'ultime tentative de stabilisation réussit, au moment où l'indice Dow Jones affiche une baisse de 47 % en cinq séances : tandis que la Réserve fédérale intervient, les plus grandes sociétés se mettent à racheter massivement leurs propres titres. Plus tard, on apprendra que des indices ont été manipulés pendant quelques dizaines de minutes. Cela a suffit à renverser la tendance. Et le miracle a lieu. L'effondrement total a été prévenu de justesse.

Les cours continueront à baisser pendant plusieurs semaines sur toutes les places, mais la récession a été évitée. D'autant qu'échaudés par le précédent de 1929, les gouvernements des pays industrialisés gèrent cette crise avec doigté, évitent le réflexe protectionniste et abreuvent les marchés de liquidités. Le lundi noir restera donc cantonné à la Bourse : exagérément gonflée, la sphère financière, et elle seule, a explosé. Oublié par les *golden boys,* le vieil adage boursier s'est tout simplement vérifié : les arbres ne grimperont jamais jusqu'au ciel !

La panique financière se double en France d'un désarroi politique. A gauche, les vieux marxistes exultent : ils croient tenir leur revanche idéologique, et s'apprêtent à dégainer leur catéchisme. A droite, c'est plus grave : toute la politique de privatisation – si ce n'est l'idéologie qui la sous-tend – s'effondre. Le discours d'Édouard Balladur se réduit à un message simple, à l'adresse des petits porteurs : « Gardez votre sang-froid [1]. »

La privatisation de la Compagnie financière de Suez a été close le vendredi précédant le krach. Un million de petits porteurs ont payé 317 francs l'action, enjôlés par le sourire convaincu de Catherine Deneuve [2]. Pour éviter le désastre, Balladur reporte la première cotation d'une dizaine de jours et, malgré l'opposition des banques, autorise le paiement des titres en deux fois : 158,50 francs le 18 novembre, autant un an après. C'est-à-dire après les élections présidentielles. Il n'empêche : le jour de la première cotation, le titre ne vaut plus que 261 francs, en chute de 17,7 %. Les salariés, dont beaucoup s'étaient chargés à mort, y laisseront parfois un mois de salaire !

En dépit de la petite opération Matra, réalisée pour le principe [3] à la veille des élections à un prix soldé, le programme de privatisations d'Édouard Balladur a bel et bien été tué par ce maudit lundi noir. Car il lui manque sa clef de voûte, restée dans les mains de l'État. Installées dans la plupart des noyaux durs, les grandes compagnies d'assurances nationales (qui, avec la Caisse des Dépôts, détiennent le seul

1. Ce sont effectivement les petits porteurs qui céderont le moins à la panique. Heureusement pour les professionnels. Pendant plusieurs semaines, à longueur de journaux télévisés, ces derniers tenaient des propos rassurants en toute hypocrisie, espérant ainsi maintenir un courant d'achat leur permettant de se défausser de leurs propres portefeuilles. La Compagnie des agents de change, dont on apprendra plus tard l'invraisemblable légèreté, s'est distinguée à ce petit jeu de la duplicité.

2. L'actrice, qui se refusait jusque-là à faire de la publicité, a plongé pour une coquette somme et parce qu'elle jugeait celle-ci plus conforme à son image que de vanter les mérites de telle ou telle laine ou aliment pour chien.

3. Et pour permettre à Jean-Luc Lagardère de conclure ses accords de participations croisées avec des industriels européens amis (le Britannique GEC, l'Allemand Daimler-Benz ou le groupe suédois Wallenberg, qui contrôle notamment Saab et Ericsson).

véritable pouvoir financier en France), une fois privatisées, devaient verrouiller l'ensemble du dispositif. Mais ni le GAN, ni les AGF, ni surtout l'UAP ne pourront définitivement tomber dans les mains du RPR.

Le programme de privatisations qui avait « rendu » au secteur privé treize entreprises publiques, pesant en Bourse 120 milliards de francs, risque d'être mis à terre. Or, le grand patronat privé juge ce programme essentiel. Non pour une quelconque question de principe, ni par souci d'efficacité économique, comme on cherche à le faire croire au bon peuple. La preuve : jusqu'en 1981, nul à droite n'a jamais songé à privatiser quoi que ce soit, au contraire. Mais l'alternance n'était alors pas envisagée et le secteur public était un outil comme les autres, au service du pouvoir dominant. C'est l'arrivée de la gauche au pouvoir qui a radicalement modifié cette vision des choses. Le grand establishment privé n'a pas supporté la réussite – même relative – des nationalisations, ni surtout la démonstration que dans la vague rose des nouveaux dirigeants, aient émergé nombre de gestionnaires compétents qui ne lui devaient rien : par leur seule existence, ces « barbus [1] » remettaient en cause la légitimité des patrons traditionnels.

Subir à nouveau l'humiliation d'un Ambroise Roux, réduit à intriguer dans l'ombre après avoir connu la puissance et la gloire? Il n'en est plus question. Plus jamais cela! Puisque l'alternance risque de devenir la règle, il faut à tout prix verrouiller la situation de telle sorte qu'elle reste strictement limitée à la sphère politique. Le pouvoir économique ne supporte guère l'idée même d'une précarité de son statut, ni évidemment la remise en cause des privilèges qui lui sont associés. Sa supériorité sur le monde politique comme son pouvoir d'influence sont à ce prix. En outre, avec les privatisations à la Balladur (c'est-à-dire s'appuyant sur un actionnariat diffus et fermé), le grand

1. Par analogie avec les nouveaux députés de 1981 – souvent enseignants – au système pileux développé, dont la droite s'était tant moquée. En réalité, parmi les patrons d'entreprise publique, seul Loïk Le Floch-Prigent porte la barbe.

patronat pense acquérir définitivement son indépendance à la fois vis-à-vis de l'État et de véritables actionnaires, trop encombrants. C'est tout le système d'establishment coopté, mondain, microcosmique, ne rendant compte à personne d'autre qu'à lui-même, qui allait ainsi être miraculeusement restauré, alors qu'on le croyait enterré pour toujours après le grand choc de 1982. Et voilà ce superbe montage soudain remis en cause par le séisme financier! Ils enragent : pourquoi fallait-il que cet ouragan tropical vienne saccager leur beau jardin à la française?

Les dirigeants socialistes les plus avertis, eux aussi, ont compris que le krach leur offrait la chance de reconquête qu'ils n'attendaient plus. En public, ils agitent les grands principes, affirmant que le gouvernement Chirac est puni par où il a péché : l'argent. Sans convaincre grand monde. Le krach est évidemment mondial et la France n'en est qu'un acteur passif, en dépit des gesticulations de ses dirigeants. Bien plus indulgent en privé, Pierre Bérégovoy réalise surtout que le dénoyautage est à nouveau envisageable. Par le simple mouvement naturel des choses. Techniquement, l'affaire est jouable. Les participations d'entreprises qui resteront publiques, ajoutées aux titres qu'a conservés l'État pour diverses raisons [1], atteignent parfois 20 % du capital des privatisées. C'est une bonne base de départ, si l'on trouve des alliés solides. Ceux-ci devraient se bousculer. En France, quand le vent souffle fort, va-t-on chercher protection ailleurs que sous l'aile de l'État?

Paniqués par l'effondrement de la valeur boursière de leurs entreprises, la plupart des patrons des privatisées ne voient effectivement pas venir le danger. Comme prévu, comme d'habitude, les serfs courent se réfugier au château, c'est-à-dire aux guichets de l'État. Marc Viénot est de ceux-là. Les cours de la Société Générale sont tombés

1. Dans la plupart des cas, l'État a conservé suffisamment d'actions pour distribuer une action gratuite pour dix aux petits actionnaires fidèles qui auront gardé leurs titres dix-huit mois. Mais, dans la tourmente, combien en restera-t-il à l'arrivée?

aux deux tiers de leur prix de mise sur le marché [1]. Il appelle Robert Lion, et lui rend visite en catastrophe. Les deux hommes se connaissent bien, mais ne s'estiment guère. Pourtant, Viénot fait le siège de Lion :

– La situation est grave. Les petits épargnants risquent de se détourner durablement. La Société Générale, aux prix actuels, peut faire l'objet d'attaques étrangères devant lesquelles nous serons sans défense. Vous seul aujourd'hui disposez des moyens d'intervention, et de plus votre engagement apparaîtra dissuasif. C'est pourquoi nous souhaiterions que vous augmentiez la participation de la Caisse des Dépôts de 1 % à 5 % de notre capital...

Robert Lion est partagé. Viénot a raison. Le rôle de la Caisse est bien de jouer les pompiers quand la maison est en feu. Mais elle ne peut pas éteindre tous les incendies à la fois. Nul ne songe alors à renationaliser la Société Générale, et lui moins que les autres, alors qu'Édouard Balladur trône rue de Rivoli. En même temps, une augmentation de la participation de la Caisse dans la Société Générale sera bien comprise comme une mise en garde par la communauté financière internationale : « Pas touche ! » Il coupe donc la poire en deux :

– Nous allons acheter 2 % de vos titres sur le marché, ce qui portera à 3 % la participation de la Caisse. Il m'est impossible de faire plus pour le moment.

Viénot est satisfait. C'est mieux que rien. Le patron de la Société Générale a d'ailleurs d'autres moyens de défense, qu'il utilise à plein, rompu qu'il est aux délices de l'ingénierie financière. La banque achète d'abord ses propres titres, directement et à travers les Sicav qu'elle

1. La Société Générale a été mise en vente au prix de 407 francs l'action et tombe à 370 francs pendant le krach pour atteindre son plus bas en mai 1988 : 202 francs. Les membres du noyau dur ont payé chacun de leurs titres 427 francs. En mai 1988, c'est donc une démarche capitaliste normale que d'acheter à si bas prix les actions de la Société Générale. Gustave Leven jugera scandaleux qu'une banque laisse filer ses propres cours sans réagir.

gère [1]. La caisse de retraite est également mise à contribution dans des conditions – on le verra – discutables. Les titres rachetés par la banque sont proposés en bloc, avec des rabais importants, à toutes les institutions financières. En France mais aussi à l'étranger, particulièrement au Japon, en Asie du Sud-Est et au Moyen-Orient.

Parmi d'autres, certains actionnaires de Marceau Investissements se laissent tenter. Ils ont beaucoup perdu au cours du krach, et le moment est venu de « se refaire ». Comme eux, de nombreux spéculateurs jouent un coup sans risque : ils achètent des actions à très bas prix, avec de fortes probabilités de voir leurs cours se redresser lors des prochains mois. Parce que les sociétés privatisées restent en excellente santé. Et aussi parce qu'il y a de grandes chances que se déclenchent des batailles pour la recomposition de leurs noyaux durs. Jack Francès, alors patron de la Compagnie Industrielle (principal actionnaire du groupe d'assurances Victoire), proche de Jean-Marc Vernes (à qui il offrira son fauteuil) et figure emblématique de l'establishment traditionnel, profitera par exemple de la situation pour entrer au capital de Suez, dont Balladur l'avait écarté en octobre. Et pour un tiers du prix qu'il aurait dû payer s'il avait fait partie des élus !

C'est l'époque des reclassements souterrains. Pendant que les trésoriers d'entreprise s'efforcent d'effacer leurs erreurs, et parfois leurs fautes, que l'écroulement du marché risque de mettre en évidence ; pendant que les socialistes et les barristes, dans des lieux discrets, commencent à faire l'inventaire de leurs points de convergence et à établir les règles du jeu de l'après-Chirac, le monde des affaires, en ébullition, est

1. Bien que l'utilisation des Sicav à des fins autres que le seul intérêt des souscripteurs fût interdite, elle n'était pas sanctionnée jusqu'à une période très récente. Il s'agit en réalité d'une méthode de gestion courante, que la Société Générale a pratiquée, comme d'autres, à grande échelle. Tout s'est bien passé parce que l'investissement, au fond, était judicieux. La Société Générale était manifestement sous-évaluée, et son titre ne pouvait que se redresser un jour ou l'autre. Toutefois, à la différence des entreprises américaines autorisées à acheter leurs propres titres à condition de les détruire (ce qui valorise mécaniquement les actions restantes, moins nombreuses pour un actif inchangé), les entreprises françaises les achètent pour les reclasser en bloc, ou bien pour les conserver.

agité de mouvements contradictoires. Qui fait allégeance à qui?

Édouard Balladur reçoit le soutien de nombreux présidents d'entreprises privées – ce qui ne surprend pas – mais aussi de patrons d'entreprise nationale, parfois proches de la gauche, ce qui est plus inattendu. Le ministre joue sur du velours. Car à ces hommes, attachés à leurs entreprises, la privatisation offre des perspectives d'accès au marché financier (avec la liberté de manœuvre accrue qu'implique l'augmentation de leurs fonds propres) qui les font fantasmer. Mais toutes leurs motivations ne sont pas aussi nobles. Pour eux qui sont soumis à l'humiliant renouvellement de leur mandat tous les trois ans [1], elle offre aussi une perspective de pouvoir sans partage, peut-être jusqu'à leur retraite, puisque l'inamovibilité des patrons d'entreprise à actionnariat diffus est de règle [2].

Certains d'entre eux prennent le risque de se découvrir : « La BNP s'est placée techniquement en situation d'être privatisée si le gouvernement le décide, et dès qu'il le décidera. Nous sommes prêts, écrit ainsi son président René Thomas. Pour ma part, je n'ai jamais exclu et j'exclus moins que jamais une ouverture partielle, progressive, de notre capital. Une première étape pourrait être la conversion en actions de nos certificats d'investissement. L'État pourrait ensuite vendre une partie des titres qu'il détient. Il pourrait aussi ne pas suivre des augmentations de capital qu'il déciderait en accord avec nous. Cette démarche progressive aurait l'avantage d'entraîner une évolution décisive de l'entreprise, mais en faisant l'économie d'une rupture brutale avec un passé et un présent dont chacun est fier dans notre maison [3]. » Tout est dit. René Thomas renverse deux tabous : il réclame au

1. Une innovation bien peu libérale dûe à Valéry Giscard d'Estaing qui, en réduisant de cinq à trois ans les mandats de président des patrons d'entreprise nationale, voulait limiter leur indépendance.

2. Alain Treppoz, président de la Banque des travaux publics, a été évincé par ses nouveaux actionnaires – judicieusement choisis – au lendemain de la privatisation, mais sa mésaventure, liée à la spécificité de cette banque spécialisée, est exceptionnelle.

3. *Le Monde* du 17 février 1988.

gouvernement de Jacques Chirac la privatisation de la BNP, nationalisée depuis toujours. Pire : il suggère une privatisation progressive, par augmentation de capital, conduisant à un actionnariat mixte, c'est-à-dire très exactement ce qu'ont refusé symétriquement François Mitterrand et Édouard Balladur en 1982 et 1986. Tous deux au nom du curieux principe qui interdit de servir deux maîtres à la fois [1]. Comme si l'économie mixte n'était pas dans la nature même de toutes les sociétés développées !

Les vieux socialistes sont sincèrement choqués. Le président aussi. Car René Thomas n'est pas n'importe qui. C'est un membre de la galaxie élyséenne, compagnon de Laurence Soudet, chargée de mission à l'Élysée auprès de François Mitterrand depuis le premier jour. Directeur de la BNP, René Thomas a accédé à la présidence en 1982, après l'éviction brutale de Jacques Calvet, coupable d'avoir dirigé le cabinet de Valéry Giscard d'Estaing et surtout d'occuper une place qu'on voulait libérer pour son successeur. C'est un homme solide, sur lequel la gauche pensait pouvoir compter pour défendre les tables de la loi. Mais quelle loi ? Convoqué à l'Élysée pour s'expliquer après son article du *Monde,* René Thomas sera vite remis à sa place.

Jean Peyrelevade, lui aussi, a pris des risques. Sottement évincé de la présidence de la Compagnie financière de Suez en 1986, il préside la petite banque privée Stern en attendant son heure : en cas de victoire de François Mitterrand, il est pratiquement assuré de retrouver la présidence d'une grande entreprise nationale. Lui-même vise le Crédit Lyonnais, où il a effectué l'essentiel de sa carrière avant 1981, créant notamment un département de financement des ventes d'Airbus que jalousaient les autres banques. Mais l'impudent prend ses distances :

– Si on me propose quelque chose, je prendrai ce qu'on me donnera, affirme-t-il dans une interview à *L'Expansion* [2],

1. C'est pourtant bien ainsi que fonctionne Elf, la première compagnie pétrolière française, et nul ne s'en plaint.

2. « Peyrelevade, le Zorro rose de la banque », *L'Expansion,* 15 avril-5 mai 1988.

mais j'y poserais une condition. Pouvoir, à terme, mettre en Bourse 49 % du capital de l'entreprise que je présiderais. Mon schéma idéal serait d'ailleurs de voir l'État n'en conserver que 34 %.

– Pourquoi pas 0 %?

– Tant qu'il n'y aura pas en France un sentiment national dans l'industrie et la banque, comme en Allemagne Fédérale, la présence de l'État sera nécessaire. Le jour où les capitalistes auront un comportement plus nationaliste, l'État pourra s'effacer. Ce n'est pas pour demain.

En quelques phrases, Jean Peyrelevade définit ainsi les bases d'une nouvelle économie mixte où l'État rend la pleine liberté aux entreprises, se réservant simplement le rôle de protecteur ultime. Une conception qui va faire son chemin, en dépit de l'opposition de François Mitterrand et des gardiens du temple. Car elle est jugée hérétique. Commentaire abrupt d'Alain Boublil, qui traduit l'opinion largement répandue au château :

– Depuis le début, Peyrelevade sape notre politique. Il s'est enfin découvert : c'est un traître au socialisme!

Curieusement, c'est pourtant au nom d'identiques principes d'économie mixte que le même Boublil, soutenu par Bérégovoy, encourage les démarches de tous ceux qui veulent faire coalition contre la domination du RPR dans le monde des affaires. Parmi eux, Georges Pébereau s'agite le plus. Il voit beaucoup de monde, multiplie les déjeuners et les dîners avec des hommes politiques socialistes et centristes d'opposition, proches de Raymond Barre. Mais il envoie ses filets plus loin.

Fin janvier 1988, il réunit ainsi autour de la même table ses protecteurs (Leven, Descours et Dalle) et un important ministre barriste du gouvernement Chirac. Celui-ci nie farouchement l'existence de ce dîner qui, pourtant, a bien eu lieu. Pour parler du dénoyautage des entreprises privatisées. Les convives n'hésitent pas à afficher leurs intentions de monter une opération visant à faire éclater – on ne parle alors pas de « rééquilibrer » – les noyaux durs de plusieurs entreprises privatisées en cas de victoire de François Mitterrand, ou... de Raymond Barre. Avec une coalition étroite d'intérêts publics et privés. Le ministre en exercice reste prudent – comme toujours – mais ne cache pas son intérêt pour de telles opérations, alors même qu'il est théoriquement solidaire du gouvernement qui continue de privatiser ces sociétés pour le compte du RPR. Consensus attendrissant : chacun assure bien entendu que son seul objectif est de libérer ces entreprises et surtout pas de les replacer sous une autre tutelle. Les sociétés concernées sont toutes passées en revue. On s'attarde un peu sur la Société Générale et le CCF, mais tout le monde s'arrête sur la CGE.

C'est une superbe cible. Parce que la légitimité de Pébereau y est – croit-il – évidente. Parce qu'avec Pierre Suard, militant RPR notoire [1] à sa tête, c'est un symbole tout désigné. Et surtout parce qu'elle récèle un grand nombre de trésors cachés. Pébereau, qui en connaît les tréfonds, sait parfaitement où ils sont et ce qu'il peut en faire. La plus belle truffe est évidemment sa filiale Framatome, fleuron du programme nucléaire français, qui a engrangé une énorme trésorerie grâce aux avances d'EDF. La CGE contrôle, avec l'appui de l'entreprise privée de travaux publics Dumez [2], la majorité du capital de Framatome, face au Commissariat à l'énergie atomique et à EDF.

Avec une certaine logique, les socialistes trouvent normal que la CGE nationalisée ait pu contrôler une telle cagnotte, accumulée sur le dos des contribuables, mais ne supportent pas l'idée que, privatisée, elle puisse encore songer à se l'approprier [3]. Ce serait, pour eux, un détournement d'argent

1. Sa présence sur le plateau d'Antenne 2 à une « Heure de vérité » de Jacques Chirac sera diversement appréciée, aussi bien dans le *big business* qu'à la CGE.

2. La CGE et Dumez sont liées par un pacte d'actionnaires. En outre, Jean-Paul Parayre, président de Dumez, est sous l'influence directe d'Ambroise Roux. Heureusement pour les socialistes, Jean-Claude Leny, le président de Framatome, n'a évidemment aucune intention de laisser dépecer son entreprise. Ils trouveront en lui un allié objectif, ce qui, on le verra, leur donnera des idées.

3. Le même problème se pose pour les 3 milliards de francs de trésorerie d'Alcatel, accumulée grâce aux commandes des PTT et que la CGE finira par s'approprier en août 1989.

public. Leur crainte : que la CGE ne pompe la trésorerie de Framatome, au lieu de laisser l'entreprise, affectée par le ralentissement du programme nucléaire, financer sa diversification indispensable pour éviter un drame social.

La privatisation de la CGE s'est faite, en outre, dans des conditions aisément contestables puisque la vente de l'entreprise n'a rapporté que 6 milliards de francs à l'État, alors qu'elle vaut en Bourse plus de 32 milliards de francs! La CGE, enfin, n'a pas de noyau dur. Du moins officiellement : les attaquants potentiels ne savent pas encore que les grands actionnaires choisis par Balladur sont liés par un pacte secret et extrêmement contraignant. Ils ne l'apprendront qu'en juillet.

Pébereau niera plus tard que ces dîners – et celui-ci en particulier – aient été ceux de conjurés préparant un complot. « On parlait, tout simplement. On évaluait la situation politique, comme c'est le rôle de dirigeants d'une société d'investissement. » Pourtant, il sait très bien où il va. Dès le mois d'avril, il dépose les statuts d'une nouvelle société filiale de Marceau Investissements, appelée à devenir la machine de guerre de l'assaut contre la cible choisie : la SIGP (Société immobilière de gestion et de participations). Présidée par Pébereau, domiciliée au siège de Marceau, la SIGP dispose d'un capital minuscule de 250 000 francs. C'est elle qui devra recueillir les fonds des associés. Reste à les trouver.

Pébereau pense d'abord à s'assurer l'appui de ceux qui comptent à gauche, puisque Raymond Barre, qui s'effondre dans les sondages, est déjà hors course. Il commence à discuter avec son ami et actionnaire Robert Lion. Les sommes qu'il est capable de mobiliser sont sans limites, mais c'est un partenaire trop voyant. Car la Caisse des Dépôts, bras séculier du gouvernement, est une institution intouchable qui recueille pour le compte de l'État l'argent des Caisses d'épargne, finance le logement social et s'est toujours interdit, sauf exceptions rarissimes [1], de jouer un rôle actif dans le capital des entreprises.

Le patron de Marceau Investissements contacte donc ceux qui symbolisent le mieux la convergence de l'engagement socialiste, de la compétence individuelle et de la réussite dans le privé, pour qu'ils l'aident à organiser son dispositif. Robert Maxwell est immédiatement intéressé. Encore amical, Jean Peyrelevade est d'accord sur le principe, mais refuse d'investir l'argent de la petite banque Stern, qu'il va quitter. Pébereau trouvera une oreille beaucoup plus attentive auprès de celui qui hante les nuits de Boublil, l'ancien directeur de cabinet de Bérégovoy (avec qui il est resté très proche), le grand réformateur des marchés financiers, l'heureux président d'Euris : Jean-Charles Naouri.

Entre les deux hommes, le courant passe. Au point qu'Euris participe à la conception d'un montage financier complexe. Naouri est partant : la structure initiale réunira Euris et Marceau Investissements. A eux deux, avec leurs parrains, c'est bien le diable s'ils ne trouvent pas des alliés privés, alléchés par les plus-values probables. Avec eux, ils pourront mobiliser les 7 à 8 milliards de francs qui leur semblent nécessaires pour exercer une pression suffisante sur la CGE et amener Suard à la raison.

Il ne restait plus qu'à mettre son bulletin dans l'urne, et à attendre avec confiance le résultat des élections.

1. La Caisse des Dépôts est entrée dans les années trente au capital de la Compagnie des Wagons-Lits à la demande du gouvernement français, pour empêcher que Benito Mussolini ne mette la main sur cette entreprise de droit belge, qui assurait les transports internationaux de passagers en chemin de fer à travers toute l'Europe. Elle remplissait la fonction de la totalité des compagnies aériennes européennes aujourd'hui. Son contrôle aurait donné un atout considérable – notamment en termes d'espionnage – aux pays de l'Axe.

7

PIERRE SUARD EN LIGNE DE MIRE

Sueurs froides

Les otages français au Liban sont libérés quelques jours avant l'élection. A Ouvéa, en Nouvelle-Calédonie, l'assaut est ordonné contre des Canaques indépendantistes qui ont pris en otage des gendarmes dans une grotte, après l'assassinat de quatre d'entre eux. Le bilan est lourd : dix-neuf Canaques ont été tués, dont certains dans des conditions peu claires.

Cette agitation de dernière minute a été orchestrée par Charles Pasqua, étrange Tartarin de comptoir qui « partage les mêmes valeurs » que Jean-Marie Le Pen et qui, promu ministre de l'Intérieur pour rassurer un parti gaulliste en déclin, n'a pas su mériter la respectabilité à laquelle il aspire. Issu des vieux réseaux gaullistes, ancien du Service d'action civique (SAC), il joue souvent contre son camp à force d'intrigues et de coups tordus. Il a déjà tué dans l'œuf la croustillante affaire Nucci pour avoir trop voulu l'exploiter [1].

De la même manière, le rapatriement de Jean-Paul Kauffmann (dont tout le monde se réjouit) et le massacre des

1. C'est Charles Pasqua qui fait accorder un « vrai faux » passeport à Yves Chalier, individu peu recommandable et prêt à tout pour faire plonger son ancien ministre, dont il signait les chèques. Pasqua a mouillé les services de police et engagé le crédit de l'État, afin de compromettre un ancien ministre en donnant à un escroc les moyens de fuir pour mieux le dénoncer : pourquoi dès lors s'interdire de penser qu'il le « tenait » bien avant, au moment même où il était chef de cabinet de Christian Nucci, alors victime d'une machination que sa légèreté rendrait crédible? Pour l'opinion en tout cas, les magouilles putatives du ministre Nucci sont largement équilibrées, donc neutralisées, par celles du ministre Pasqua.

Canaques (que beaucoup réprouvent) n'auront aucun impact électoral mais entacheront la défaite de Jacques Chirac, au demeurant inéluctable au regard des chiffres du premier tour. La vie pour les uns, la mort pour les autres. La ficelle est un peu grosse et le peuple français, qui a bien changé depuis l'époque des efficaces dramatisations préélectorales gaullistes, est plus mûr que Pasqua ne le croit. Il aura, une fois de plus, desservi Jacques Chirac. Isolé politiquement face à la coalition diffuse des vrais « libéraux » majoritaires dans le pays, Chirac vivra – mal – sa première grande défaite, puisque celle-ci n'est pas seulement électorale, mais aussi politique et personnelle.

Fortement opposé à l'évolution droitière et populiste du RPR prônée par Charles Pasqua, Balladur, voit dans la défaite de son camp la preuve de la justesse de ses vues. Il avançait délicatement sur la voie étroite de la modernisation d'une France apaisée grâce à l'essor d'un capitalisme revigoré et régénéré. Et voilà que l'échauffaudage s'écroule en raison du krach mondial et de la régression mentale de son propre parti. L'ancien ministre d'État mesure parfaitement l'ampleur du désastre. Le pouvoir est perdu pour longtemps. Plus question de parler de « parenthèse », comme en 1981. Tout est à reconstruire, et d'abord la droite.

Revenus au pouvoir, les socialistes estiment eux aussi que, sauf faute majeure, ils y sont pour longtemps. Avec Michel Rocard, François Mitterrand va tenter l'ouverture politique en direction de la société civile et des centristes. Rue de Rivoli, Pierre Bérégovoy souhaite, de son côté, attacher son nom à une œuvre parallèle, moins évidente pour le grand public mais d'une importance historique équivalente, si ce n'est supérieure : poursuivre la réconciliation du monde des affaires avec la gauche, qui passe selon lui par le dénoyautage des entreprises privatisées, puis par l'instauration d'un nouveau type d'économie mixte où les capitalistes privés attaqueront les forteresses étrangères, tout en étant adossés à un secteur public fort – lui aussi offensif – et à un État protecteur et compréhensif. C'est là, du moins, la version officielle. Plus prosaïquement, ne s'agit-il pas simplement de reprendre le pouvoir perdu dans les milieux d'affaires en se le partageant d'une façon plus ou moins proche de la répartition des sièges dans l'hémicycle de la nouvelle Assemblée nationale [1]? Cette vision politicienne du pouvoir économique ne date pas d'hier. C'est elle qui a justifié, en 1982, la nomination d'amis politiques à la tête des entreprises nationalisées : puisque le secteur privé est presque intégralement dévoué aux partis de droite, disaient les socialistes, il est normal que le secteur public vienne nous appuyer.

Pas question, en tout cas, de monter une telle opération de reconquête des entreprises privatisées sans l'appui des barristes : eux seuls peuvent la « blanchir » et écarter le spectre de 1982. Mais qui sont les barristes, dans le monde des affaires? Une nébuleuse insaisissable. Raymond Barre, comme à son habitude, pratique l'ambiguïté. Ses collaborateurs directs et officiels ne comptent guère : il s'entoure volontiers de seconds couteaux, qu'il méprise et désavoue comme à plaisir, à l'exception de Gilberte Beaux, sa « trésorière de campagne », qui pilote les activité de Jimmy Goldsmith en France. Par ailleurs, il cultive de vieilles amitiés hétérodoxes, qui vont de l'Aga Khan à Jean-Louis Descours en passant par Renaud de La Genière, ancien gouverneur de la Banque de France et président de la Compagnie financière de Suez, avec une préférence marquée pour ceux qui ont un long pedigree. Conscient enfin des limites d'un tel entourage si l'on veut comprendre le monde d'aujourd'hui, il s'efforce d'écouter les avis de jeunes gens brillants et pour le moment dévoués, à l'image de François Sureau, collaborateur d'Alain Minc chez Cerus et romancier [2]. Il écoute, mais n'entend guère.

1. Car, très vite, la décision est prise de dissoudre l'Assemblée nationale pour retrouver une nouvelle chambre où le gouvernement disposera d'une majorité sûre. Le peuple français ne donnera à François Mitterrand et Michel Rocard qu'une majorité relative, les obligeant à pratiquer la politique d'ouverture qu'ils avaient promise.

2. Son roman, *la Corruption du siècle* (Gallimard) retrace les souvenirs mélancoliques d'un conseiller de Clemenceau. Il a obtenu le prix Colette.

Autre particularité de la personnalité de Raymond Barre : par courtoisie, par inadvertance ou par simple mépris des autres, il s'oppose rarement à ses interlocuteurs, acquiesce le plus souvent, et s'il n'est pas d'accord, pratique volontiers l'art du silence. Il lui arrive ainsi de se laisser arracher des cautions qu'il ne contrôle pas. Charles de Gaulle et François Mitterrand, chacun à sa manière, ont pratiqué cette stratégie de l'ambiguïté, qui leur a permis de recueillir des soutiens venant d'horizons très divers et de cultiver des relations inattendues qu'ils savaient réactiver en fonction des contingences politiques du moment. Maîtres de leur verbe et de leurs attitudes, tous deux ont parfaitement su maîtriser ce genre de situation. Ce n'est pas le cas de Raymond Barre.

« Barzy » enfin, on le sait, n'est pas insensible à la flatterie, ainsi qu'aux manifestations verbales d'allégeance. Georges Pébereau le sait bien. Il lui a maintes fois rendu visite après 1986, en lui expliquant à quel point les grands industriels comptaient sur lui pour qu'il les aide à remettre la France sur les rails, ou pour faire contrepoids à un éventuel retour au pouvoir des socialistes. Raymond Barre, d'un naturel particulièrement dirigiste – il l'a montré lorsqu'il était aux commandes –, apprécie l'homme et comprend son langage. En 1988, l'ancien patron de la CGE dispose donc, auprès de l'ancien Premier ministre de Valéry Giscard d'Estaing, d'une véritable aura d'industriel compétent, brillant, dévoué, et surtout respectueux des grandes causes nationales. Chacun renvoie à l'autre l'image idyllique et surannée d'un système où l'État et les grands patrons prospéraient en complète symbiose.

Mais Barre est un homme seul : dans le monde du *big business*, sa galaxie se résume à quelques personnalités isolées. Tout sauf un réseau. Pour mouiller les « barristes », Pébereau dispose donc d'une carte d'autant plus chère qu'elle est rare : Jean-Louis Descours. Immensément riche, parti de rien, le patron des Chaussures André craint de n'être arrivé nulle part. C'est du moins ce qu'il ressent – à tort – car il juge moins sa réussite à l'épaisseur de son compte en banque qu'à son intégration dans le cercle étroit des gens qui comptent à Paris. Comme tant d'autres, il ne désire vraiment que ce qu'il ne pourra jamais atteindre. Or, que peut-il espérer dans ce monde d'Olympiens, lui qui n'appartient pas à un grand corps et qui n'a pas fait carrière dans l'appareil d'État ? Son seul viatique : sa réussite dans la chaussure. Si encore il s'agissait de parfums, d'avions ou de presse ! Mais la chaussure ! Pauvre vieil homme riche qui va donc tenter de jouer enfin un rôle, en animant l'association patronale Entreprise et Progrès. En écrivant aussi un livre [1], préfacé par Raymond Barre. Ce dernier le lui doit bien : Descours est son plus solide soutien financier ! Échange de bons procédés. « Pour Jean-Louis Descours, Raymond Barre est avant tout un moyen d'atteindre son establishment personnel, déplore un collaborateur du député de Lyon : il a cherché à se l'approprier, croyant ainsi s'élever au niveau d'un Renaud de la Genière. » A chacun son modèle.

Comme Gustave Leven, Georges Pébereau a bien cerné les failles du personnage, qu'il flatte outrageusement. Un industriel réputé barriste, que visitent ensemble Pébereau et Descours pour le convaincre de mettre de l'argent au pot, se souvient comme si c'était hier des « monsieur le Président » longs comme le bras qui ponctuent à tout instant le discours du patron de Marceau Investissements lorsqu'il s'adresse à son associé. « C'était à la limite de l'indécence : il semblait le considérer comme un abruti. J'en étais gêné. Mais Descours, lui, semblait ravi. »

Bonne pâte, Descours tiendra parfaitement son rôle. Grâce à lui, Barre sera bien « mouillé ». Le candidat battu s'accommode volontiers d'entendre son nom cité comme caution morale du dénoyautage. Il brûle de voir s'effondrer le système Chirac. Difficile de sauter trop brutalement le pas sur le plan politique (il ne résistera cependant pas à la tentation), mais en revanche, pourquoi se plaindrait-il de voir les socialistes faire le ménage dans le monde des affaires, gangrené par l'État-RPR ? Il n'a pas été choqué par l'absence de

1. *Pour une fiscalité de progrès*, Lattès, 1987.

barristes – ou de socialistes – dans les conseils d'administration des sociétés privatisées, mais simplement par la présence massive en leur sein de RPR notoires. Du haut de son émouvante candeur, Barre n'imagine pas que l'État impartial puisse tout bonnement signifier le remplacement des uns par les autres. Et si cela l'amuse de voir éclater les noyaux durs, peut lui chaut d'y faire entrer ses propres partisans.

Raymond Barre a-t-il été compromis contre son gré ? Nombreux sont ceux qui lui conseilleront la prudence, sans succès. Le jeune Sureau n'est guère écouté. Gilberte Beaux non plus. Il est vrai qu'il est difficile à la trésorière de Barre de démolir Descours ! Elle considère pourtant que rien de bon ne peut sortir de cette affaire « montée par des Pieds-Nickelés », comme elle l'a dit, un jour, à un proche. Barre n'entendra pas non plus les mises en garde de Jean Peyrelevade, au cours d'une entrevue entre les deux hommes organisée dans les locaux de Cerus, pour parler théroriquement du rôle de l'UAP.

Chaque fois, le député de Lyon se montre évasif. Longtemps après, lorsque sera rendue publique l'attaque sur la Société générale, il acceptera le principe d'une interview à *La Tribune de L'Expansion* pour s'en démarquer, sans la dénoncer, mais reviendra soudain sur sa décision. Et plus tard encore, invité à « L'Heure de vérité » d'Antenne 2 tandis que l'échec de Pébereau est devenu patent, il s'éloignera du texte qu'il avait lui même préparé, refusant manifestement, au pied du mur, de livrer le fond de sa pensée. Sans doute Raymond Barre s'est-il laissé emporter, tout au long de cette affaire, par son acrimonie à l'égard de Jacques Chirac et de l'État-RPR, qui l'a vaincu et qu'il exècre. Il mettra longtemps à rectifier le tir, et encore très partiellement.

Politiquement, l'affaire se présente donc plutôt bien pour Pierre Bérégovoy. Pourtant, il se méfie de Michel Rocard. Dans son discours de politique générale, le Premier ministre a clairement marqué ses distances vis-à-vis du nécessaire dénoyautage des entreprises privatisées : « Ce n'est pas pour moi une priorité », a-t-il affirmé devant les députés. On ne relève alors guère qu'il s'agit là d'un désaveu cinglant des propos que tient, au même moment, Pierre Bérégovoy.

Il faut donc prendre le Premier ministre de vitesse, pendant qu'il découvre son nouveau métier et consacre l'essentiel de son temps à dénouer son dossier prioritaire : la Nouvelle-Calédonie. Si on lui apporte sur un plateau une entreprise joliment dénoyautée, il sera bien obligé de s'incliner devant le fait accompli, voire de s'en féliciter. Pierre Bérégovoy est pressé pour une autre raison. Il sait ce que prépare Rousselet sur Havas, les atouts dont dispose le patron de Canal Plus, et n'a aucune envie de se faire souffler sa victoire, alors que Boublil a tout imaginé. L'ambiance fébrile qui règne rue de Rivoli rappelle à ceux qui l'ont connue celle de l'Élysée en 1981 : toutes les idées fusent, aucune n'est éliminée d'emblée. Patrick Careil, conseiller au cabinet de Pierre Bérégovoy, propose même un moment la « renationalisation des noyaux durs », à l'exclusion des actions détenues par les millions de petits actionnaires. Une idée qui excite tout le monde, jusqu'à ce que les juristes consultés indiquent qu'elle ne tient pas debout. Tout doit être vite bouclé. Il faut d'abord confirmer le choix de la cible et s'entendre sur la méthode.

Pour la cible, aucun problème. Puisque Rousselet s'occupe d'Havas, ce ne peut-être que la Compagnie générale d'électricité, ou bien Paribas, présidée par Michel François-Poncet, un intime de Jacques Chirac. Fidèle à sa stratégie du plat de lasagnes, Boublil, pour reconquérir Paribas, envisage de s'appuyer sur Gérard Eskénazi, un excellent banquier chassé avec Pierre Moussa de la banque en 1982, au moment de sa nationalisation. Il a reconstitué ses forces en Belgique, avec Albert Frère, ancien ferrailleur, devenu un des plus grands financiers européens. Mais il y a des limites à l'efficacité : au nom du dénoyautage, tout n'est pas possible. Gérard Eskénazi a participé à l'éclatement de Paribas en 1981-1982, et au transfert des actifs en Belgique et en Suisse, pour permettre à une partie de la banque d'échapper à la nationalisation et préparer la reconquête. Dans la symbolique socialiste, c'est « l'émigré ». Pas question d'organiser son retour : Pierre Bérégovoy n'y est pas favorable. L'Élysée y met son véto. Boublil doit s'y plier. « Dommage pour la banque, dit-il : avec François-Poncet, elle finira comme la Société Générale de Belgique ! »

Ce sera donc la CGE. Sur ce point, l'accord est général. Définir le choix de la méthode est plus complexe. Deux écoles s'affrontent rue de Rivoli : Alain Boublil est convaincu qu'il faut agir rapidement, mais dans le secret le plus absolu, et surtout sans rameuter la troupe socialiste, toujours va-t'en guerre et susceptible de faire capoter l'opération la mieux montée par irresponsabilité ou par incompétence. Il prône très exactement la mise en œuvre du travail souterrain d'influence, tel que le pratique au même moment André Rousselet avec Pierre Dauzier et Jérôme Monod pour récupérer Havas. Patrick Careil ne partage pas les analyses de son directeur de cabinet. Plus conformiste et sans doute plus doctrinaire, l'ancien directeur de cabinet de Charles Hernu puis de Paul Quilès au ministère de la Défense n'imagine pas qu'on puisse s'attaquer de front à la CGE, c'est-à-dire au symbole du pouvoir industriel et financier de l'establishment traditionnel, coupé de ses troupes, sans une doctrine claire et clairement affichée.

La méthode Careil a la préférence de Georges Pébereau, qui aime le *blitzkrieg* et répugne aux guerres de position. Bérégovoy est d'autant plus prêt à y souscrire que des gens aussi modérés que Jean Peyrelevade ou Jean-Charles Naouri jugent le coup parfaitement jouable. Peyrelevade approuve le principe de l'opération, dans la mesure où elle a de bonnes chances de réussir et où elle déstabilise de toute façon un establishment qu'il juge archaïque et donc nuisible. « Cela peut introduire de la flexibilité dans le jeu », dit-il alors à un de ses proches. Lui aussi penche, par principe, pour un assaut à visage découvert. Avec une justification strictement économique.

Quant à Jean-Charles Naouri, il est plus que d'accord : il

est partant, prêt à engager ses actionnaires, son crédit et ses fonds personnels. Au cœur du dispositif, il a conseillé Georges Pébereau et fait le lien avec Pierre Bérégovoy. Le principe d'une attaque éclair pilotée par Euris et Marceau Investissements, avec l'appui de Robert Maxwell et de la Caisse des Dépôts, sous l'œil bienveillant de la rue de Rivoli, est donc adopté, mais Bérégovoy espère encore que les dirigeants de la CGE, sentant l'odeur de la poudre, signeront eux-même leur reddition avant le premier coup de canon.

Plusieurs schémas sont envisagés. Le plus sérieux d'entre eux sera retenu. Il prévoit que Framatome, forte de sa trésorerie de 9,5 milliards de francs, partira à l'attaque de sa propre maison mère – sous forme d'OPA partielle – en association avec Marceau Investissements et Euris, que rejoindront Robert Maxwell et différents entrepreneurs privés, soit par intérêt financier, soit par souci de ne pas déplaire au nouveau pouvoir politique. La Caisse des Dépôts apportera son soutien minoritaire, simplement pour montrer l'intérêt de l'État pour cette initiative privée. Plutôt que Georges Pébereau directement, Jean-Charles Naouri pourrait, si l'opération réussit, prendre la présidence de la CGE. Selon ce schéma, nul ne pourra nier qu'il s'agit d'une affaire montée dans un cadre strictement privé. La main de l'État, pourtant bien présente, n'apparaîtra pas.

Pébereau a préparé le terrain. Créée depuis deux mois, mais en sommeil, la SIGP (Société industrielle de gestion et de participations) est activée. Au début du moins de juin, il a proposé à son comité d'investissements de regrouper les participations détenues par Marceau Investissements dans quatre entreprises privatisées sur « une seule d'entre elles » et éventuellement d'aller plus loin en créant une société de combat, avec d'autres partenaires. Il obtient un feu vert de tous ses administrateurs. Gérard Worms, X-Mines, directeur général de Suez et qui fut jadis conseiller technique au cabinet d'Olivier Guichard à l'Équipement, d'un naturel plutôt réservé, n'est pas le moins enthousiaste : « Mieux vaut être actionnaire de référence dans une entreprise privatisée que rien du tout dans quatre! »

Georges Pébereau et Jean-Charles Naouri sont en quête d'alliés. Rien ne vaut un bon Français, membre éminent de l'establishment. Divine surprise : l'un d'entre eux vient se jeter lui-même dans les filets, entre les deux tours des élections législatives. Face à la pyramide de verre qui émerge désormais dans la cour du palais du Louvre, le bureau d'Alain Boublil est inondé de lumière, en cette matinée ensoleillée du mardi 7 juin. Mais son visiteur est sombre :

– La France est en solde! Si vous ne faites rien, elle sera vendue à l'encan.

A soixante et un ans, opposant viscéral aux nationalisations [1], manager sans capital, Bernard Pagezy lui-même est venu se placer sous l'aile de l'État. La Compagnie du Midi, qu'il a créée de toutes pièces pour en faire un groupe d'assurances diversifié qui pèse en Bourse 40 millards de francs, est la cible de l'Italien Generali. Basée à Trieste et à Venise, c'est l'un des derniers vestiges de l'Empire austro-hongrois. Franz Kafka y travaillait comme comptable dans une agence de Prague lorsqu'il écrivit *la Métamorphose*. Aujourd'hui, ce géant européen de l'assurance contrôle parfaitement le marché italien – où c'est une véritable institution – mais réalise plus des deux tiers de son chiffre d'affaires à l'étranger. Face à Generali, aucune compagnie française ne fait le poids.

Pour contrer l'offensive de Generali sur son capital, Bernard Pagezy s'est résolu, quelques mois auparavant, à une alliance contre nature avec son ennemi juré Claude Bébéar. Ce dernier, à partir d'une petite mutuelle, a constitué par croissance interne et rachats successifs le groupe Axa, n° 1 de l'assurance privée en France. Pagezy le déteste cordialement mais la fusion des deux groupes est à ses yeux le seul moyen d'empêcher la mainmise étrangère : entre deux maux,

1. De 1981 à 1986, le principal souci de Bernard Pagezy a été de se faire oublier, et c'est pour cela qu'il s'est abstenu de participer aux entreprises de restauration d'Ambroise Roux.

pense-t-il, il faut choisir le moindre. Generali contrôle déjà 16 % de Midi et vise la minorité de blocage (33,3 %) qui lui permettrait d'empêcher la fusion avec Axa avant l'assemblée générale des actionnaires, qui doit l'entériner le 22 juin.

Boublil a vite compris. Le 10 juin, le Comité des établissements de crédit, un organisme dépendant de la Banque de France qui autorise les « franchissements de seuil » dans le capital des banques et des assurances, bloque momentanément l'offensive de Generali, qui perd ainsi tout espoir de disposer de la minorité de blocage avant l'assemblée du 22 juin. Sommaire mais efficace, le système d'alarme et de protection de l'entreprise France a parfaitement fonctionné. Mais tout se paie, et une telle protection n'est pas accordée sans contreparties, même si, pour le moment, celles-ci sont implicites. Pagezy sait bien qu'on lui demandera, le moment venu, de renvoyer l'ascenseur. Néanmoins, il est heureusement surpris par la rapidité et l'efficacité de Boublil. Les deux hommes, curieusement, semblent s'entendre. Ces socialistes tant craints ne seraient-ils donc pas si épouvantables? En réalité, Pagezy, beaucoup plus déstabilisé psychologiquement qu'il ne le laisse paraître par les attaques dont il est l'objet, a été mis en condition. Notamment grâce à l'influence de Patrice Allain-Dupré, devenu directeur général adjoint de Midi, chargé de la communication, après avoir dirigé celle de la CGE de Pébereau puis de Suard, jusqu'à la privatisation. Désormais, Pagezy ne peut plus refuser à Boublil sa participation à l'opération envisagée.

La machine de guerre est donc prête. Elle restera pourtant sous la bâche : l'OPA partielle de Framatome sur la CGE n'a jamais été lancée. Que s'est-il exactement passé en cette fin de mois de juin? Pourquoi l'arrêt brutal des hostilités? La vérité ne sort assurément pas de la bouche de Georges Pébereau, lorsqu'il assure glorieusement : « Beaucoup de gens auraient voulu que je joue à la CGE le rôle de Rousselet à Havas, mais j'ai refusé [1]. » Encore que la perspective de

1. Entretien avec l'auteur.

retrouver le siège dont il a été chassé en 1986, avec l'obligation de mettre en œuvre dans le détail l'absorption des filiales européennes d'ITT n'est pas pour lui une entreprise si exaltante. Homme de coups, il répugne à expédier les affaires courantes. Surtout quand c'est lui qui les a engagées. Georges Pébereau, en outre, se voit sans doute sur des sommets plus élevés.

En réalité, l'abandon de l'attaque éclair contre la CGE a été provoqué par des dissensions au sein du groupe d'assaillants. D'un côté, Robert Lion et Georges Pébereau, décidés à passer en force ; de l'autre, Jean Peyrelevade, Jean-Charles Naouri et Robert Maxwell, soucieux de ne pas heurter les actionnaires existants. Maxwell ne s'intéresse qu'aux activités de communication de la CGE. Peyrelevade et Naouri mesurent qu'avec la présence de la Société Générale au conseil d'administration de la CGE, une OPA inamicale est vouée à l'échec : les moyens financiers d'une banque de dépôt sont sans limites. Les conjurés sont soumis à une forte pression de l'Élysée – si l'on en croit du moins Alain Boublil : « Jacques Attali, Jean-Louis Bianco et Hervé Hannoun ne cessaient de nous pousser à agir », affirme-t-il.

Mais, conscient des difficultés, Bérégovoy souhaite simultanément négocier avec Ambroise Roux, président de la Générale Occidentale (filiale de la CGE rachetée – au plus haut – à Jimmy Goldsmith), « parrain » de l'establishment privé qui a tant fait pour la victoire de la droite en 1986. Ambroise a ses entrées partout, même à l'Élysée : c'est d'ailleurs là son fonds de commerce, qu'il exploite jusqu'à la corde. Le ministre a-t-il eu la naïveté de croire à un retournement d'alliances, Ambroise Roux s'alliant avec Pébereau contre Suard ?

La question n'aura pas le temps d'être posée. Patrick Careil, qui avait imaginé l'opération Framatome, n'aurait pas su tenir sa langue, à l'intérieur comme à l'extérieur du ministère des Finances, affirme un des conjurés. Or la rue de Rivoli est pleine de jeunes gens qui, ayant travaillé avec Balladur, lui demeurent fidèles. « Careil a été balourd, assure un proche de l'ancien ministre d'État : l'OPA partielle de Framatome contre sa maison-mère nous est revenue aux oreilles, par plusieurs canaux, en l'espace de quelques jours. » Careil ou un autre ? De toute façon, cela ne pardonne pas. Ambroise Roux, prévenu par la bande, est monté au créneau, et tout s'est délité.

Immédiatement averti, Michel Rocard met son holà. Les négociations politiques que conduit le Premier ministre avec les centristes ne supporteraient pas le moindre dérapage : le spectre de 1982 hante ces bons esprits qui frémissent d'horreur à sa seule évocation.

Jean-Charles Naouri se retire brutalement du jeu, pour ne plus y revenir. Soudain effrayé par le montage financier que lui propose Pébereau, il commence à se méfier : ne se servirait-on pas de lui ? C'est ce que lui disent plusieurs de ses proches, à la fois patrons et socialistes. De même, les Rothschild, dont il est « associé », l'auraient mis en garde, craignant d'apparaître comme des supplétifs de Bérégovoy ! Le mathématicien si brillant, l'énarque à qui jusque-là tout réussissait, vient de mesurer pour la première fois les limites de tout pouvoir, lorsqu'il est délégué. Plus marqué à gauche qu'il ne l'imaginait par son passage à la direction du premier cabinet Bérégovoy – alors qu'il n'est pas socialiste et qu'il a mis en œuvre une politique beaucoup plus libérale que celle de tous ses prédécesseurs –, échaudé par l'affaire Aletti, Jean-Charles Naouri s'efforcera pendant plusieurs mois de ne plus apparaître lié de quelque manière que ce soit au pouvoir ou aux opérations de dénoyautage : « Je suis absolument étranger à tout cela », affirme-t-il encore avec force en mai 1989 [1]. Fin juin pourtant, Naouri devra reconnaître qu'Euris a acheté, l'été précédent, pour 10 millions d'actions de la Société Générale et que lui-même, à titre personnel, en a pris aux mêmes dates pour 1,5 million. Plus-value : 15 %. Euris a aussi acheté pour 37 millions de CGE, avec une plus-value nettement supérieure. Ce n'est pas juridiquement un

1. Entretien avec l'auteur (13 mai 1989).

délit, mais le mélange des genres fait désordre, venant d'un ancien directeur de cabinet de Pierre Bérégovoy.

La CGE a esquivé le coup, mais mesure bien à quel point son succès est fragile. Aussi Pierre Suard, sur les conseils d'Ambroise Roux, fait-il très attention à ne pas chanter victoire. Pas question de pousser le pouvoir dans ses retranchements. Au contraire, Suard lui donne même des gages. Venu « informer » Pierre Bérégovoy de son projet de fusionner la CGE avec sa filiale Alcatel (pour augmenter et diluer mécaniquement le capital du groupe et rendre toute tentative de prise de contrôle plus coûteuse), il se plie au refus qui lui est opposé. De même, Pierre Suard renonce à remplacer Jean-Claude Leny à la tête de Framatome [1]. Voilà de quoi accréditer la thèse de ceux qui flairent, derrière cette reculade, une négociation au plus haut niveau qui leur a échappé. Plus simplement, le patron de la CGE mesure parfaitement que, privée ou pas, son entreprise ne peut se passer des pouvoirs publics. Surtout en ce moment, alors que se négocie parallèlement le contrat du TGV espagnol : Alsthom ne peut espérer emporter ce « contrat du siècle » sans un sérieux coup de pouce gouvernemental auprès de Felipe Gonzalez.

Ces décisions sont « démocratiquement » présentées aux administrateurs de la CGE, qui les entérinent. Un seul d'entre eux s'y oppose, sur un mode d'ailleurs plutôt caustique, comme il en a l'habitude : « Attention : si vous cédez sur un seul point, vous vous ferez saucissonner! Et nous avec! » Le mauvais coucheur s'appelle Marc Viénot. Personne ne le prend vraiment au sérieux. Autour de la table, on en est convaincu : la CGE a donné quelques gages, sans rien céder d'essentiel. L'alerte est passée.

Du côté de la rue de Rivoli, curieusement, on ne perçoit

1. Suard écrira toutefois en août une longue lettre à Jean-Claude Leny, dans laquelle il le met en garde contre tout achat, par Framatome, d'actions CGE. En raison des statuts de la CGE et de la loi française, affirme-t-il, ces actions détenues par une filiale seraient dénuées de droit de vote. Leny répondra le 11 septembre en quelques lignes : il dément avoir acheté des titres CGE et s'engage à porter chaque mois à la connaissance de ses actionnaires l'état exact de la trésorerie de Framatome. Ce qui sera fait.

pas l'épisode CGE comme une défaite. On se convainc au contraire très vite qu'il s'agit d'une victoire. N'est-il pas délicieux de voir un militant RPR comme Pierre Suard, patron d'une entreprise privée, venu demander l'autorisation d'augmenter son capital, se plier au refus qui lui est opposé, et renoncer en même temps à mettre la main sur Framatome? Un jour, Alain Boublil se découvre : « Pierre Suard est venu nous manger dans la main. Que demander de plus? »

D'autres, sans doute plus prudents, mesurent la fragilité de ce compromis. Le dénoyautage promis au peuple ne peut se réduire à un simple arrangement, au demeurant secret. Il faut donc changer de cible, de méthode et d'alliés. Ce qui sera fait en quelques jours. Vous avez dit bâclé?

8

HARO SUR MARC VIÉNOT

Le chasseur sonne toujours deux fois

Qui a choisi la Société Générale? Pébereau lui-même, sans doute. Il connaît cette banque depuis toujours, puisque c'est celle de la CGE. Avec elle, il a monté les opérations les plus ambitieuses et les plus sophistiquées. Mais son intérêt a décuplé depuis que Marceau Investissements a été admise à prendre 0,5 % de son capital, en tant que membre de son noyau dur. Dès le 5 juin 1987, dans le questionnaire de candidature qu'il remet à Édouard Balladur, Pébereau affirme vouloir « favoriser le développement et le rayonnement de la banque dans le maintien de son indépendance et de sa personnalité », et indique que « Marceau Investissements serait en mesure d'offrir à la Société Générale des possibilités non négligeables de retombées au niveau de ses relations commerciales et de l'élargissement de sa clientèle. »

C'est le langage convenu d'un candidat intimidé peaufinant un texte passe-partout. On imagine le poulet qu'a dû écrire Pernod Ricard pour entrer au capital de Suez, sur les convergences évidentes entre le pastis et la haute finance! Il reste qu'en reprenant publiquement, seize mois plus tard, ces arguments acceptés à l'origine par toutes les parties, Pébereau déchaînera les sarcasmes de la banque qui, à l'époque, n'avait pas manifesté la moindre réticence.

Difficile en tout cas de déduire de ce texte que les visées de Pébereau sur la Société Générale étaient « une vieille idée », comme l'affirme la commission d'enquête du Sénat! A l'époque, Marceau Investissements, soucieuse de sa légitimité, postulait pour toutes les privatisées. Il reste que Pébereau connaît bien les dirigeants de la banque, les voit régulièrement. Pas moyen d'attaquer la CGE si la Société Générale la défend? On visera donc la Générale, et la CGE tombera alors d'elle-même.

D'autres sources assurent cependant que l'idée de prendre la Société Générale pour cible a été soufflée à Georges Pébereau par ses alliés Gustave Leven et Jean-Louis Descours, qui auraient possédé près d'un million de ses titres avant le krach. Perte sèche : près de 100 millions de francs en quelques jours! En bons capitalistes, ils auraient souhaité récupérer leur mise, mais surtout effacer l'affront. C'est du moins le bruit qu'a fait courir Viénot, pendant la bataille. Possible, mais invérifiable.

Quoi qu'il en soit, la nouvelle proie est parfaitement choisie. Celui qui s'attaque à la Société Générale ne peut qu'être soutenu par le gouvernement socialiste. Édouard Balladur l'a placée dans la plupart des noyaux durs des entreprises qu'il a privatisées. Entre les mains du pouvoir, elle peut faire s'effondrer tout l'édifice, d'autant que celui-ci n'a pas pu être consolidé par la privatisation (programmée mais abandonnée pour cause de krach) de l'UAP – elle aussi présente partout. La Société Générale possède 7 % de la CGE, avec laquelle elle a toujours entretenu des liens étroits. Marc Viénot est administrateur de la CGE, tandis que Suard l'est au conseil de la banque.

Mieux : elle est même chef de file du pacte secret liant les actionnaires de la CGE qui, à la surprise générale, n'avait pas été dotée d'un noyau dur officiel, comme les autres privatisées. Pas la peine : entre eux, les actionnaires choisis par le ministre d'État, avec son accord, en avaient créé un, aussi contraignant et non limité dans le temps.

C'est sans doute politiquement que la reconquête de la Société Générale passera le mieux, imaginent les conjurés : la banque a en effet été nationalisée par le général de Gaulle lui-même en 1945, en même temps que le Crédit Lyonnais, la Banque nationale du commerce et de l'industrie (BNCI) et le Comptoir national d'escompte de Paris (CNEP) – lesquels, fusionnés vingt ans plus tard, donneront naissance à la BNP. Elle entre dans la mythologie des grandes nationalisations réussies, au même titre que la Régie Renault. Mais la Régie était une nationalisation-sanction. La Société Générale, avec les autres grandes banques de dépôt, symbolise l'époque des convergences profondes entre gaullistes et communistes, les deux principales forces de la Résistance. Elles géreront ensemble la France d'après-guerre. Une alliance particulière, nourrie de la même volonté de reconstruction qui, au-delà des péripéties politiques, marquera toute une génération de Français et sous-tend encore bien des comportements. C'est d'ailleurs pour briser ce symbole que Balladur avait mis la Société Générale sur la liste des privatisées, bravant les critiques feutrées des éléphants de son propre parti ; et c'est pour une raison symétrique que Mitterrand en avait été fort choqué, et l'avait fait savoir.

Pourtant, la composition du noyau dur de la Société Générale n'offrait guère de prise à la critique. Il était loin d'être scandaleusement RPR, comme pour Havas ou la CGE. Mais qu'importe ? Édouard Balladur, le 28 août 1957, a épousé Marie-Josèphe Delacour, qui lui a fait quatre fils. Or Marie-Josèphe est la propre sœur de Jean-Paul Delacour, numéro deux et administrateur de la banque. Incidemment lâché devant une caméra, voilà qui aura beaucoup plus d'effets que le décompte laborieux des attaches politiciennes, et d'ailleurs forcément démenties, des membres d'un conseil d'administration. Haro sur le « beauf » ! Il sera si facile de laisser suggérer – à tort, bien entendu – que le ministre d'État a placé lui-même son beau-frère à ce poste...

Quant à son président, Marc Viénot, il ne fera pas le poids. C'est, pour Georges Pébereau, une évidence. Qui connaît Marc Viénot ? Dans quelles négociations s'est-il illustré ? Voilà un homme couleur muraille, plutôt timide, qui a grimpé à l'ancienneté tous les échelons de la Société Générale. Jusqu'à ce que l'éviction de Jacques Mayoux par

Édouard Balladur lui ouvre la porte de la présidence. Ne saura-t-il pas composer pour garder son fauteuil?

La Société Générale apparaît donc comme la cible de rechange idéale : à la fois facile à atteindre et chargée de symboles. Grâce à elle, Georges Pébereau pourra achever son retour aux affaires, et peut-être devenir le « parrain » de la nouvelle société d'économie mixte, réunissant de façon dynamique entreprises privées et secteur public, sous l'aile bienveillante de l'État. Un homme d'influence. Comme pourrait l'être André Rousselet, s'il consentait à s'occuper d'autre chose que de communication. Le contrepoids d'Ambroise Roux.

Le gibier, pourtant, se montrera plus rétif que ne l'avaient espéré les chasseurs. Parce qu'ils ont sous-estimé un élément pourtant essentiel à tout bon fusil : la connaissance des habitudes, du mode de vie et des capacités de défense de la proie. En abandonnant la CGE pour la Société Générale, ils s'avançaient à découvert, en terrain inconnu. Ils n'avaient pas mesuré à quel point les banques de dépôt sont spécifiques.

Aucune OPA dans le monde n'a jamais été lancée contre une grande banque de dépôt – ce à quoi la plupart des législations nationales s'opposent souvent explicitement, y compris dans les pays très libéraux. Jimmy Goldsmith s'en est bien gardé, ainsi que tous les grands raiders américains qu'apparemment rien n'effraie. Carlo De Benedetti s'en est approché (la Société générale de Belgique n'était pas elle-même une banque, mais elle en contrôlait une, la Générale de banque) et il a vu ce qu'il lui en a coûté. « Carlo et moi avions sous-estimé le travail d'information auprès des actionnaires, et de collecte des titres de la Société générale de Belgique (à la fin presque un à un!) dont ont été capables la Générale de banque d'une part et Indosuez d'autre part », confie Alain Minc [1]. Ils avaient aussi sous-estimé la réaction viscérale de solidarité européenne autour d'une institution de cette nature, aussi mal gérée soit-elle, pour contrer l'attaque

1. Entretien avec l'auteur.

d'un homme qui cumulait un double handicap : industriel et étranger. Bruno Dethomas et José-Alain Fralon ont parfaitement décrit l'ampleur de cette réaction de l'establishment, à l'échelle de la Belgique et de toute l'Europe [1]. Et ce n'est pas sans raisons que cet establishment a confié à une institution financière de même nature – Suez – le rôle de « chevalier blanc ».

Pourquoi cette protection – de droit ou de fait – dont bénéficient les grandes banques de dépôt? Leurs capacités de défense défient l'imagination, en raison des sommes qu'elles manipulent, directement ou à travers leurs Sicav, et de leur connaissance intime des marchés financiers : elles disposent d'un réseau d'information aux mailles très serrées, manipulent une cohorte d'obligés et tiennent la plupart des intermédiaires boursiers qui vivent grâce à leurs ordres.

Lorsqu'elles maîtrisent en outre un réseau international de première classe (comme c'est le cas de la Société Générale), elles peuvent placer leur propre « papier » dans les mains les plus exotiques. Ni vu ni connu. Bref : capables d'une mobilisation financière supérieure à celle de toute autre entreprise, elles peuvent aussi plus aisément déjouer les manœuvres de leurs adversaires. La Société Générale, dès l'attaque connue, enserrera Georges Pébereau et ses alliés dans un véritable filet. Aucun de leurs déplacements ne lui sera inconnu. Chaque personne, chaque institution visitée recevra immédiatement une contre-visite, conjuguée d'amicales pressions. Rares sont ceux, tout bien pesé, qui prendront le risque de se mettre à dos une banque de cette nature, en cas d'échec de l'assaillant.

Les grandes banques de dépôt s'insèrent en outre dans un tissu très fin de solidarités internationales. Vis-à-vis des gouvernements, d'abord : elles participent étroitement au pouvoir d'État, beaucoup plus en tout cas que les grandes entreprises industrielles, puisque ce sont elles qui détiennent les

1. Bruno Dethomas et José-Alain Fralon, *Les Milliards de l'orgueil*, « Au vif du sujet », Gallimard, 1989.

grands leviers de toute politique économique. Entre elles, ensuite : dans ce club international très fermé, aux règles strictes mais non écrites, on tient la concurrence trop agressive, la réussite trop rapide ou la prise de risques excessive pour de dangereuses perversions. L'exigence première des grandes banques de dépôt est d'obtenir et de conserver la confiance de leurs clients. Tout ce qui peut les inquiéter est à bannir, et tout ce qui peut faire naître une quelconque suspicion sur l'une d'entre elles risque de rejaillir sur les autres. Prudence et solidarité de place sont donc les règles fondamentales lorsqu'on pratique le négoce d'une matière aussi volatile que l'argent. Ce à quoi adhèrent les membres de l'European Bank International Company, qui regroupe depuis 1970 les plus grandes banques européennes, et dont les présidents se réunissent six fois par an, avec leurs épouses.

Cette spécificité se retrouve dans le type de personnalités que les grandes banques de dépôt, dans tous les pays, cooptent à leurs têtes. Par rapport aux patrons de l'industrie ou aux grands banquiers d'affaires (d'une espèce toute différente), les présidents de banque de dépôt, toujours royalement payés, sont généralement plus ternes, plus conformistes, plus dociles et moins créatifs. Moins intelligents aussi. Mais la plupart d'entre eux sont honnêtes, de bon sens et de bonne compagnie. Comme toute généralisation, celle-ci souffre évidemment de brillantes exceptions. Comme par exemple celle de Jacques Mayoux, qui fut longtemps le très créatif patron du Crédit Agricole avant de devenir le prédécesseur de Marc Viénot à la Société Générale. Mais sa carrière en dents de scie traduit bien les réactions de rejet que sa forte personnalité suscitait dans ce monde particulier.

« On préférera toujours dans la grande banque des dirigeants mondains, sots mais transparents, à des patrons brillants mais peu fiables et peu prévisibles », résume l'un d'entre eux, lucide sur son milieu. Tout simplement parce que le commerce de l'argent est beaucoup trop tentant : demeure la crainte atavique de voir un jour l'un d'entre eux partir avec la caisse, nettement plus facile à emporter qu'une centrale nucléaire ou une usine d'assemblage automobile... Or rien n'est plus sacré, en démocratie, que l'épargne des petites gens.

Autant dire que la légitimité dont pouvait se prévaloir Georges Pébereau dans le monde de l'industrie (en dépit de son crédit depuis longtemps épuisé auprès des hommes de terrain) était totalement absente dès lors qu'il s'attaquait à la Société Générale. Plus tard, lorsqu'il justifiera ses achats par la recherche de « synergies entre la banque et l'industrie » et l'application des méthodes qu'il avait mises en œuvre à la CGE, Pébereau ne se rendra pas compte à quel point, en quelques phrases, il dressera contre lui des cohortes de banquiers immédiatement prêts à soutenir Marc Viénot, avec la personnalité carrée qu'on lui prête, ses idées simples et la conception traditionnelle qu'il a de son métier.

Voilà donc Georges Pébereau engagé sur un terrain inconnu, dont il ne mesure pas à quel point il lui est hostile. Il s'y aventure en outre avec des munitions de petit calibre. Car Peyrelevade a pris du recul. Quant à Robert Maxwell, il a changé son fusil d'épaule : une grande banque, voilà qui n'est vraiment pas sa *cup of tea*. Il se contentera, en compagnie du financier libanais Edmond Safra – lui aussi actionnaire de Marceau Investissements–, d'acheter à la demande de Georges Pébereau des titres Société Générale pour son propre compte. En espérant des plus-values sans risques. Mais ni Maxwell ni Safra, en tant qu'étrangers, ne peuvent apparaître dans le dispositif officiel. Pébereau, parfois appuyé par le ministre lui-même, va devoir faire le tour de la place pour pleurer des soutiens financiers à 500 millions de francs, puis 300 millions. Alors que, sur un plan strictement capitaliste, il en faudrait cinquante fois plus ! Plusieurs personnalités contactées se sont donc posé la question : en dehors de complaire au gouvernement socialiste, quel intérêt puis-je trouver à participer à cette chasse ? Tous ont fait le calcul : par rapport à ses cours de Bourse, la Société Générale affiche une rentabilité moyenne, comme la plupart des grandes banques de dépôt. « La seule façon de dégager d'importants profits serait de dégraisser les effectifs de 10 000 personnes au moins, tout en déployant une stratégie plus ambitieuse, mais à plus hauts risques », affirme un de ceux qui ont été approchés. Or, il est impossible de supprimer autant d'emplois dans la banque, à moyen terme, dans le contexte français. Du moins sans un drame qui affolerait clients et actionnaires. Quant au changement de stratégie, il ne va pas de soi, puisqu'une plus grande prise de risques pèserait sur le degré de confiance de la place, donc sur les cours de Bourse. L'arrivée de Georges Pébereau, comme de tout autre gestionnaire de combat ou prétendu tel, peut donner un coup de fouet à une entreprise industrielle et donc faire grimper ses cours, mais tel n'est pas le cas dans une banque de dépôt. Au contraire : après la flambée naturelle pendant la bataille, la valeur de l'entreprise en Bourse peut s'affaisser.

Techniquement, l'affaire ne tient donc pas : impossible d'accompagner Georges Pébereau avec l'assurance de réaliser une belle plus-value, et de pouvoir sortir du montage le moment venu avec un important bénéfice. Conclusion d'un grand industriel pressenti : « Le seul intérêt que j'aurais pu trouver à monter dans cet ascenseur aurait été mon enrichissement personnel, en achetant pour mon compte des actions de la Société Générale, avant de les revendre plus cher, au plus fort de la bataille. »

Est-ce pour cette raison que Georges Pébereau sera écouté d'une oreille attentive par des financiers d'un genre particulier, comme Edmond Safra, Robert Maxwell, Samir Traboulsi et Tito Tettamanti entre autres ? Sans compter ceux qui se sont retirés en cours de route, et dont les noms resteront probablement secrets ? Une chose est sûre : fortement sollicités, la plupart des grands leaders du nouvel establishment français qui, sur les décombres de l'ancien, émerge aux franges du secteur public et du secteur privé, se déroberont, ou bien conserveront la grande cuiller sans laquelle on ne peut partager sa soupe avec le diable.

9

IMPOSSIBLE TOUR DE TABLE

Cherche prédateurs, désespérément

– En serez-vous?

– En aucun cas directement!

La réponse que Jean Peyrelevade oppose à Georges Pébereau, en cette fin du mois de juin, est sans ambiguïté. Le patron de la banque Stern est l'un des tout premiers informés de la nouvelle cible qu'a choisie son interlocuteur. Mais alors qu'il était favorable au principe d'une offensive éclair sur la CGE avec l'argent de Framatome, pilotée par Marceau Investissements et Euris, il refuse tout net d'entrer dans le nouveau schéma qui lui est proposé. Lui aussi en raison de la nature particulière de la nouvelle cible et de la méthode choisie.

Il s'en expliquera longtemps après, devant une commission d'enquête du Sénat : « J'ai eu le sentiment que ce projet était un peu ambigu pour une démarche amicale », dira Jean Peyrelevade, avec un art consommé de la litote : « Et s'il s'agissait d'une opération de prise de contrôle, il n'y avait à l'évidence pas assez d'argent sur la table [1]. »

– Si vous ne souhaitez pas mettre d'argent dans notre

1. Jean Peyrelevade sera auditionné le 8 février 1989 par les membres d'une commission de contrôle du Sénat, créée en vertu d'une résolution adoptée le 20 décembre 1988, et dont l'objet officiel est « l'action des organismes publics ayant trait à des opérations financières portant sur le capital des sociétés privatisées ». La présence dans cette commission d'Étienne Dailly et de Roger Chinaud (rapporteur) ne lui donnait-elle pas toute qualité pour dénoncer les scandales de l'affairisme?

montage, au moins ne refuserez-vous pas de nous signer un mandat de banquier d'affaires?

Difficile d'écarter sans argumenter une telle proposition, qui assure des commissions confortables, sans le moindre risque. Mais Jean Peyrelevade se méfie. Il ne sent pas du tout cette affaire, et ne voit pas comment elle peut tourner. Stern est une petite banque, très œcuménique, puisqu'elle s'est choisi comme présidents successifs des hautes figures de l'administration française, victimes momentanées des alternances politiques [1]. Elle n'a aucun intérêt à se laisser compromettre sur un tel dossier. Si l'attaque échoue, le retour de bâton peut-être mortel pour ceux qui s'y seraient associés : « On verra, lorsque tout cela sera plus clair. »

Peyrelevade sait qu'il va être nommé, dans quelques semaines au plus, à la tête d'une entreprise nationale. Pas question d'engager la banque Stern de quelque manière que ce soit : ce sera à Édouard Stern d'en décider, et s'il lui demande son avis, il lui conseillera la prudence. Peyrelevade n'est pas dupe. Il sait parfaitement ce que Pébereau attend de lui : c'est moins l'argent de la banque Stern que sa propre caution, explicite ou implicite, pour l'aider à réunir son tour de table. Car Pébereau est à découvert. Jean-Charles Naouri avait, entre autres mérites, celui d'être à la fois un proche de Bérégovoy, de travailler avec les Rothschild et d'être aussi faible que naïf. Son retrait surprise est une véritable tuile pour le patron de Marceau, qui cherche immédiatement à renouer des relations avec les pouvoirs publics. Il n'est évidemment pas question pour lui de s'attaquer à une grande société privatisée en se passant de l'appui du gouvernement, même si celui-ci doit être dissimulé sous le masque de la neutralité bienveillante.

Le choix n'est pas très large. Naouri, Peyrelevade, Attali (Commercial Union, ex-GAN), Ponsolle (Suez) forment

1. La banque Stern a eu comme présidents Claude Pierre-Brossolette (ex du cabinet de Giscard), Jean Peyrelevade (cabinet Mauroy) puis, pendant quelques semaines, Philippe Jaffré (cabinet Chirac) avant Jacques Henri David, directeur financier de Saint-Gobain (ancien du cabinet de René Monory aux Finances).

une étrange et maigre confrérie : celle de jeunes patrons qui ont des attaches incontestables à gauche, mais sont également reconnus pour leur qualités professionnelles par le haut establishment. Ils sont devenus « incontournables » : eux seuls peuvent lier la sauce délicate qui caractérise la nouvelle cuisine des affaires et donner toute leur saveur à ces ingrédients traditionnels que sont l'État et l'argent. Parmi eux, Peyrelevade est sans doute le mitron le plus recherché. Voilà la grande figure emblématique de la gauche aux commandes et le nouveau visage – sympathique – de la vieille social-démocratie. D'origine modeste mais intellectuelle – ses parents étaient enseignants à la Belle-de-Mai, un quartier populaire de Marseille –, fils de l'école publique, il a su faire carrière sans jusque-là se laisser griser. Ni dévier de sa ligne de conduite. Il apprécie d'être bien payé, mais l'argent n'est pour lui que la marque de reconnaissance de ses capacités.

Peyrelevade est loyal et peu influençable. A Matignon, il était opposé aux nationalisations à cent pour cent et ne s'en cachait pas. C'est d'ailleurs grâce à lui – et à ses rapports privilégié dans les milieux aéronautiques – que Dassault et Matra y ont échappé en 1982, et que leurs présidents ont pu rester en place. En revanche, lorsqu'il s'est rendu compte des monstruosités juridiques qui se concoctaient, et qui auraient été mises en pièces par le Sénat et le Conseil d'État, il n'a pas hésité à prendre en main le dossier des nationalisations, pour le faire aboutir rapidement – et correctement. Par fidélité à Pierre Mauroy et aussi, dit-il, « pour limiter dans le temps le traumatisme que subissaient ces entreprises [1] ».

Sa nomination en 1983 à la présidence de la Compagnie financière de Suez provoque un haut-le-cœur dans le monde de la haute finance, tout particulièrement au sein de cette vénérable institution endormie qui, dans la nationalisation, voyait l'antichambre de la mort. Il est vrai que Jean Peyrelevade, malgré de longues années passées au

1. Entretien avec l'auteur.

Crédit Lyonnais, n'avait pas un *look* de banquier, avec ses chemises de militant et ses éternels petits débardeurs tricotés par sa femme. Un souvenir des années de galère, lorsque le jeune ingénieur aéronautique s'enrhumait dans les lugubres réunions du PS en banlieue parisienne, en pensant aux matins radieux de la Belle-de-Mai et aux virées sur la plage, le week-end, avec les copains. Peyrelevade cultivera longtemps, par coquetterie, son allure de professeur à Polytechnique, mais le contact quotidien des banquiers le conduira tout de même à acheter ses chemises et ses chandails chez les meilleurs faiseurs. Son heure de vérité, enfin, est venue : « Lorsque je suis arrivé, un matin, dans le grand hall de la Compagnie, raconte-t-il, je n'ai trouvé que le buste de Ferdinand de Lesseps pour m'accueillir. Et encore froidement ! »

D'emblée, Peyrelevade s'installe dans le grand bureau présidentiel, si chargé d'histoire que son prédécesseur n'avait pas osé l'occuper. Il réunit les cadres : « Leur hostilité était telle que j'ai soudain été submergé par la volonté de réussir, mais surtout de les séduire tous [1]. » Pari gagné. A la tête de Suez, Peyrelevade réussira un « sans-faute » : vente de sa participation dans le Crédit industriel et commercial (qui n'avait jamais été intégré) au GAN, récupération de petites banques satellites perdues au moment de la nationalisation, embauche de directeurs venus de tous les horizons politiques et professionnels, privatisation partielle (par l'émission de certificats d'investissement sans droit de vote), alliance avec Carlo De Benedetti. Au point que François Renard finira par saluer dans *Le Monde* « le meilleur président qu'a eu la Compagnie financière de Suez depuis vingt ans ». Sacrée consécration !

De plus, Peyrelevade fait l'unanimité à gauche (Laurent Fabius, Premier ministre) comme à droite (Michel Giraud, président RPR de la région Ile-de-France) lorsqu'il s'agit de désigner à Walt Disney un négociateur unique pour

1. « Peyrelevade, le Zorro rose de la banque », *L'Expansion*, 15 avril-5 mai 1988.

arracher à l'Espagne l'Eurodisneyland de Marne-la-Vallée. Sans consensus, l'affaire échappait à la France, tant les Américains en avaient par-dessus la tête de ces querelles de Gaulois auquelles ils ne comprenaient goutte.

Compétent, rigoureux et consensuel : pour le vieil establishment, qui rumine sa rancœur, c'en est trop. Voilà un homme de gauche qui ôte toute légitimité au patronat de papa. Nul n'imagine alors qu'un jour, ce même patronat lui brûlera des cierges. Pour l'instant, il n'a qu'une idée en tête, tant Peyrelevade dérange : l'éliminer. Jacques Friedmann le placera en tête de liste, dès le retour de la droite au pouvoir [1]. Difficile de dire à un tel homme qu'il est écarté pour incompétence. Et pourtant Chirac affirme publiquement que ces renvois collectifs n'ont rien à voir avec l'épuration – politique – de 1982! Victime expiatoire des fantasmes de la vieille droite, le prestige de Peyrelevade enfle alors un peu plus, dans tous les milieux.

Peyrelevade n'est pas le seul a avoir été contacté à ce moment-là par Georges Pébereau, ni à lui avoir refusé son concours. Fin juin et début juillet, le patron de Marceau Investissements essuye d'autres échecs. André Rousselet lui dit sans ambages : « Non! » Avec Pierre Dauzier, il a d'autres chats à fouetter. René Thomas, le patron de la BNP survivant de la double alternance politique, Antoine Riboud, l'homme de BSN, Gilbert Trigano (Club Med) et bien d'autres refuseront également. A chacun, Pébereau

1. Une fois encore, Peyrelevade se révélera à cette occasion un grand négociateur. Jacques Friedmann avait prévu que les présidents d'entreprise nationale évincés toucheraient pendant six mois leur salaire, le temps, pour eux, de se retourner. Peyrelevade lui fait valoir qu'il est indigne de le placer ainsi en situation de dépendance vis-à-vis de son successeur et que, puisqu'il est victime d'une sorte de licenciement, il entend bien être rayé, sur-le-champ, des effectifs de Suez. Friedmann se rend à ses arguments et promet que tout lui sera versé en une fois. Résultat : Peyrelevade a la satisfaction morale d'être victime d'un vrai licenciement, touche près de 700 000 francs de salaire cumulé (dans ce cas-là hors impôts) et... rejoint quelques semaines plus tard la Banque Stern où il recevra une rémunération de près de 3 millions par an, grâce à sa paticipation aux bénéfices, qu'il fait croître immédiatement! Les autres patrons évincés profiteront du précédent Peyrelevade, mais le pouvoir, un peu vexé, fera traîner le versement de l'indemnité dûe.

laisse entendre que tous sont partants, et surtout qu'il a le plein soutien du gouvernement. La plupart affirment que l'affaire leur a été présentée sur des bases presque exclusivement politiques. Mais plusieurs d'entre eux, venus aux nouvelles dans les palais du pouvoir, n'y ont entendu que l'écho assourdi de ce que leur a dit Pébereau : « Le gouvernement n'est pas impliqué dans ces projets, mais n'y est pas du tout opposé. »

Pébereau est déçu par ce premier tour d'horizon. Ce n'est pas ainsi qu'il peut espérer monter une opération d'une telle ampleur, qui nécessitera 6 à 8 milliards de francs, selon le chiffre qu'il a donné à certains de ses interlocuteurs et que Peyrelevade juge « modeste » : la Société Générale vaut en effet à l'époque près de 25 milliards de francs, et un véritable raid boursier à l'américaine nécessiterait la mobilisation d'au moins 20 milliards de francs pour acquérir sur le marché 51 % de la banque, en raison de la hausse inévitable des cours qu'il aurait entraînée.

Mais l'assaillant a une carte maîtresse : la Caisse des Dépôts et Consignations, dont son ami Robert Lion est le directeur général. Il lui a mis le pied à l'étrier en 1966, et l'autre lui a rendu au centuple ce service, quinze ans plus tard, lorsqu'il dirigeait le cabinet de Pierre Mauroy à Matignon. Lion est un personnage très contrasté, difficile à cerner. Il a complètement raté son arrivée au pouvoir dans le train socialiste. En effet, dans l'ambiance surréaliste qui régnait alors dans les palais nationaux, Robert Lion ne joue malheureusement pas auprès de Pierre Mauroy – chaleureux, fin politique, mais encore peu au fait des contraintes économiques et des règles strictes de gestion de l'appareil d'État – le rôle d'organisateur au sang-froid qu'on attend de lui. En apparence, il détonne, par son attitude distante, avec l'ambiance « copain-copain » du cabinet. Mais en réalité, il est plus brouillon que son ministre, et plus exalté que lui par l'arrivée historique de la gauche au pouvoir ! « Lion tranchait de tout, s'opposait alternativement aux uns et aux autres, ne suivait à fond aucun dossier, mais interférait sans cesse dans ceux qu'essayaient de débroussailler ses conseillers techniques », raconte Thierry Pfister, ancien journaliste au *Monde*, alors en charge de la communication à Matignon [1].

De surcroît, la compétence de Robert Lion sur les dossiers économiques pointus s'avère tout à fait insuffisante. Peyrelevade, alors son adjoint, essaie d'éviter le pire. Quelques minutes avant une réunion dramatique de Pierre Mauroy avec ses partenaires européens pour négocier une nouvelle dévaluation du franc, Pfister se souvient avoir vu Peyrelevade, crayon feutre à la main, tenter sans y parvenir d'expliquer à Lion ce qu'était le serpent monétaire européen (SME), son fonctionnement et ses enjeux. Chaque fois que Peyrelevade dialoguait directement avec Mauroy, Lion en prenait ombrage. On imagine ce que pouvait peser la voix de la France dans de telles réunions européennes !

Très vite, Pierre Mauroy ne supporte plus son directeur de cabinet, qu'il ne connaissait pas et qu'avait choisi François Mitterrand. Il est vrai que, vis-à-vis de Mauroy aussi, Robert Lion se montre d'une maladresse insigne : alors qu'il reçoit des visiteurs en tête à tête dans son bureau, Mauroy sera plusieurs fois obligé de lui dire ouvertement de bien vouloir le laisser seul. Tranquillement, l'autre s'installait pour participer à la conversation ! « Lion se prenait pour le Premier ministre *bis* », affirme un membre du cabinet, qui se souvient sans plaisir de « l'ambiance détestable » qui régnait alors.

Péché de jeunesse sans doute, car Robert Lion mérite mieux que d'être jugé sur cette période bien particulière, où d'autres que lui se sont brûlé les ailes. C'est un homme de conviction, un peu boy scout, soucieux de son look et qui se voit comme un « bâtisseur ». Sans doute porte-t-il le chapeau d'une irresponsabilité alors largement partagée par tout le gouvernement. Mais, dans ce monde-là, il n'était pas à sa place.

1. Entretien avec l'auteur.

Pas question, évidemment, de le débarquer sans lui donner un poste prestigieux. Le nommera-t-on ministre, pour s'en débarrasser? Pas la peine : la direction générale de la Caisse se libère, et Lion y est immédiatement propulsé. Ce poste ne se refuse pas : d'abord parce qu'il est dans ses cordes puisque le premier rôle de la Caisse est de financer le logement social et les collectivités locales. Surtout, il s'agit d'un vrai poste d'influence et de pouvoir, le mieux protégé de la République : on ne peut en être écarté que par un vote du Parlement et une décision motivée de l'exécutif [1]. A Matignon, où Michel Delebarre le remplace, on respire. Mais à la Caisse, Robert Lion se fait vite accepter. Sa mégalomanie séduit, dans un premier temps, l'institution endormie dont il transforme le siège social en palais. Mais simultanément il saura, dans le microcosme, se faire vite oublier. Cela lui sera utile au moment du retour de la droite au pouvoir. Balladur envisage un moment d'enclencher le lourd processus nécessaire à son éviction, mais y renonce : cela ferait désordre. D'autant que Lion accède loyalement aux souhaits du ministre, et ne fait rien qui puisse compliquer le processus de privatisation mis en œuvre.

Sans doute le directeur de la Caisse n'a-t-il pas bien vécu cette période. Mais il a découvert, comme tant d'autres, les mérites des entreprises et, ayant lui aussi évolué, mesure peu à peu à quel point les priorités historiques de la Caisse sont devenues inadaptées. En plus du financement des collectivités locales et du logement, il a déjà engagé la Caisse dans des activités proches : l'immobilier de loisir, l'équipement urbain et la communication. Mais la Caisse ne devrait-elle pas s'impliquer beaucoup plus nettement aux côtés des entreprises? C'est à l'évidence là que se situent les enjeux de demain, si l'on veut renforcer la position de la France dans la compétition internationale.

1. C'est un legs de l'histoire. La Caisse draine notamment les dépôts des livrets de Caisse d'épargne, et pour rassurer les épargnants du bon usage (non politique) de leurs fonds, les gouvernements, depuis des lustres, ont dû lui accorder une autonomie réelle, garantie par l'inamovibilité de son directeur général.

Les démarches angoissées de Marc Viénot et d'autres, pour qu'il entre dans leur capital au lendemain du krach, lui ont ouvert les yeux. Pourquoi se déroberait-il?

Après la réélection de François Mitterrand, Robert Lion est convaincu du bien-fondé des nouvelles orientations présidentielles. Participer à l'éclatement des noyaux durs satisfait ses convictions et s'inscrit très exactement dans le cadre des missions qu'il voudrait assigner à la Caisse : épauler et défendre les entreprises privées, dans le cadre d'une économie mixte revigorée. Aussi, quand André Rousselet met au point le nouveau capital rééquilibré d'Havas, la Caisse des Dépôts joue un rôle décisif en devenant le principal actionnaire public de cette entreprise privée. Sans que cela fasse hurler les foules.

Lorsque Georges Pébereau – qu'il admire et en qui il a toute confiance – vient lui demander, fin juin 1988, d'entrer dans son dispositif (sans lui dire que c'est pour remplacer au pied levé Euris), il n'a donc aucune raison de se dérober. L'opération est de même nature : banco ! A ce moment là, il n'imagine pas que la Caisse des Dépôts, avec un apport de 1 milliard de francs, sera de loin le principal investisseur, apportant à elle seul le tiers du financement.

Pébereau sous-estime les difficultés qu'il aura à trouver de nouveaux appuis financiers. Avec ses alliés d'origine, il jette ses filets dans d'autres zones de pêche. François Sureau, le tout jeune directeur-général adjoint de Cerus (la filiale française de Carlo De Benedetti) reçoit ainsi le 30 juin un coup de fil de Jean-Louis Descours, qu'il connaît bien en raison de leur attachement commun à Raymond Barre, dont la photo orne son bureau :

– Avec Georges Pébereau, nous réfléchissons actuellement à une opération d'envergure qui peut vous intéresser. Nous souhaiterions vous rencontrer prochainement.

Rendez-vous est pris, le mardi 5 juillet, pour un petit déjeûner à l'hôtel Crillon, place de la Concorde. En dépit de ses trente ans et de ses airs d'enfant de chœur, en bon élève des jésuites, François Sureau se méfie. Il n'est que le n°2 de Cerus, derrière Alain Minc. Il sait que Minc ne peut supporter Pébereau, depuis que celui-ci, patron de la CGE, a vendu à Saint-Gobain la Société générale d'entreprise (SGE) dans des conditions et à un prix controversés, juste avant la clôture de son exercice pour que le déficit – considérable – de la SGE n'apparaisse pas dans ses comptes. Minc s'est fait rouler par Pébereau et a dû entendre Roger Fauroux, alors son patron à Saint-Gobain, le nommer à la tête de cette entreprise de travaux publics en lâchant, devant un parterre de journalistes : « Cela lui fera le plus grand bien d'aller tremper ses pieds dans le goudron. » Fauroux s'excusera plus tard auprès de Minc de cette saillie. Pébereau deviendra leur ennemi commun.

L'« enfant de chœur » craint donc le coup fourré. Prévenu par Minc, il s'attend à tout. Aussi prend-il des précautions rocambolesques, qui surprennent de la part de ce personnage lisse, aux apparences convenues. Mais le brillant énarque, un brin mythomane, manque de sang-froid. C'est en réalité un grand angoissé, accroché à sa pipe comme un naufragé à sa bouée. Aussi envoie-t-il en éclaireur au Crillon un collaborateur, pour écouter discrétement, à partir d'une table voisine, les propositions que vont lui faire Jean-Louis Descours et Georges Pébereau, et le cas échéant porter témoignage de ses propres réponses. La confiance règne !

Le jour venu, en trempant furtivement ses lèvres dans son thé citron – comme d'habitude, il ne touche pas aux croissants –, Georges Pébereau décrit à grands traits l'opération qu'il prépare, avec ses alliés capitalistes, l'appui du gouvernement et « le soutien des grands établissements institutionnels publics, y compris la Caisse des Dépôts ». Il ne cite pas la Société générale : pour Sureau, la cible était encore un objet non identifié. Descours renchérit sur le rôle des barristes dans cette œuvre de salubrité publique. Sureau sait déjà tout cela, mais s'interroge : qu'attendent-ils de lui ? Il s'honore certes de l'amitié de Raymond

Barre, mais n'a ni argent, ni véritable pouvoir. Sont-ils venus sonder la température de son engagement barriste après la défaite? Pas du tout :

– Nous souhaiterons vivement que Carlo De Benedetti accepte de se joindre à notre dispositif, si possible à hauteur de 500 millions de francs.

Le blanc-bec est interloqué. Tout d'un coup, ce petit déjeuner au Crillon lui apparaît surréaliste. Une telle proposition ne peut émaner que d'un fou. Elle n'a aucun sens, pour qui suit la vie des affaires d'un peu près. Il est tout étonné de devoir l'expliquer à Georges Pébereau. D'abord, après l'échec cinglant de sa tentative de prise de contrôle à la hussarde de la Société Générale de Belgique [1], Carlo De Benedetti est – au vu et su de l'Europe entière – « collé » avec des titres invendables, pour lesquels il s'est lourdement endetté. Il n'a donc pas d'argent disponible et sa priorité est bien évidemment de négocier avec Suez – le vainqueur – pour dénouer au mieux l'affaire et récupérer au moins une partie de ses billes.

Ensuite, De Benedetti répugne à s'engager dans des opérations de nature politique, en tout cas hors d'Italie. Y aurait-il songé que le cloaque belge, dans lequel il s'est englué, l'en aurait de toute façon dissuadé à jamais! Mais la vraie cause de l'effarement de Sureau n'est pas là : comment le patron de Marceau Investissements peut-il penser que Carlo est homme à engager 500 millions de francs dans une opération dont la maîtrise lui échappe? Qui peut imaginer le condottiere flamboyant déguisé en supplétif d'un Pébereau, fonctionnaire évincé saisi sur le tard par les vertiges du capitalisme, mais avec l'argent d'autrui? De plus, Carlo lui-même ne le tient pas en haute estime, sur un strict plan professionnel. Il reproche à Pébereau de se

1. Sureau vient de vivre – très mal – cette aventure. C'est lui qui, à partir de la suite louée à l'hôtel Hilton de Bruxelles, devait assurer la permanence de l'équipe de Carlo De Benedetti, entretenir les contacts avec la presse, les milieux politiques et financiers. Pour un premier job, il était servi! Tâche difficile, dont il aurait pu néanmoins mieux se tirer. Mesurant sans doute que l'erreur de placer un homme de cet âge sans expérience à un tel poste leur incombait, ni Minc ni De Benedetti ne lui ont cependant tenu rigueur de leur échec.

satisfaire des effets d'annonce, et d'avoir laissé tomber les axes de développement possibles d'une coopération entre la CGE et Olivetti.

Pébereau, pense Sureau, est en plein délire. Minc, tenu au courant dans l'heure qui suit, en est d'accord : pas question de transmettre une telle proposition au grand patron. Après son échec belge, ça pourrait le vexer!

Convaincu qu'il joue dans la cour des grands, Pébereau contactera également Jimmy Goldsmith. Celui-ci restera évasif et, sur le moment, ne donnera pas suite. Rand Araskog, en revanche, est intéressé. S'il peut donner un coup de main à Georges Pébereau pour lui permettre de reprendre le pouvoir au sein d'une grande entreprise – la CGE ou une autre –, pourquoi s'en priverait-il? Le patron du conglomérat ITT a été bluffé par l'ancien patron de la CGE, ses qualités de négociateur dans les moments les plus difficiles. Mais il a surtout été impressionné par cet étrange pays où de grandes entreprises publiques sont gérées sans contraintes, avec des sommes d'argent considérables, tout droit sorties de la poche des contribuables, distribuées sans contrôle : il serait lui-même bien en peine de trouver du capital dans les mêmes conditions à Wall Street! Une entreprise privée aurait-elle d'ailleurs acheté au même prix, en acceptant les mêmes risques, les filiales européennes d'ITT? Rand Araskog se flatte de connaître, avec Georges Pébereau, un des rares hommes qui possèdent la clef d'un pareil système. Un peu comme le néophyte qui serait l'ami du grand prêtre d'une société secrète, d'un parrain de la Mafia, ou d'un grand capitaliste chinois de Hong Kong.

Déjà actionnaire de Marceau Investissements, Rand Araskog donne donc à Pébereau son accord de principe pour participer – modestement – à l'opération que mène son ami, avec le plein assentiment du gouvernement français. Mais il n'est pas naïf au point de ne pas se renseigner par d'autres voies, et décide de s'en ouvrir à Michel David-Weill et Antoine Bernheim, de la banque Lazard, pour que, de leur côté, ils tâtent aussi le terrain. Une décision qui se révélera bientôt lourde de conséquences...

Contacté de la même manière, Alain Gomez, le patron du groupe nationalisé Thomson, qui a réalisé avec la CGE de Georges Pébereau un fructeux partage de leurs activités réciproques, et qui a consenti au patron évincé le versement de départ lui permettant de contrôler tout l'édifice de Marceau Investissements, donne lui aussi son accord de principe, sous une forme qui restera ouverte : soit prise de participation, soit prêt participatif. Mais Jean-François Hénin, directeur général de Thomson-CSF Finance et trésorier général du groupe, est convaincu que la plupart des entreprises publiques sont elles aussi partantes, sur ordre. Et lorsque l'assaut aura été lancé et que le nom de Thomson sera finalement dévoilé, il se trouvera dans la situation de celui qui a plongé dans la piscine alors que les autres n'ont fait qu'esquisser le geste : ridicule, et compromettant.

Pour Jean-Louis Descours, cette journée du 5 juillet 1988 est bien chargée. Après son étrange petit déjeuner au Crillon avec François Sureau, il est invité à déjeuner par Marc Viénot à la Société Générale. Que se passe-t-il? Il est vite rassuré : Viénot ne sait rien. Mais il flaire quelque chose. C'est pour cela qu'il a réuni, « à titre privé », quelques-uns de ses administrateurs, comme il le fait tous les mois. Mais cette fois-ci, il les a choisis sur un critère précis, dans son principe d'ailleurs contestable : il n'invite à sa table que ses actionnaires privés. Autour de Marc Viénot et de Jean-Paul Delacour – l'œil de Balladur? –, il y a là Ernest-Antoine Seillière de Laborde (héritier des Wendel et vice-président ultra-libéral du CNPF), Pierre Suard (CGE), Jean Donnedieu de Vabres (ex-président de la COB) et Jean-Louis Descours. A tous, Viénot fait part de ses préoccupations. Depuis plusieurs jours, les actions de la Société Générale font l'objet d'un ramassage systématique, à Paris et à Londres. Il pourrait s'en réjouir : les investisseurs auraient-ils enfin compris à quel point la banque est sous-évaluée? Se sont-ils enfin décidés à mieux l'apprécier? Renseignements pris, indique-t-il à ses actionnaires, les achats ne proviennent pas d'une seule main : des dizaines d'agents de change (ou de *brokers* à Londres) interviennent sur les marchés. Voilà qui est plutôt rassurant. Sauf si la banque est l'objet d'une véritable attaque, émanant d'un grand raider, actuellement tapi dans l'ombre mais qui fait acheter par de nombreux intermédiaires pour rester le plus longtemps possible masqué.

Viénot opte pour cette seconde hypothèse. Les achats semblent concertés : des blocs d'action importants passent d'une main dans l'autre et quittent le marché. De méchantes rumeurs courent. Viénot évoque ainsi un possible ramassage de la Dresdner Bank. C'est du moins ce qu'ont cru pouvoir écrire plusieurs journalistes informés. Ce qui, quelques mois auparavant, aurait paru invraisemblable à Marc Viénot ne l'est plus aujourd'hui, depuis qu'une institution européennne comme Generali a tenté de prendre le contrôle de la Compagnie du Midi contre son gré. Détestable impression, que de se sentir la proie d'on ne sait quel prédateur! Viénot en est convaincu : il est épié.

Chacun opine : les « grands » actionnaires de la banque, trop nombreux et trop disséminés (à dix-neuf ils contrôlent 20 % du capital!), manquent de moyens et de motivation, comme l'a prouvé la longue descente aux enfers de l'action, depuis des mois. Quand bien même l'un d'entre eux voudrait réagir, aucun privé en France ne peut mettre sur la table autant d'argent qu'une institution comme la Dresdner Bank. Marc Viénot évoque les lignes de défense possibles. Les actionnaires vont faire un effort. On va soutenir plus vigoureusement les cours. La banque va continuer à placer ses titres – avec des rabais importants – dans des mains amies. Mais en cas d'attaque étrangère inopinée, cela ne suffira pas :

– Placés devant cette éventualité, il nous faudrait envisager la coagulation des forces de nos actionnaires publics et demander une protection du conseil des établissements de crédit. Mais d'ores et déjà, nous devons préparer le renforcement de notre actionnariat.

La conversation, chaleureuse, tourne autour de la vulnérabilité des entreprises françaises dans le nouvel espace européen. Personne ne jette l'opprobre sur les actionnaires publics de la banque. C'est un déjeuner d'information, pas une conjuration. Le mot d'actionnariat de référence a-t-il été prononcé? Descours l'assure; Viénot le conteste formellement [1] et Pierre Suard ne l'a pas entendu, sinon, il « s'en serait souvenu ». Actionnariat de référence ou renforcement de l'actionnariat? Cette conversation sera interprétée diversement par chacun des participants.

Dès son café avalé, Descours file rue de la Baume, au siège de Marceau Investissements [2], pour rejoindre Pébereau et lui rendre compte de ces propos insolites et prometteurs. Lui a bien entendu les mots d'actionnaire de référence, mais surtout l'idée avancée – et non repoussée – de « coagulation des forces des actionnaires publics » nécessaire en cas d'attaque extérieure. Sans mesurer que Viénot évoquait cette hypothèse plus par dépit que par gourmandise.

Pébereau exulte : l'affaire se présente soudain beaucoup mieux qu'il ne l'avait craint. Devant les menaces, Viénot

1. « J'éprouve depuis l'origine une allergie viscérale et totale à ce concept d'actionnaire de référence qui permet, en détenant 9,5 % du capital, de se comporter comme si on en détenait 51 % », affirme Marc Viénot sous la foi du serment devant la commission d'enquête du Sénat. Étrange emportement : Viénot ne semble pas du tout choqué de présider une banque qui, contrôlant 7 % de la CGE, mais chef de file d'un pacte, est son actionnaire de référence. Il préside en outre une entreprise privée dont il ne contrôle aucune part du capital, alors qu'il a été nommé par un ministre, et qu'il ne dépend formellement que d'un conseil d'administration lui aussi nommé par le même ministre, avec un actionnariat extrèmement diffus et donc dans l'incapacité pratique de le renverser. Plus tard, il acquerra au feu sa légitimité. Pour l'heure, il n'a que celle dont il se prévaut : c'est une créature d'État. S'il était incompétent, qui pourrait l'éliminer?

2. Née avenue Marceau – d'où son nom –, la société a vite déménagé au 2, rue de la Baume, dans un immeuble du huitième arrondissement de Paris, contigu à celui du siège de Perrier. Georges Pébereau se mettait ainsi « à portée de main » de Gustave Leven. Et revenait à deux pas de l'ancien siège de la CGE, rue de La Boétie. Le hasard, sans doute.

est disposé à composer, à s'adosser au secteur public. Il est donc prêt, pense-t-il, au renforcement de la participation de Marceau Investissements, qui pourrait d'ailleurs être financé avec l'argent de la banque elle-même! En effet, depuis des mois, Pébereau négocie en sens contraire l'entrée de la Société Générale dans son propre capital. Les bases d'un accord semblent donc possibles. A condition de jouer fin, Pébereau, avec Viénot, a peut-être trouvé son Dauzier!

Pourtant, dès la fin du mois, le patron de Marceau Investissements devra déchanter. Il a surestimé ses alliés, trop bavards, et pris ses adversaires pour des naïfs.

10

LES AMIS D'AMBROISE

Noblesse oblige

Tout Paris est là, comme d'habitude. Beaucoup ont même interrompu leurs vacances pour l'occasion. Les groupes se font et se défont devant les tables dressées sur la pelouse. A 13 heures, après le défilé, le président, pour la huitième fois dans ce cadre, a été interviewé par Yves Mourousi et s'est montré plus pugnace qu'on ne s'y attendait, après ces semaines de racolage centriste. Chacun commente ses propos. Les courtisans s'agitent : quels postes vont être libérés? Qui remplacera qui? Bernard Attali, le frère de Jacques, est très entouré : ne dit-on pas qu'il va bientôt être nommé à la tête de l'UAP, en remplacement du chiraquien Jean Dromer? Francis Bouygues, patron de TF1, est en fureur : parce qu'il a oublié son invitation, il est retenu un moment à l'extérieur alors que « ses » journalistes – il aperçoit Michèle Cotta et Bruno Masure papillonner à l'intérieur – sont entrés sur leur bonne mine. Ainsi va le train-train parisien, avec ses étranges préséances. La traditionnelle *garden-party* de l'Élysée, pour le 14 Juillet, est particulièrement réussie en cette année du retour au pouvoir des socialistes.

Au milieu d'un petit groupe de cinq ou six personnes, Jean-Louis Descours ne cache pas son excitation :

– La CGE? N'y pensez pas : il y a un coup fantastique à faire sur la Société Générale!

Le patron des Chaussures André n'entre pas dans les détails. Il déplore qu'une grande banque puisse ainsi laisser tomber ses cours en Bourse, relève que cette chute est une vraie motion de défiance de la part des actionnaires, et que bientôt, il se passera forcément quelque chose : bienheureux ceux qui auront pris le train en marche ! Une fois de plus, il en a trop dit. Car Descours n'est pas n'importe qui : barriste, actionnaire de Marceau Investissements, chacun sait qu'il est derrière Pébereau, alors qu'il est administrateur de la Société Générale, placé là non par Balladur au moment de la privatisation, mais par Jacques Delors au moment de la nationalisation ! Il est resté en place car si le gouvernement de Jacques Chirac avait exclu les barristes des noyaux durs, il lui était quand même politiquement difficile d'en écarter le seul représentant placé !

En face, l'alerte est immédiatement sonnée. Ambroise Roux, François Michelin, Jacques Calvet (Peugeot SA), Olivier Lecerf (Lafarge-Coppée) et tous les ténors de l'Association française des entreprises privées (AFEP) – dont certains, d'ailleurs, avaient déjà été alertés – réalisent soudain que l'abandon de la proie CGE n'était qu'une ruse. Les prédateurs vont s'attaquer à la Société Générale. Tous sur le pont ! Les grands leaders de l'establishment privé traditionnel, auxquels s'est joint Pierre Suard – mais à l'exception notable de Bernard Pagezy – lancent leurs réseaux pour s'informer au jour le jour.

C'est une machine efficace. Ambroise Roux centralisera l'information et gérera l'évolution du conflit à venir. A lui de tâter le terrain au sein des pouvoirs publics, et surtout de s'assurer de la loyauté de Marc Viénot, par tous les moyens. Le patron de la Société Générale n'est pas, tout de suite, clairement mis dans la confidence, car les parrains de l'establishment n'ont, à la mi-juillet, qu'une confiance mitigée dans sa capacité de résistance.

Viénot peut être le point faible du dispositif de défense. C'était évidemment le calcul de Pébereau et de Boublil, qui désormais se voient ou s'appellent constamment [1] : « Viénot est faible, il ne tiendra pas le choc! » « S'il cède, tout est foutu », s'inquiète en écho l'un des parrains. Or, personne ne connaît vraiment Marc Viénot. Bien entendu, Édouard Balladur n'a pas confié la Générale à n'importe qui. Viénot est du sérail. A sa sortie de l'ENA, il a emprunté la voie la plus prestigieuse : la rue de Rivoli, siège des Finances avant Bercy, qui affirme sa suprématie sur tous les autres ministères. Mais, trop bien balisée, elle est aussi la plus paisible. Est-ce pour cela qu'il l'a choisie? Voilà qui convient parfaitement au jeune bourgeois que n'a jamais dévoré l'ambition personnelle. Il est issu d'une grande famille intellectuelle et éclectique, et il lui suffit de tenir son rang.

Parfait pour gérer une grande banque. Mais, banquier traditionnel, élevé dans le giron de l'État, osera-t-il et voudra-t-il s'opposer à l'État, au ministère des Finances et à la direction du Trésor? Presque un sacrilège pour un banquier français. Il n'y a d'ailleurs aucun précédent. Soudain, certains se souviennent que Marc Viénot n'a pas toujours été insensible aux idées socialistes, en tout cas dans un lointain passé. On l'a vu porter les dossiers et préparer les décisions de Paul Ramadier au ministère des Finances, puis de Guy Mollet, de Félix Gaillard et de Maurice Bourgès Monoury à la présidence du Conseil, à l'époque où, comme tout bon énarque, il « faisait du cabinet ».

Bien sûr, on ne choisit pas sa République, lorsqu'on sort de l'ENA. Mais depuis ces postes privilégiés, Viénot a assisté sans aucun plaisir à la décomposition de la Quatrième, à ses derniers soubresauts et à sa chute. Plus inquiétant : loin d'avoir intrigué comme tant d'autres pour l'instauration de la Cinquième, il ne s'est même pas rallié au nouveau pouvoir gaulliste : « A l'époque, sa légitimité démocratique ne me paraissait pas du tout évidente », reconnaît-il encore

1. Pébereau avait coupé les ponts avec Boublil dès la victoire de Chirac aux élections législatives de 1986, consacrant son énergie à se rapprocher du nouveau pouvoir qui l'avait éliminé. Mais à l'approche des présidentielles, Boublil fera à nouveau l'objet de toute sa sollicitude.

aujourd'hui [1]. Cette réserve lui vaudra de retourner au Trésor comme simple chargé de mission, puis de prendre du champ, en Afrique et aux États-Unis. On le verra rendre visite au Négus, toujours flanqué de ses deux lions gavés, et surtout fréquenter assidûment le tortillard qui relie en vingt et une heure Djibouti à Addis-Abéba : il est nommé administrateur du chemin de fer franco-éthiopien!

Viénot n'est pas gaulliste : ni par conviction, ni par opportunisme. La cinquième République admet mal la tiédeur et l'indépendance d'esprit, forcément suspectes. Viénot ne sera pas lâché – il est inspecteur des Finances – mais se prépare à une carrière en demi-teintes dont il s'accommodera volontiers, soucieux qu'il est de son indépendance et des plages de loisir qu'il entend se ménager. Décidément, il n'est pas net politiquement. Pierre Viénot, un de ses oncles, compagnon de Lyautey au Maroc, fut secrétaire d'État aux Affaires étrangères du gouvernement Léon Blum et député des Ardennes de 1928 jusqu'en 1940 : seule l'Occupation a pu le chasser de son siège! La paix revenue, qui prend sa succession au Palais-Bourbon, jusqu'en 1953? Sa femme Andrée. Étiquette des époux? Socialiste! C'est d'ailleurs grâce à eux que le jeune Viénot est entré au cabinet de Paul Ramadier. Plus tard, Viénot s'amusera des angoisses qu'a suscitées dans le haut establishment son pedigree coloré. « Des " rouges ", mes oncles? Si vous voulez, mais du genre rigolo! Ils étaient immensément riches, avec château de maître et personnel en livrée, et n'aimaient les ouvriers que de loin [2]. » Ce qui peut se comprendre : la famille d'Andrée Viénot possédait notamment les acieries luxembourgeoises Arbed!

Il n'empêche : les origines éclectiques du jeune Viénot l'inclinent à porter sur la politique et les affaires un regard plutôt sarcastique, propre aux contemplatifs. Est-ce encore le cas aujourd'hui? Lui-même n'est pas un foudre de travail. Amateur de littérature étrangère, il apprécie la peinture et

1. Daniel Lacotte, « Marc Viénot, le charme discret de la bourgeoisie », *Haute Finance,* hiver 1988.
2. Entretien avec l'auteur.

prend le temps d'entretenir son immense propriété du Vexin, si belle que Bertrand Tavernier l'avait choisie pour y tourner son film *Un dimanche à la campagne*. Viénot l'a achetée peu après que l'équipe en avait « saccagé les pelouses ». Masque austère, œil malicieux et humour décapant : il y a du Buster Keaton derrière cet homme-là. Avec un zeste de provocation : il en faut pour écrire « pêche, à la truite », dans la rubrique « hobby » du *Who's Who*, là où tous s'évertuent à inventer on ne sait quelles activités snobs ou gratifiantes ! Et lucide, avec ça. A un journaliste qui l'interrogeait sur sa période américaine, de 1970 à 1973, alors qu'il était détaché par le Trésor comme administrateur du Fonds monétaire international, ministre plénipotentiaire, conseiller financier auprès des ambassades de France aux États-Unis et au Canada, il lâche : « Vous savez, un diplomate n'est jamais qu'un pantin dirigé par Paris [1]. »

Qui peut percer le masque de Buster Keaton ? Qui peut être sûr de sa loyauté ? A l'évidence, l'homme est indépendant, d'un caractère trempé. Mais les grands parrains du privé n'en sont pas pour autant rassurés. Marc Viénot est atypique, original, et sans doute incontrôlable. Administrateur de la CGE, il a critiqué le compromis, négocié avec les pouvoirs publics après l'attaque avortée. Mais, administrateur d'Havas, il a voté en faveur de l'arrangement général que souhaitait André Rousselet et que dénonçait Jean-Marc Vernes. Avec lui tout peut arriver, si ceux d'en face savent trouver les arguments qu'il faut. Or, Georges Pébereau, depuis que Marceau Investissements a été admis à faire partie de son noyau dur, a déployé auprès de lui tout le charme dont il peut être capable. Il a fait son siège, à plusieurs reprises, pour que la Société Générale entre au capital de Marceau Investissements.

Et même s'il ne trahit pas, Marc Viénot peut se braquer, prendre de mauvaises décisions, ou sous-estimer le danger.

1. Daniel Lacotte, « Marc Viénot, le charme discret de la bourgeoisie », art. cit.

Ambroise Roux et ceux qui l'entourent se méfient. Tout simplement parce que Marc Viénot n'est pas des leurs et que leur club, par essence conservateur, déteste l'imprévu. Pas question de prendre le moindre risque. L'enjeu est trop énorme : « Que les socialistes reconquièrent la Société Générale, et c'en est fini, confie Ambroise Roux à des proches : mieux qu'avec le marteau-pilon des nationalisations, ils s'assureront le contrôle de toutes les grandes entreprises privées. Nous en serons réduits à leur demander comment leur plaire pour ne pas être mangés. »

Après l'imprudence de Descours sur la pelouse de l'Élysée, confirmée dans les jours qui suivent par différents canaux, le club ne se fait plus aucune illusion. Les approches sucrées de Georges Pébereau auprès de Marc Viénot ne visent qu'à donner le change. Il prépare quelque chose de beaucoup plus ambitieux. Pour bloquer son initiative, il faut procéder en deux temps. D'abord, empêcher absolument tout accord entre la Société Générale et Marceau Investissements, de quelque nature que ce soit. Éviter un arrangement à l'amiable, un compromis dont Viénot, face à Pébereau et à la rue de Rivoli, son autorité de tutelle, ne pourrait sortir qu'en loques. C'est le plus urgent, car si Viénot cède aux sirènes, plus rien ne sera possible. Ensuite, il sera temps de songer à défendre la Société Générale contre une éventuelle OPA inamicale ou un raid boursier, venant de Pébereau ou d'un étranger. L'hypothèse est néanmoins difficile à imaginer en raison de la valeur de la banque et de la réglementation : tout assaillant doit demander officiellement aux autorités l'autorisation de dépasser les seuils de contrôle de 5 % ou de 10 % du capital.

Pierre Suard a pour mission d'empêcher toute convergence entre Viénot et Pébereau, qu'il déteste cordialement. En tant qu'actionnaire principal de la Société Générale, il s'oppose fermement à la conclusion d'un accord croisé avec Marceau Investissements. Il y parviendra à la fin du mois.

Le 25 juillet, Jean-Louis Descours rend en effet visite à Marc Viénot. Il lui indique qu'il a rencontré quelques jours plus tôt, à Deauville, une personnalité proche de la Présidence de la République et que celle-ci lui a conseillé de « se méfier » à propos de la Société Générale, qui « est menacée ». Descours propose donc à Viénot de lui rendre un service : « Si vous avez du papier flottant, Marceau Investissements peut en prendre une partie. » Devant la commission d'enquête sénatoriale, Viénot reconnaîtra qu'il a été « intrigué mais intéressé » : « J'ai commencé à placer mes radars en observation, mais, nuance-t-il *a posteriori,* sans [...] donner la moindre suite à l'offre qui m'était faite. »

Pourtant, trois jours plus tard, le 28 juillet, au cours d'un déjeuner avec Léopold Jeorger [1] dans le cadre élégant et chaleureux du Carré des Feuillants, un restaurant à la mode du quartier de la Bourse, Pébereau tombe de haut. Jeorger lui indique que « la coopération avec Marceau Investissements ne lui paraît pas très facile telle qu'elle avait été envisagée ». Pébereau s'étonne, insiste, argumente, mais rien n'y fait : en termes diplomatiques, Jeorger lui fait comprendre que c'est non, et que cette décision est sans appel.

Que s'est-il passé pendant ces trois jours? Jeorger lève en partie le voile : un administrateur s'y oppose formellement, et a su convaincre Viénot. Pébereau a compris, mais il veut le nom. Il l'aura : c'est Pierre Suard, son successeur à la tête de la CGE. Suard a obtenu gain de cause, tout simplement. Il s'est évidemment opposé à ce que Marceau Investissements augmente sa participation dans la Société Générale, mais tout autant à ce que la Société Générale entre dans le capital de Marceau.

Viénot ne comprend pas cette exclusion, alors qu'il entend, en priorité, renforcer son actionnariat : ancien fonctionnaire brillamment reconverti dans l'industrie puis dans la finance, en contact avec le nouveau pouvoir sans en être l'otage, Georges Pébereau, lui semble encore convenable. Mais

1. Né à Sidi-Bel-Abès d'un père « colon », énarque, inspecteur des Finances, Léopold Jeorger est désormais le dirigeant de la Société Générale avec qui Pébereau est en contact pour mettre au point ces investissements croisés, depuis qu'il a remplacé Daniel Hua (plus proche du patron de Marceau) qui vient d'être nommé à la Direction des affaires internationales.

Suard d'un côté, Ambroise Roux de l'autre, dressent de leur prédécesseur et successeur à la tête de la CGE un portrait peu flatteur : Pébereau, lui disent-ils, joue un jeu totalement personnel en s'appuyant sur les pouvoirs publics, sa soif de revanche est insatiable, c'est un homme de coups qui ne vise en réalité que votre fauteuil. [1]

Viénot est ébranlé. Difficile de distinguer le vrai du faux. Il mesure, derrière cette volée de bois vert, à quel point se sont exacerbées les haines réciproques des trois crocodiles, recuites par tant d'années vécues ensemble, dans le même marigot du pouvoir à la CGE. Mais il doit se rendre aux arguments de son actionnaire, qui vient de déjouer la tentative de dénoyautage de la CGE. Car il existe une règle d'or dans une institution comme la Société Générale : le consensus. Si l'entrée d'un nouvel actionnaire important n'est pas agréée par tous les autres, elle ne peut avoir lieu. La Société Générale, en outre, a pour le moment mieux à faire que d'entrer dans Marceau : il lui faut acheter ses propres actions sur le marché.

Georges Pébereau tirera argument de ce revirement pour justifier sa décision d'acheter, à partir du début du mois d'août, des actions de la Société Générale : « Roux et Suard étaient hystériques à mon égard, selon ce que m'a confirmé Viénot ultérieurement, et à plusieurs reprises. Ce sont eux qui ont transformé cet investissement banal en une affaire d'État. Si Viénot avait bien voulu faire entrer la Société Générale dans le capital de Marceau Investissements, je n'aurais jamais acheté une action autrement que par leur canal. S'il avait osé violer Suard, sa banque aurait été gentiment défendue, son actionnariat aurait été renforcé et élargi d'une façon plus consensuelle, et personne n'aurait jamais entendu parler de cette affaire. Mais au lieu de me proposer

1. Ambroise Roux, Georges Pébereau et Pierre Suard, qui se sont succédés à la tête de la CGE, se retrouveront au mariage de la fille de ce dernier, cet été-là, dans un grand restaurant de l'avenue des Champs-Élysées. Parmi les invités triés sur le volet, plusieurs ont apprécié le spectacle de ces trois hommes ensemble, devisant joyeusement autour d'un verre. « C'est à ces détails-là qu'on mesure à quel degré de civilisation notre société est parvenue », plaisante l'un des « voyeurs » de cette scène surréaliste...

leurs titres, ils ont été les vendre en *discount* à qui d'autre voulait les acheter, et même à des membres de la famille royale saoudienne [1] ! »

Voilà qui sonne bien, mais ne tient pas debout. Tout cela n'est qu'un prétexte : le calendrier est formel. Car ce même jeudi 28 juillet où Pébereau déjeune au Carré des Feuillants avec Léopold Jeorger, entrent au conseil d'administration de la SIGP, sa machine de guerre contre la Société Générale, les trois plus hauts responsables de la Caisse des Dépôts : Robert Lion, Jacques Delmas-Marsallet et Bruno Boutrouille [2]. Pour y enfiler des perles ? Si Pébereau envisageait seulement d'acheter des actions de la Société Générale avec l'argent que la banque lui aurait apporté en entrant dans son capital, il n'avait nul besoin de son dispositif en cascade, avec ses sociétés écrans, ni d'ailleurs de l'apport de capitaux extérieurs. L'origine de son offensive – mi-amicale mi-hostile, selon ceux auxquels il s'adresse –, conçue et organisée fin juin-début juillet, est d'ailleurs clairement antérieure au « revirement » de la banque à son égard. Pébereau est en effet reçu le mercredi 20 juillet par Pierre Bérégovoy, ministre de l'Économie et des Finances, auquel il demande un feu vert pour prendre une participation dans la Société Générale :

– S'agissant d'une banque dépendante du Trésor, je ne ferai pas cette opération si vous me dites qu'elle est mal venue.

– Faites ce que vous voulez !

Bérégovoy l'a assez souvent dit. Sa conviction est soudain renforcée par la découverte du pacte secret qui lie les actionnaires de la CGE. Le ministre en est sincèrement choqué : voilà bien les vieux corporatismes qui renaissent sous le masque libéral plaqué par Édouard Balladur. Raison de plus pour être favorable à la mobilité du capital. Il lui suffit de

1. Entretien avec l'auteur.

2. Aux côtés de Georges Pébereau, Daniel Deguen et Xavier Namy : trois administrateurs sur six dans le dispositif central de l'attaque, c'est beaucoup pour une Caisse des Dépôts qui prend par ailleurs grand soin de rester sous la barre des 33,3 % du total des capitaux investis.

donner son *nihil obstat* à Pébereau : son cabinet et les institutions de l'État se chargeront du reste.

Au même moment, le mardi 26 juillet, surviennent deux décisions qui vont modifier la donne, mais pas forcément comme le gouvernement l'avait espéré.

D'une part, Alain Boublil reçoit Jean Farge, sous-gouverneur de la Banque de France, ex-secrétaire d'État auprès de Jacques Barrot dans le gouvernement Barre, pour lui demander d'accepter la présidence de la Commission des opérations de Bourse (il sera nommé dès le lendemain), après un méli-mélo typiquement français où amitiés et grands corps se mélangent à un point tel que plus personne ne reconnaît les siens. Boublil, pour remplacer Yves Le Portz atteint par la limite d'âge, a bloqué la nomination de Daniel Hua, collaborateur de Viénot à la Société Générale, qui avait été proposée par Jean-Claude Trichet, ex-directeur de cabinet de Balladur et directeur du Trésor. Pour éviter d'installer un homme de caractère, issu de la Société Générale, dans un poste qui pourrait devenir stratégique. Le piquant de l'affaire est que Daniel Hua s'était vu offrir auparavant un pont d'or par Robert Lion pour entrer à la Caisse des Dépôts ! En voilà un qu'on préfère visiblement avoir avec soi que contre soi... [1]

D'autre part, le même jour, le *Journal officiel* annonce la nomination de Jean Peyrelevade comme administrateur de l'UAP : Jean Dromer est débarqué en cours de mandat, et son successeur désigné. Est-ce le retour de la chasse aux sorcières ? Le gouvernement, qui a choisi son moment – la France entière est sur les plages – assure que non, et adjure les journalistes de ne pas faire « une généralité d'un cas qui restera isolé ». Dromer n'est pas critiqué pour sa gestion. Comment d'ailleurs pourrait-il l'être sérieusement ? C'est lui

1. Après la bataille, Daniel Hua annoncera sa décision de quitter, de son propre chef, la Société Générale où il a fait toute sa carrière, mais où ses rapports avec Viénot n'étaient pas, dit-on, les meilleurs. Lui a-t-on reproché de ne pas s'être opposé, d'emblée, à Georges Pébereau ?

qui vient d'engager, avec René Thomas [1], le rapprochement de l'UAP et de la BNP qu'entérinera son successeur. On explique que Dromer n'est pas en cause, mais que l'UAP devant être la clef de voûte des privatisations d'Édouard Balladur, en laisser la gestion à un proche de Chirac n'aurait guère de sens alors que la politique a changé. Le message passe relativement bien. Rocard est jugé crédible. Et malgré les évictions de Philippe Rouvillois de la SNCF, de Jacques Friedmann d'Air France [2] et de François de Wissocq de la Cogema (qui avait beaucoup perdu sur le Matif, dans des conditions anormales), il tiendra à peu près parole : la mise à l'écart ouvertement politique de Dromer sera la seule. La totalité des présidents d'entreprise publique seront reconduits en juin 1989.

Face à Bérégovoy, appuyé par l'Élysée, Rocard s'est battu pour sauver Dromer qu'il connaît de longue date. En vain. Le lundi matin, il s'est résolu à l'appeler lui-même :

– Jean, désolé, je ne peux plus rien pour toi.

Mais Rocard n'a pas cédé sans compensations. Le vendredi précédent, au cours d'un petit déjeuner orageux à l'Élysée, il a arraché au président, face à Pierre Bérégovoy, le nom de Peyrelevade, qui n'est pourtant en cour ni au château, ni rue de Rivoli, où le ministre n'apprécie guère l'indépendance d'esprit de l'ancien président de Suez.

Plus tard, Ambroise Roux assurera que Rocard a imposé Peyrelevade en prévoyant que lui seul saurait ne pas mettre

1. Dromer et Thomas étaient côte à côte en dessous de Jacques Calvet, lorsque celui-ci présidait la BNP, jusqu'à son éviction en 1982.

2. Tous deux dépendaient de Michel Delebarre, nouveau ministre des Transports. Et tous deux ont été renvoyés après de graves accidents qui ont mis en évidence les disfonctionnements de leurs entreprises. Mais autant l'éviction de Jacques Friedmann est apparue naturelle, à la fois en raison des incroyables défaillances hiérarchiques – du pilote jusqu'au président – qui ont été à l'origine de l'écrasement le 26 juin d'un Airbus A-320 flambant neuf dans une forêt près de Mulhouse au cours d'un meeting aérien, et en raison du rôle actif et personnel joué par Friedmann lors de la chasse aux sorcières de 1986, autant le renvoi de Philippe Rouvillois était injustifié. Il n'était évidemment pour rien dans l'accident de la gare de Lyon qui a tué 59 personnes, le 27 juin, avait parfaitement identifié les problèmes considérables de la SNCF et travaillait à les résoudre, à pas prudents mais déterminés. Sa loyauté est incontestable. Voulant faire acte d'autorité, Delebarre s'est trompé de cible.

le doigt dans l'engrenage de la Société Générale. Sans doute ne faudrait-il pas le pousser beaucoup pour qu'il laisse entendre que c'était sur ses propres conseils ! C'est peu vraisemblable. Car à ce moment-là, le Premier ministre ne sait pas ce qui se trame vraiment. La réalité est beaucoup plus simple : Rocard ne veut tout simplement pas d'un Attali pour remplacer Dromer. Non qu'il ait une quelconque prévention contre Bernard, le frère jumeau du conseiller spécial de François Mitterrand à l'Élysée. Au contraire, il l'apprécie tout particulièrement depuis que, ministre du Plan dans le gouvernement Mauroy, il a mis en place avec lui, qui présidait alors la Délégation à l'aménagement du territoire (Datar), les « contrats de plan État-régions » pour donner un contenu financier à la loi de décentralisation. Bernard Attali conduit une carrière sans fautes, typique des énarques de nouvelle génération, qui ne répugnent plus à passer dans le privé : elle l'a conduit de la Datar au Club Méditerranée, à la Datar à nouveau puis à la présidence de la compagnie d'assurances nationale GAN. Aussi intelligent, séducteur et méfiant que son frère, mais plus concret, plus timide et moins brillant, c'est assurément un grand manager en herbe. Gilbert Trigano, pour sa part, le couvre alors de roses. « C'est déjà l'un des vingt premiers patrons européens. Sa perception des choses et des êtres est rarissime : il est de la quatrième dimension. Sa réussite, vous verrez, va être foudroyante [1]. »

Pourquoi Rocard veut-il se priver d'un tel génie ? Tout simplement parce que le Premier ministre réagit en politique, et que Bernard s'appelle Attali. Pour la première nomination importante du nouveau septennat, pas question de laisser prise à l'accusation de népotisme. D'autant que Jacques Attali est une manière de symbole, qui agace prodigieusement la droite, les centristes et beaucoup de socialistes : à tous, sauf au président, il donne des complexes ! La même cause qui avait valu à Bernard Attali d'être évincé du

1. Entretien avec l'auteur, *L'Expansion* du 6-19 janvier 1989.

GAN par la droite lui vaudra d'être refusé à l'UAP par la gauche recentrée. Ah, la famille!

Ce sera donc Peyrelevade. Il attendait le Crédit Lyonnais, mais devra s'initier au monde compliqué de l'assurance. Plus tard, Bernard Attali sera nommé à Air France, suscitant les sarcasmes de la droite sur l'impéritie socialiste : comme dans l'armée du sapeur Camembert, on met l'assureur Attali à Air France et l'ingénieur de l'aéronautique Peyrelevade à l'UAP. Mais, comme dans la chanson de Maurice Chevalier, tout cela fera d'excellents présidents!

Le club réuni autour d'Ambroise Roux n'a pas le cœur à chanter. Il a tiré les leçons de cette semaine agitée. D'abord, il a la confirmation que quelque chose de gros se prépare. La première ligne de défense – empêcher Viénot de passer tout accord avec Pébereau – ne suffira pas. Il faudra se battre au fusil. Mais en même temps, la nomination de Peyrelevade permet d'espérer que la partie n'est pas perdue d'avance. « Ce jour-là, on a sauvé la Société Générale, dira plus tard Ambroise Roux, sur le ton de la confidence, à certains de ses interlocuteurs : car Dromer aurait dû céder, et Bernard Attali l'aurait fait de bon cœur. »

Qui peut en être sûr? Jean Peyrelevade, lui, en tout cas, n'a pas cédé. D'emblée, pourtant, il a été soumis à forte pression. Il n'a pas intégré depuis plus de trois jours son nouveau bureau, place Vendôme – à côté du ministère de la Justice – que déjà Pébereau est assis en face de lui, autour de la petite table basse, près de la fenêtre d'où l'on aperçoit, au loin, le joailler Chaumet. Il est là en conquérant, le félicite chaleureusement pour sa nomination, et lui demande 500 millions de francs, à bloquer dans la SIGP [1]. Comme si cela devait aller de soi. Mais Peyrelevade lui oppose à nouveau une fin de non-recevoir :

1. Pébereau demande aussi à Peyrelevade de faire entrer l'UAP au capital de Marceau-Investissements. Peyrelevade gagnera du temps en proposant d'apporter, non pas de l'argent frais, mais des immeubles, d'ailleurs parmi les plus défraîchis du patrimoine de la Compagnie. Or Pébereau n'a que faire d'actifs immobiliers, donc immobilisés : il n'y aura donc pas de suites.

– Georges, vous imaginez bien qu'il n'est pas dans la tradition de cette maison de confier son argent à des structures extérieures, pour le gérer à sa place. C'est d'autant moins envisageable qu'il n'y a aucune convergence stratégique entre l'UAP et la Société Générale !

Peyrelevade vient d'en être informé par son prédécesseur : l'UAP négocie un rapprochement avec la BNP, et les discussions sont très avancées. Il se réserve de regarder le dossier à fond avant de poursuivre, mais il est parfaitement d'accord, sur le principe, avec Dromer : pour affronter l'Europe de 1993, les regroupements de la banque et de l'assurance vont s'imposer. Leurs métiers sont voisins et leurs réseaux peuvent se mêler pour vendre l'ensemble des produits financiers envisageables. Il s'agit, en plus, de renforcer les fonds propres de chacun par des croisements de participation, et surtout d'atteindre la taille critique en deçà de laquelle personne ne comptera plus face aux Allianz, Deutsch ou Dresdner Bank. Sans parler de Generali ou des grandes compagnies d'assurances britanniques. Mais il faut choisir son partenaire, et ne plus se disperser. L'UAP a préféré la BNP, nationalisée comme elle, à la Société Générale, qui ne s'intéresse d'ailleurs pas à ce mouvement de concentration banque-assurance. Le non est donc sans appel.

Peyrelevade reste néanmoins favorable à l'idée de donner quelques coups de pied dans les noyaux Balladur, et se garde bien d'envoyer Pébereau sur les roses. A ce moment encore, les relations entre les deux hommes sont bonnes. Il n'engagera pas les fonds de l'UAP, mais propose son appui : si son interlocuteur veut mener avec Marc Viénot une renégociation en douceur de la composition de son capital, du type Havas, il se déclare prêt « le cas échéant, à y contribuer ». Pour aider le pouvoir Peyrelevade veut bien faire le *go between* entre Pébereau et Viénot. A deux conditions impératives : qu'on ne vienne plus lui demander d'argent et qu'il n'apparaisse nulle part, à aucun moment et sous aucun prétexte. Que jamais Georges Pébereau ne se prévale de lui. Accord conclu.

Pébereau n'attendra pas cinq jours – week-end compris – pour trahir sa promesse. La scène se passe le mercredi 3 août, au sommet d'un building de La Défense, dans la salle à manger de la SARI, l'entreprise qui a justement aménagé ce quartier d'affaires prestigieux de l'ouest parisien. Le patron de Marceau Investissements est en train de convaincre Christian Pellerin, le jeune promoteur à qui, jusque-là, tout a réussi, de mettre lui aussi 500 millions de francs dans son dispositif. Pour ce faire, il déploie toute une gamme d'arguments, plus convaincants les uns que les autres : il évoque en passant le « barrisme » de son interlocuteur, mais lui explique surtout qu'il est soutenu par Robert Lion, par une partie de l'actionnariat d'origine de la Société Générale, et par Jean Peyrelevade lui-même, prêt à engager l'UAP, dont la tour est voisine. Pour le promoteur, cela fait beaucoup de monde. Il est lié à la Société Générale qui finance plusieurs de ses programmes; il est en conflit feutré avec la Caisse des Dépôts qui le concurrence mais à laquelle, dans le secteur de la construction, nul ne peut sérieusement s'opposer. Il lui faut choisir son camp : celui du gagnant. La position de Peyrelevade peut, à cet égard, être déterminante.

Sondé indirectement Peyrelevade fera l'innocent : il ne s'est engagé sur rien, n'est au courant de rien. Mais il appelle immédiatement Pébereau, qui lui assure n'avoir jamais cité son nom. Qui ment? Entre Pébereau et Pellerin, on ne finira pas de se poser la question! Peyrelevade décide alors de prendre date. Il reçoit Thomas Kamm, jeune et brillant correspondant à Paris du *Wall Street Journal* et lui fait savoir, incidemment, qu'il n'achètera pas de titres de la Société Générale. Le choix du support est bon : cette information, glissée dans le corps d'un article, passera inaperçue de tout le monde, sauf des initiés. Pas question, encore, de battre le tambour. Mais que présage l'avenir? Si l'on vient à l'ennuyer, Peyrelevade pourra toujours brandir le journal en prévenant : « C'était écrit! » Le patron de l'UAP ne prévoit pourtant pas qu'il va être obligé, dès la fin du mois, d'utiliser des méthodes plus radicales pour éviter d'être compromis dans l'affaire.

Juste nommé, Peyrelevade restera à Paris en août pour se familiariser avec l'UAP et le monde de l'assurance. Il ira simplement taquiner la balle de tennis dans des clubs de banlieue. Ambroise Roux, dès la nomination du patron de l'UAP, partira illico en Normandie. Il s'est fixé pour règle de s'accorder plusieurs mois de vacances par an, même lorsqu'il présidait la CGE : c'est pour lui une nécessité, mais aussi une coquetterie, symbole de sa maîtrise réelle sur les hommes et les événements. Plusieurs des protagonistes de la bataille pour la Société Générale en feront autant. Car en France, même pour la guerre, on attend la rentrée.

Dans ce monde du *big business* où l'on voyage toute l'année, pour sa peine et pour son plaisir, il est de bon ton de demeurer l'été en France, à une heure de vol de Paris. Ils iront donc qui à l'île de Ré, qui en Bretagne, qui dans le Lubéron, qui à Mandelieu, qui à Saint-Jean-Cap-Ferrat, qui à Monte-Carlo, où ils ont leurs maisons, parfois leurs suites dans les grands hôtels. Mais pour une fois, Boublil ne prendra pas le chemin de La Baule. Il se retrouvera, avec sa femme Bénédicte et les enfants, sur le yacht de Samir Traboulsi. Ces quelques jours de milliardaire que le Libanais lui offre, il les paiera cher : au-delà de tout ce qu'il aurait pu imaginer.

11

LE YACHT DE TOUS LES DANGERS

Plein soleil

La Baule, c'est bien, mais dans ces conditions, la Côte d'Azur n'est pas mal non plus. Pendant que le yacht rejoint la Corse, depuis Monte-Carlo, le directeur de cabinet du ministre de l'Économie et des Finances, avant de s'endormir dans sa cabine, laisse filer ses pensées. Le dîner à bord et la soirée se sont passés beaucoup plus naturellement qu'il ne l'avait craint. C'est tout le charme de Samir. En dépit de ses goûts de luxe, sa simplicité est désarmante. Il a été d'une gentillesse extrême avec Bénédicte et ses enfants. Tout comme Paola, son épouse brésilienne, et ses enfants, Yasmina et Kamel.

C'est arrivé si vite! Avec cette nomination impromptue rue de Rivoli, Boublil n'a pas eu un instant à lui. Il n'avait évidemment rien préparé pour ces dix jours de vacances que s'accorde tout le gouvernement autour du 15 août. Il s'en était ouvert à Samir, sans la moindre arrière-pensée, au détour d'une conversation. Et le voilà soudain dans ce lieu de rêve. Peut-être aurait-il dû refuser : mais au nom de quel conformisme? Tout cela ne l'engage à rien. Samir est bien trop intelligent pour croire qu'une faveur de cette nature peut influencer de quelque manière que ce soit le jugement du directeur de cabinet de Pierre Bérégovoy, et *a fortiori* la direction du char de l'État. De plus, le hasard des choses vient de faire qu'à l'agréable, Boublil va pouvoir joindre l'utile. Tout à l'heure, Samir a reçu un coup de fil de Nelson Peltz, dont il est le « conseiller ». Il se rend en baie de Figari, à l'extrême-sud de l'île, dans la maison de Jean-Louis Vinciguerra, directeur financier de Pechiney. Au lieu de traîner autour du cap Corse et de Saint-Florent, Samir a proposé de changer de cap pour rejoindre l'Américain, l'un des hommes les plus fascinants et les plus dangereux que Boublil ait jamais rencontrés. Arrogant, brutal, cynique, cupide, assumant jusqu'au paroxysme la vulgarité propre à certains Américains riches, Nelson Peltz peut aussi se montrer soudain fragile, afficher un sentimentalisme saugrenu et, l'espace d'un instant, porter tout le malheur du monde sur ses épaules. Grand séducteur, il est un redoutable négociateur. Grâce à lui, la France va peut-être réussir une opération industrielle d'envergure : le rachat par Pechiney d'American Can – l'entreprise qui fabrique la plupart des boîtes de Pepsi, de Coca ou de bière aux États-Unis. American Can est une filiale de Triangle, une société que contrôlent depuis peu Nelson Peltz et son compère Peter May, spécialistes de la haute voltige financière, qui achètent des canards boiteux avec des *junk bonds* (obligations pourries) et défient depuis des années la chronique aux États-Unis, sous l'œil vigilant mais impuissant de la Securities and Exchange Commission (SEC), la COB américaine, qui n'est jamais parvenue à les coincer.

Pechiney est en même temps décidé à créer une usine d'aluminium ultra-moderne, car le marché a brutalement redémarré. Mieux! Cette unité verra le jour en France – alors qu'on installait depuis des années les usines d'aluminium à l'étranger, près des grands barrages et des sources d'électricité bon marché : la maturité du programme nucléaire a comblé le handicap de coût de l'électricité hexagonale.

Il y a donc là les ingrédients d'un coup industriel, politique et médiatique fantastique : si tout marche comme prévu, le gouvernement pourra annoncer dans quelques mois une double opération qui, après cinq ans de déclin, marquera le renouveau industriel du pays ainsi que la validité de ses choix énergétiques. Elle sera, de plus, hautement symbolique, émanant d'une entreprise publique dont le blason a été terni sous le gouvernement Chirac. L'histoire du *come back* de Pechiney pourrait devenir exemplaire. Lorsqu'elle est nationalisée en 1982, l'entreprise est au bord du gouffre. Comme chez Thomson, avec Jean-Pierre Bouyssonie, Philippe Thomas, son président n'était plus à la hauteur de la situation. « Le capitalisme français était alors incapable de remplacer lui-même ses propres dirigeants, résume Alain Minc : il est inouï que seule la nationalisation ait permis le renouvellement indispensable des équipes. » Redressé par Georges Besse, présidé aujourd'hui par Jean Gandois, Pechiney va devenir, avec American Can, le premier fabricant mondial d'emballage, coiffant son concurrent privé, Carnaud, qui vient de racheter l'Anglais Metal Box. Or Carnaud est une filiale de la CGIP, la holding des Wendel, que préside « Ernekind », surnom attribué par une nurse alsacienne que ses amis donnent toujours au vice-président du CNPF. Voilà une belle histoire, bien morale, à la gloire du secteur public modernisé et des vertus de l'économie mixte. Avec le dénoyautage d'Havas et celui de la Société Générale, qui semble très bien engagé, elle va redonner à la gauche un surcroît de crédibilité dans le pays tout entier, comme dans les milieux d'affaires. Grâce à qui? A Alain Boublil bien entendu, qui s'attend à toucher les dividendes des sept ans passés à l'Élysée à parfaire sa culture industrielle et sa connaissance des hommes vraiment influents.

Promu auprès de Pierre Bérégovoy, Boublil aurait dû oublier ces dossiers, ou en tout cas ne plus s'intéresser qu'à leur impact sur les finances publiques. La règle de base pour les hauts fonctionnaires est évidemment de n'être jamais partie prenante dans de telles négociations, de peur d'être compromis, utilisés ou manipulés. Étendu sur sa couchette, dans le yacht loué à prix d'or par Samir, Boublil est conscient d'avoir dérogé à cet impératif. Mais personne ne le saura jamais. Il l'a fait par imprudence, mais surtout parce qu'il ne peut s'empêcher de s'investir totalement dans cette affaire, qui est un peu « la sienne ». Seul contre tous, depuis trois ans, il avait, sans succès, essayé de convaincre Pechiney d'investir à contre-cycle, pour que la nouvelle usine puisse cracher l'aluminium au moment même de la reprise du marché. L'investissement qui se prépare confirme la validité de ses choix. Boublil, qui vise la présidence d'une grande entreprise, est pleinement convaincu d'être l'un des seuls à avoir, en matière industrielle, une vraie *vista*. Surtout, il est lui-même à l'origine du rachat éventuel d'American Can par Pechiney, puisque c'est grâce à son intervention personnelle qu'ont été engagés leurs premiers contacts.

Tout s'est noué l'après-midi du samedi 28 juin 1988, au Racing Club de France, dans le bois de Boulogne. C'est sans doute, avant le départ en vacance des familles, l'une des journées les plus chargées de ce club huppé, qui n'a de sportif que le nom, et où les habitués intriguent le week-end pour avoir le droit de jouer au tennis trois quarts d'heure toutes les deux ou trois heures. Alain Boublil et Jean-Louis Vinciguerra discutent en attendant leur tour. Par Samir Traboulsi, qu'il connaît de longue date, Boublil sait que Nelson Peltz et Peter May se sont décidés à vendre leur société Triangle, alors que pour faire grossir American Can, ils avaient cherché, pendant longtemps, à acheter au contraire diverses entreprises d'emballage dans le monde – dont Cebal, la filiale de Pechiney. Et voilà que Vinciguerra lui confie que Pechiney a l'intention de procéder à une grosse acquisition dans l'emballage, à condition évidemment que l'État tuteur lui en donne l'autorisation, et l'État actionnaire les moyens. « Vinciguerra me parle de Triangle, racontera plus tard Boublil : je lui ai aussitôt indiqué que je connaissais très bien leur représentant en France, mais le directeur financier de Pechiney a rétorqué que des contacts avaient déjà été pris *via* un banquier d'affaires franco-américain qui se révélera être Yves-André Istel. Nous en sommes restés là [1]. »

L'idée est alléchante. Comme toujours, Boublil comprend

1. « Réflexions d'un fusible », *L'Expansion*, 3-5 février 1989.

vite, et va s'impliquer totalement. Le 11 juillet, il rencontre à nouveau Jean-Louis Vinciguerra, cette fois officiellement, pour préparer le rendez-vous qu'il a le lendemain avec Nelson Peltz lui-même, après avoir reçu l'accord préalable de Jean Gandois. L'entrevue a été organisée par Samir Traboulsi, qui y assistera. Tout milliardaire qu'il soit, Peltz est bluffé par le palais du Louvre, ses immenses couloirs, ses lustres et ses lambris. Derrière ses vastes lunettes, son regard est immobile et ses sourcils relevés, comme s'il s'attendait à chaque instant à voir surgir Louis XIV en personne. Il n'a réalisé que très peu d'affaires hors de la zone américaine, et traiter avec une entreprise nationale lui semble parfaitement incongru, voire louche. « J'ai eu très clairement l'impression qu'en me rendant visite, il croyait s'adresser à un représentant du véritable patron de Pechiney, qui pour lui ne pouvait être qu'un ministre, se souvient Boublil : l'essentiel de la conversation a consisté à lui expliquer le degré important d'autonomie des entreprises publiques en France, et la politique libérale du gouvernement socialiste en matière d'investissements à l'étranger. Pour lui, tout cela était un peu du chinois. Mais jamais il n'a été question de prix d'achat ou de vente. Tel n'était pas mon rôle. D'ailleurs je me suis par la suite contenté de me tenir au courant de l'évolution des négociations [1]. » C'est sans doute trop de modestie. Le rapport de la COB indique en effet que Peltz a parlé ce jour-là à Boublil de son intention de vendre Triangle à Pechiney. Surtout, passionné par les enjeux des négociations, Boublil les suivra ensuite au jour le jour, avec une attention extrême, parallèlement aux démarches de Georges Pébereau qu'il surveille et inspire, pour son offensive sur la Société Générale.

Rendez-vous est pris pour le jeudi 28 juillet. Le jour même où Jean Farge entre en fonctions à la présidence de la COB et où Georges Pébereau apprend, au cours du déjeuner avec Léopold Jeorger au Carré des Feuillants, que la Société Générale ne veut plus traiter avec lui, Jean Gandois, appuyé par Jean-Louis Vinciguerra et Jean-Pierre Ergas (l'homme

1. Entretien avec l'auteur.

de l'emballage) reçoit à déjeuner, au siège de Pechiney, Nelson Peltz, Samir Traboulsi et Yves-André Istel. Au fromage, comme rien de sérieux n'a encore été dit, Jean Gandois se découvre le premier :

– Êtes-vous prêt à vendre American Can?

– Hum, hum, ça dépend, répond Peltz après un silence. De toute façon ce serait très cher. Proposez-moi un prix!

Il n'en est bien entendu pas question. Personne ne connaît le contenu réel d'American Can, ni *a fortiori* celui de Triangle. Impossible d'évaluer un prix : avec un pareil loustic, il y a intérêt à tout éplucher. Gandois propose à Petlz d'étudier son affaire pendant le mois d'août. Celui-ci donne son accord, sous réserve d'une discrétion absolue :

– S'il y a la moindre fuite, nous dirons que je suis venu acheter Cebal et que vous m'avez dit qu'elle n'était pas à vendre [1].

Et voilà que le jeudi 11 août au matin, moins de quinze jours après cette réunion décisive, le yacht au luxe tapageur s'ancre dans la baie de Figari, devant la maison de Jean-Louis Vinciguerra. Il y a là Nelson Peltz, le vendeur, son conseiller principal, Samir Traboulsi, deux représentants de Pechiney – Jean-Pierre Ergas, arrivé depuis Nice dans le jet personnel de Peltz, et Jean-Louis Vinciguerra – ainsi... qu'Alain Boublil. A quel titre? Tout simplement hôte de son « ami » Traboulsi. A l'évidence, jamais il n'aurait dû être en ce lieu, à ce moment. La seule évocation de sa présence dans la presse scellera sa perte. Pour sa défense, Alain Boublil dira plus tard qu'il n'a participé à aucun moment aux négociations. « Pendant qu'elles avaient lieu, assure-t-il, je me baignais en mer avec Bénédicte et les enfants, rejoignant les autres à l'heure des repas. » Il n'a pas été démenti. Pourtant,

1. « Le roman vrai de Pechiney », interview de Jean Gandois, *Le Figaro* du 30-1-1989. Curieusement, c'est aussi le prétexte avancé par Pechiney pour expliquer les premiers contacts pris en septembre 1987 : American Can aurait voulu acheter Cebal. En réalité, à cette époque, l'idée d'un rachat d'American Can par Pechiney avait, semble-t-il, déjà été envisagée. C'est du moins ce que suspectent les limiers de la SEC.

comment imaginer qu'Alain Boublil, initiateur de l'affaire, dans laquelle il est intellectuellement totalement impliqué et qu'il rêve de voir aboutir, n'en ait pas parlé avant, pendant et après, au moins avec son « ami » Samir Traboulsi? Boublil sera bien piégé. Son imprudence est manifeste, mais n'y avait-il pas d'autres raisons à sa présence? Quel rôle réel a joué le tentateur? La position de Samir Traboulsi est parfaitement ambiguë. D'un côté, c'est un intermédiaire, théoriquement au seul service de l'homme d'affaires américain qui va lui verser une commission de 12 millions de dollars. Or, il emmène avec lui sur son yacht l'un des plus hauts responsables de l'État français, qui exerce la tutelle sur l'entreprise acheteuse et appartient donc à la partie adverse. De plus, Traboulsi travaille pour Nelson Peltz, alors que son vrai fonds de commerce est en France, où il sert d'intermédiaire notamment pour les contrats de vente d'armes de Thomson, de Matra et de Dassault. Ainsi que pour la libération des otages français au Liban.

Normalement, une fois les contacts établis, Nelson Peltz aurait dû l'éliminer du jeu, après l'avoir confortablement rémunéré pour ses services. Il ne l'a pas fait. A-t-il cru être informé, à travers lui, de la position réelle des Français à toutes les phases de la négociation? D'autres disent en France que Traboulsi a bien promis à Peltz de jouer l'espion dans les rangs des Français, mais qu'il a fait en réalité le contraire, obéissant à ses vrais maîtres. Et que, grâce à lui, Jean Gandois aurait connu le prix en dessous duquel Peltz ne voulait pas descendre, et surtout l'absence d'autres acheteurs crédibles. Nelson Peltz avait agité en vain l'épouvantail de Merill Lynch. Si tel est le cas, on comprend mieux l'empressement auprès de lui d'Alain Boublil, l'incapacité de ce dernier à se défendre, et les égards dont il a fait l'objet au plus haut niveau de l'appareil d'État. Est-ce seulement en raison du rôle important joué par ce chrétien libanais dans la libération des otages français au Liban que Charles Pasqua l'a proposé à l'ordre de la Légion d'honneur? Et que Pierre Bérégovoy la lui a remise lui-même, le 3 octobre, rue de Rivoli?

Samir Traboulsi aurait-il été dans l'affaire un agent double ? A coup sûr, l'ambiguïté du personnage interdit d'éliminer cette hypothèse. Né à Beyrouth il y a tout juste cinquante ans, de parents bonnetiers, il pèserait aujourd'hui près de 800 millions de dollars selon la rumeur, et 100 millions selon ses propres dires, au demeurant peu crédibles. Toujours tiré à quatre épingles, rendant visite à son coiffeur trois fois par semaine, il habite un superbe hôtel particulier qui jouxte celui d'Ambroise Roux, place des États-Unis, dans le seizième arrondissement de Paris. Ses murs sont couverts de toiles de maître : Picasso, Braque, Monet, Vuillard, et il loue à l'année une suite à l'Hôtel de Paris, le plus grand palace de Monte-Carlo.

Comment est-il arrivé là ? Grâce aux femmes, à ses débuts. Celles qui, amoureuses ou maternelles, l'ont protégé. Mais aussi celles qu'il aurait présentées, dans les années soixante-dix, aux riches émirs venus faire la fête sur la Côte d'Azur, entre deux tournées au casino. On dit même que le loyer actuel de sa suite à l'Hôtel de Paris tiendrait compte du chiffre d'affaires qu'il aurait généré pendant ces années-champagne. Ce que dément Traboulsi : « J'étais un play-boy, et j'aimais les belles femmes avec lesquelles on s'exhibe. Mais les princes n'avaient pas les mêmes goûts que moi, et n'avaient d'ailleurs aucun besoin de moi pour trouver leurs filles [1]. »

Arrivé en France en 1965, à vingt-six ans, doté d'un permis de séjour d'un an qu'il ne fera jamais renouveler, il réside trois ans plus tard au Prince-de-Galles, un palace proche des Champs-Élysées. Il cherche à ouvrir un bureau de relations publiques entre la France et le Moyen-Orient, mais l'autorisation lui est refusée « malgré l'intervention de hautes personnalités politiques françaises », indique un rapport de police. Le jeune Samir a déjà mauvaise réputation. Il prend des commissions sur les parties de backgammon ou de poker qu'il organise et présente à qui en veut des filles qu'il

1. *Le Journal du dimanche*, 29 janvier 1989.

va chercher chez Mme Claude [1]. « Vizir des plaisirs » il était, et serait peut-être resté, s'il n'avait rencontré le milliardaire Akram Ojjeh, Syrien de naissance, qui se partageait alors avec Adnan Kashoggi le marché mondial du commerce d'armes pour le compte des Saoudiens. Akram Ojjeh fait de lui son *public-relations*.

C'est au moment où il abandonne la fréquentation assidue des femmes pour se consacrer à la sienne, et aux armes, qu'il commence à avoir des ennuis. Antoine Kamouth, qui travaille à ses côtés, disparaît un jour de 1973 sans laisser de traces. En décembre 1976, il est lui-même attaqué à son domicile de l'avenue Henri-Martin par un homme qui porte cagoule. Le 19 janvier 1982, après une soirée chez le P-DG de Christian Dior, alors qu'il se glisse derrière Paola, à l'arrière de la Mercedes qu'avance son chauffeur, deux hommes à moto s'approchent et tirent. Paola est indemne, mais le chauffeur est blessé au ventre, Traboulsi à l'épaule et à la cuisse. Les deux jeunes agresseurs sont retrouvés. Mercenaires, ils appartiennent à la mafia calabraise, et passeront quatre ans en prison sans dévoiler les mobiles de leur tentative d'assassinat. Selon la rumeur, Samir Traboulsi aurait fait de nombreux jaloux en s'émancipant de son tuteur Akram Ojjeh et en choisissant de s'appuyer désormais sur les vendeurs – notamment français – pour continuer son dangereux métier de négociant d'armes. Car ces derniers n'agissent jamais complètement pour leur propre compte. On les utilise pour faire le travail qu'on ne veut ou ne peut faire directement. Or, la chute des marchés oblige des entreprises comme Thomson, Dassault, Matra ou l'Aérospatiale à redoubler d'ingéniosité pour continuer à placer leurs produits. Samir Traboulsi est l'homme idoine. D'autant qu'il est en train de réussir sa diversification vers les activités civiles. Avec Pechiney par exemple.

La famille Boublil ne passera en tout que quatre jours sur le yacht de ce pittoresque personnage. Tout le monde est

1. *Le Journal du dimanche, op. cit.*

revenu à Monte-Carlo, à l'Hôtel de Paris, où une nouvelle réunion est organisée le jeudi 18 août pour faire avancer le dossier Pechiney, à peine débroussaillé en baie de Figari. Cette réunion sera fructueuse : on entre enfin dans une phase concrète et la volonté d'aboutir, des deux côtés, semble évidente. Jean-Louis Vinciguerra, Jean-Pierre Ergas pour Pechiney, Nelson Peltz et Samir Traboulsi pour Triangle participent à ces négociations. Or, c'est ce même jour que commencent les achats de titres Triangle sur le marché américain par l'intermédiaire de Socofinance, une société genevoise qui mêle des intérêts libanais à ceux de Thomson et dans laquelle Samir Traboulsi a un compte. Le même Samir Traboulsi qui appellera plusieurs fois par jour Socofinance depuis les États-Unis, au mois de septembre... et qui possédait directement des titres Triangle, cédés avant le 20 juillet 1988. C'est-à-dire au moment où s'engage une négociation dont il est pleinement informé et qui, si elle aboutit, peut multiplier leur valeur. Quel aveuglement ! Ou quelle clairvoyance ?

12

VEILLÉE D'ARMES

Georges, Gustave, Jean-Louis et les autres...

– Jean, tu dois nous aider. Ils ont monté une grosse opération. Il faut déjouer leur manœuvre. Toi seul le peux : ramasse tout le papier que tu pourras trouver!

Ce coup de fil, mi-amical, mi-comminatoire, émanant de la rue de Rivoli, laisse Jean Peyrelevade sans voix. Le mois d'août tire à sa fin et il vient d'apprendre, lui aussi, que la Société Générale a décidé, à la hâte, d'augmenter son capital de 5,7 milliards de francs par une opération originale et complexe : l'émission d'obligations convertibles avec bons de souscription d'actions (Ocbsa). Et que le conseil va proposer à l'assemblée générale des actionnaires l'autorisation d'augmentations de capital ultérieures, sans préavis. Pas de doute : ce montage vise à déjouer l'attaque du prédateur que la banque a repéré. Pour espérer prendre le pouvoir, un raider hostile devra acheter 51% de la Générale, en sachant qu'elle pourra augmenter son capital et trouver des alliés sans aucune restriction, malgré l'éventuelle hostilité d'actionnaires minoritaires, pendant quatre ou cinq ans. L'heure de vérité approche. Peyrelevade coupe son interlocuteur :

– Ecoute, Patrick, ce n'est pas possible! Tu sais très bien ce que je pense de cette opération. Je t'ai déjà dit que je n'y étais *a priori* pas défavorable, mais qu'il n'était pas question que j'engage l'UAP en tant qu'institution dans cette bataille. Et en tout cas pas dans ces conditions.

– Mais l'État lui-même ne peut pas suivre!

Peyrelevade le sait bien. Aussi acceptera-t-il d'apporter 60 millions de francs, exactement la somme qui manque à l'État pour simplement conserver le même pourcentage de participation. Grâce à l'UAP, la part du secteur public dans la Société Générale ne diminuera pas. Mais ce coup de fil du conseiller de Bérégovoy l'a rendu furieux : Pébereau se moque ouvertement de lui. Il l'appelle aussitôt :

– Vous n'avez pas tenu votre engagement. Il n'est pas question de me séduire par-devant, et de me faire donner des ordres par-derrière. Que ce soit désormais bien clair : je ne veux plus entendre parler de tout cela !

Pébereau fait mine de tomber des nues :

– Mais Jean, je n'y suis pour rien. C'est une maladresse de Careil. Je ne lui ai rien demandé, je vous le promets.

Peyrelevade en doute, et le lui dit. Georges Pébereau, flanqué de Robert Lion, se précipitera alors dans son bureau. Tous deux réitéreront leurs dénégations. Le patron de l'UAP affirme à nouveau qu'il ne s'engagera pas dans la bataille, en tout cas pas financièrement. Éventuellement, répète-t-il, si Pébereau parvient à un accord avec les dirigeants de la Société Générale et ses actionnaires, acceptera-t-il d'acheter un peu de papier pour faciliter la constitution d'un nouveau noyau dur plus équilibré. Mais seulement une fois que toutes les parties auront conclu positivement leurs négociations et, bien entendu, si toutes donnent leur feu vert. Pébereau lui objecte que c'est bien l'engagement préalable de l'UAP qui peut convaincre Viénot de venir à la table de négociations. Mais de cela, Peyrelevade ne veut à aucun prix.

D'une certaine manière, Peyrelevade a de la chance. Il vient d'être nommé : sa marge de manœuvre est donc grande. En outre, n'étant pas administrateur de la Société Générale, il est relativement à l'abri. Difficile de lui forcer ouvertement la main. Tel n'est pas le cas de Michel Albert (patron des AGF), de François Heilbronner (nommé à la tête du GAN par Édouard Balladur, une fois Bernard Attali évincé) et de Jean-René Fourtou [1]. Tous trois, présidents d'entreprises publiques, sont administrateurs de la Société Générale. Et tous trois vont devoir prendre position. Car la banque a réuni son conseil d'administration le jeudi 25 août, dans la matinée, pour examiner en urgence l'augmentation de capital. Officiellement, celle-ci vise à « améliorer la couverture de risques [...] en vue de la préparation des échéances européennes, et à rassembler les moyens financiers nécessaires à la poursuite du développement de l'entreprise [...] ». Pour justifier l'urgence, la direction de la banque argue de « l'imminence du déclenchement d'importantes émissions », et « d'une certaine attente du marché, en dépit des précautions prises pour assurer la confidentialité de l'opération ». C'est la langue de bois. Il est clair que la Société Générale est en train d'accroître son dispositif de protection. Mais Delacour et Suard semblent les seuls administrateurs à connaître le vrai dessous des cartes.

Les administrateurs publics voteront-ils en faveur de cette protection de la banque? Ultérieurement, presse et partis d'opposition déploreront les « pressions scandaleuses » qu'ils ont subies à cette occasion. Les sénateurs, de leur côté, feront grand cas des interventions de la rue de Rivoli. Pourtant, sur ce plan-là, tout s'est passé plutôt normalement. Consigne avait été donnée par Pierre Bérégovoy, peu après son arrivée rue de Rivoli, de laisser aux actionnaires représentant l'État dans les sociétés privatisées la pleine liberté de leurs décisions, sauf en cas d'opération pouvant influer sur le

1. Un des rares giscardiens promus par Édouard Balladur en 1986, à qui la présidence de Rhône-Poulenc a été offerte après le renvoi de Loik Le Floch-Prigent, alors qu'il n'avait aucune expérience des grandes entreprises : il était patron de Bossard consultants, une société de conseil proche des milieux républicains indépendants.

niveau même de cette participation [1]. Ce qui est bien évidemment le cas.

Informé par Marc Viénot, le jeudi précédent, de la convocation du conseil et de son objet, Pierre Bérégovoy « intervient » donc auprès de Michel Albert, président des AGF, et de Jean-René Fourtou, président de Rhône-Poulenc. Il le fera très officiellement, par télex, à la veille de son départ pour un voyage au Moyen-Orient. Parce qu'il n'arrive pas à joindre Michel Albert, en vacances, et surtout parce que c'est la tradition. Le message du ministre des Finances est le suivant : « Il m'apparaît que les incidences d'une telle opération sur l'évolution prévisible de la part du secteur public dans le capital de la société dont vous êtes administrateur n'ont pu, à ce stade, être convenablement appréciées. Dans ces conditions, je vous demande de bien vouloir demander le report de l'examen de cette opération. »

En avait-il le droit? Assurément. La démarche était-elle anormale? Nullement. Au contraire : la note de juin et le télex d'août ont le mérite d'éclairer une ambiguïté du droit français en ce qui concerne le statut des administrateurs, dans le privé comme dans le public. Doivent-ils défendre en priorité les intérêts des entreprises aux conseils desquelles ils siègent, ou bien au contraire ceux des autorités au titre desquelles ils participent à ces conseils? C'est une ambivalence analogue à celle qu'on retrouve dans le rôle et le statut des présidents d'entreprise publique : sont-ils là pour servir l'État, ou bien l'entreprise dont ils sont les mandataires sociaux? Souvent, les intérêts sont convergents, mais il leur arrive de diverger, comme dans le cas présent.

Albert et Fourtou connaissent donc bien l'ensemble des

1. Dans une note datée du 29 juin 1988 à Jean-Claude Trichet, directeur du Trésor, Pierre Bérégovoy écrit qu'il est d'accord pour que l'État ne soit pas représenté dans les assemblées générales des sociétés privatisées lorsque « les résolutions présentées sont sans incidence sur le pourcentage de détention du capital de ces sociétés pour l'ensemble du secteur public; par contre, s'il apparaissait qu'une résolution pourrait avoir pour objet ou pour effet d'aboutir à réduire le poids du secteur public dans le capital d'Havas, de la CGE, de Matra, de Paribas, de Suez ou de la Société Générale, il conviendrait que vos collaborateurs se rapprochent de mon cabinet pour examiner la stratégie à adopter ».

contraintes dans lesquelles ils s'insèrent. Libres de leurs propos pour les décisions de gestion courante de la Société Générale, ils ne le sont plus dès lors qu'est engagée une opération sur son capital. Même si cela les ennuie, pour eux, le choix est clair. Il leur faut se soumettre, ou bien se démettre. Ce qui n'est jamais arrivé à un patron public. On ne va pas commencer pour si peu! D'ailleurs, Michel Albert appellera Viénot pour le lui dire, au téléphone :

– Marc, je suis très embêté. Il me paraît difficile de faire un clash pour ça!

– Bien sûr, Michel. Je comprend votre position.

Viénot reste silencieux. Lorsqu'il raccroche, il croit que Michel Albert a rejoint le camp des attaquants inconnus. Plus tard, quand le climat général aura changé en sa faveur, il sera surpris de voir le patron des AGF se ranger nettement à ses côtés.

En attendant, Michel Albert décide de rester en vacances : il envoie un télex à Marc Viénot, s'excuse de son absence, et se contente de transmettre la demande du ministre de surseoir à l'augmentation de capital envisagée.

C'est le giscardien Jean-René Fourtou qui assumera le plus nettement la décision de Pierre Bérégovoy. Présent au conseil, il prend la parole, assure « comprendre les motivations des dirigeants de la Société Générale », mais explique que « les intérêts qu'il représente s'inquiètent de l'incidence éventuelle, à terme, d'une telle opération sur la part du secteur public dans le capital de la banque », et conclut : « Je souhaite donc le report de la décision pour pouvoir approfondir l'étude du projet. »

Jean-Louis Descours soutiendra évidemment cette position. Tout l'establishment sait qu'il roule pour Pébereau, et sans doute près de la moitié des membres du conseil. Mais Viénot est dans le brouillard, comme il l'a avoué dans son discours d'introduction, où il a été incapable de préciser si les mouvements de Bourse provenaient d'une intervention étrangère ou d'achats concertés « dans le cadre de l'avenir des noyaux durs des privatisées ». Finaud, le patron des

Chaussures André, pour n'être pas repéré, s'avance donc en chaussettes, sur la pointe des pieds. Il bredouille :

– J'aurais tendance à me ranger à la proposition de M. Fourtou, s'agissant d'une opération importante et complexe, dont je viens seulement d'avoir connaissance.

Bernard Attali, lui aussi, « demande que le conseil dispose d'un délai de réflexion supplémentaire ». Il assiste au conseil en tant que président des filiales françaises de la compagnie d'assurances britannique Commercial Union qui, bien sûr, n'a rien à voir dans ce conflit franco-français et a largement les moyens de suivre l'augmentation de capital de la Société Générale au prorata de sa participation de 3,9%. Cette simple réserve – dûe au fait qu'il n'a été informé que le matin même de l'opération en question, explique l'intéressé – suffira aux sénateurs pour affirmer que Bernard Attali s'est « rallié à l'avis » de Jean-Louis Descours et Jean-René Fourtou. Dans leur rapport, ils écriront même que « le lancement d'une opération relativement classique destinée à renforcer les fonds propres de la Société Générale [...] se heurte donc à l'hostilité conjointe de l'un des concepteurs de l'opération SIGP, d'un ancien président du GAN et de deux présidents en titre d'entreprise nationalisée ». En filigrane, on lit que le frère du plus proche conseiller du président de la République fait partie de la conjuration. Or ce texte du rapport de la commission d'enquête, imprimé en « gras » pour en souligner l'importance, contient deux contrevérités : d'abord, l'émission d'Ocbsa est tout sauf une « opération classique », et il est normal qu'un administrateur ait le temps de s'enquérir de ses implications. Surtout, Bernard Attali n'a pas marqué son « hostilité » puisque, cette réserve faite, il s'est déclaré favorable au principe d'une augmentation de capital. Mais les sénateurs ont pris la liberté de reconstituer sa position en la trahissant, sans même l'avoir entendu. La charge n'est pas innocente. Tout au long de l'affaire, Bernard Attali sera la cible d'une autre rumeur : il se serait rendu à Londres à plusieurs reprises, pour demander aux dirigeants de Commercial Union d'entrer dans le dispositif de Georges Pébereau.

Ce que Bernard Attali nie formellement. Depuis sa nomination à Air France, il n'a jamais remis les pieds à Londres. Les zones d'ombre de l'affaire de la Société Générale sont assez nombreuses pour qu'il ne vaille pas la peine d'en inventer d'autres.

Il n'y a pas eu de vote. Chacun a simplement donné son point de vue. Un conseil d'administration sert à conseiller le président. La loi majoritaire n'existe pas, ce qui, normalement, donne plus de poids aux positions minoritaires, surtout lorsqu'il s'agit de différer une décision pour mieux en mesurer les implications. Mais ce n'est pas le cas ce lundi 29 août 1988, au conseil d'administration de la Société Générale, où les minoritaires ne sont ni écoutés, ni entendus. Marc Viénot l'a voulu ainsi. Mais Pierre Bérégovoy considérera cet épisode comme un acte de défiance caractérisé du patron de la banque à son égard. Il y en aura d'autres.

L'émission d'Ocbsa aura donc lieu, malgré tout, du 5 au 29 septembre. Son succès sera complet. Il est vrai que la Bourse commence à s'intéresser de près à la Société Générale. Celle-ci engage au même moment une opération financière parallèle et relativement mineure, mais qui aurait dû conduire à relativiser les accusations de manipulation de cours portées plus tard sur les attaquants. La direction de la banque décide en effet de faire un « cadeau » aux détenteurs de « certificats d'investissement », émis quand elle était nationalisée. Elle offre gratuitement les droits de vote qui, associés à ces certificats, en feront de véritables actions, libérées de toute restriction [1].

Heureux détenteurs de ces certificats : en une séance, la valeur de leurs titres bondira de 290 à 350 francs, pour monter ensuite à plus de 460 francs. Coup de chance : bon nombre de ces bienheureux sont bien connus de la banque ! Ce sont les salariés eux-mêmes, par l'intermédiaire de leur

1. Au même moment, plusieurs entreprises privées vont transformer elles aussi leurs certificats en actions, mais en émettant des droits de vote cotés sur le marché. Cours erratiques, désintérêt des investisseurs : ce sera un échec complet.

fonds de retraite. La totalité de la part – légale – d'actions françaises détenues par ce fonds est en effet investie dans ces certificats, devenus actions. On ne peut que féliciter les gestionnaires de ce fonds pour leur clairvoyance : au lieu de diversifier leurs risques, comme tout le monde, ils ont mis tous leurs œufs dans un même panier, le leur ! Comment ont-ils deviné le cadeau qu'allait faire la banque à ses actionnaires ? Quel talent [1] !

L'augmentation de capital de la banque était-elle un acte délibérément hostile à Pierre Bérégovoy ? Sans doute. Pourtant, celui-ci n'en fera pas un drame : chacun se défend, et c'est bien normal. En revanche, l'affaire du prix des cartes de crédit, parfaitement subalterne, mettra le ministre en fureur et marquera la véritable rupture entre Marc Viénot et la rue de Rivoli. Elle traduit parfaitement les ambiguïtés des rapports entre l'État et les entreprises et marque sans doute mieux que de longs discours à quel point le passage d'une époque à l'autre peut être douloureux, même pour ceux qui l'ont voulu et organisé.

Alors que l'augmentation de capital de la Société Générale s'achève, le Crédit Lyonnais, la BNP et la Société Générale annoncent ensemble qu'ils vont relever le prix des cartes bleues facturées à leurs clients. Ce n'est qu'une bourde, une de plus, venant d'une profession qui semble s'être donné pour règle de les accumuler, dès qu'il s'agit de communication. Le moment est on ne peut plus mal choisi : déjà, plusieurs mois auparavant, ces banques avaient annoncé, toujours ensemble, qu'elles comptaient faire payer à leurs clients leurs chèques, non rentables pour les petits montants. Sans pour autant songer à rémunérer les comptes courants, comme cela se fait dans de nombreux pays. Les trois grandes banques expliquaient alors qu'elles souhaitaient freiner le développement anarchique des chèques, très répandus en

1. Dans son rapport – secret – sur les opérations d'initiés liées à l'affaire de la Société générale, le COB n'a pas manqué d'épingler l'usage qu'a fait la banque de sa caisse de retraite pour acheter ses propres titres.

France. Elles voulaient inciter leurs clients à se tourner vers un moyen beaucoup plus moderne de paiement : la carte bancaire. Mais devant le tollé général, la facturation des chèques avait été une nouvelle fois repoussée.

Aussi l'annonce soudaine d'une augmentation du prix des cartes bleues frise-t-elle le ridicule. Car au moment même où le moindre péage d'autoroute se dote d'un lecteur de carte, les banques expliquent tout d'un coup que les petits retraits coûtent beaucoup trop cher, et que la carte, dont le prix n'a pas été relevé depuis plusieurs années, n'est pas rentable pour elles, etc. L'inverse de ce qu'elles affirmaient doctement quelques mois plus tôt ! A les écouter, il ne resterait plus qu'une bonne solution : l'argent liquide, plein les poches.

Si les banques pleuraient misère, passe encore. Mais ce n'est pas le cas, loin s'en faut ! La pitrerie de cette démarche concertée, qui fleure bon les ententes des années soixante-dix sur le dos des consommateurs, ne fait pas rire Pierre Bérégovoy. Elle le met en fureur, d'autant plus qu'il l'apprend par la presse. Le ministre entre dans une des plus violentes colères dont se souvienne son entourage : cela peut mettre par terre, aux yeux du grand public, des années de libération de l'économie française ! C'est du moins ce qu'il croit. Il réagira vite, en exigeant immédiatement des trois établissements qu'ils annulent illico leur décision inepte. Ce que feront la BNP et le Crédit Lyonnais nationalisés, toute honte bue. Affaire réglée ? Non. Les règles ont changé : la Société Générale est une banque privée, le prix de ce type de prestation n'est pas soumis à autorisation, ses clients s'en fichent, ou en tout cas ne risquent pas de passer à la concurrence pour si peu, pense Marc Viénot. Qui, tout simplement, décide de ne pas céder.

Voilà qui va déchaîner le tonnerre ! On a peine à le croire : cette décision de gestion courante, qui porte sur quelques dizaines de francs par an et par client, marque sans doute la véritable rupture du cordon ombilical qui unit depuis un siècle les banques à l'État. Elle est pourtant dans le droit fil de toutes les décisions qui ont été prises depuis des années, aussi bien par Édouard Balladur lorsqu'il a privatisé la Société Générale et le Crédit commercial de France, que par Pierre Bérégovoy lorsque, avec Jean-Charles Naouri, il s'était employé à déréglementer et décloisonner les circuits de l'argent. Pierre Bérégovoy prendra néanmoins cette décision pour une agression personnelle.

Derrière cet épisode se profile le choc de deux mondes : celui de la politique et celui des affaires, incarnés jusqu'à la caricature par Pierre Bérégovoy et Marc Viénot. S'ils sont sérieux, les hommes politiques s'occupent du long terme, mais ils l'oublient toujours lorsque survient un événement imprévu susceptible d'être mal perçu par l'opinion. Dans de telles circonstances, l'autonomie des entreprises publiques n'est plus pour eux qu'un concept vide. En bon politique, Pierre Bérégovoy pare donc au plus pressé. Les patrons, à l'inverse, se méfient des sautes d'humeur de l'opinion, qu'ils jugent versatile et peu en phase avec les exigences de durée et de constance qu'exige toute entreprise. Ce qui d'ailleurs leur joue parfois des tours, comme on l'a vu avec Jacques Calvet sur le dossier de la pollution automobile. A tort, les patrons croient maîtriser la profondeur des choses, et feignent de n'en laisser aux politiciens que l'écume. De plus, la cohésion interne d'une entreprise est naturellement étrangère aux hommes politiques, alors qu'elle est essentielle pour les chefs d'entreprise.

Il est vrai que la plupart des patrons, publics ou privés, connaissant bien les hommes politiques, intègrent parfaitement leurs angoisses et s'efforcent, lorsqu'ils le peuvent, de leur éviter les excès de stress. Mais tous n'ont pas ces délicatesses : il faut s'appeler Serge Dassault pour oser annoncer la fermeture d'une usine – à Toulouse ! – à la veille des élections municipales. Viénot ne se laisse pas non plus déborder par un excès de prudence. Ce n'est donc pas pour nuire à Pierre Bérégovoy – en tout cas pas seulement – qu'il refuse de reporter la décision d'augmenter le prix des cartes bleues, mais tout simplement parce que cette mesure lui semble de simple bon sens, et que céder au ministre lui enlèverait, croit-il, sa légitimité interne.

Une autre anecdote permet de saisir à quel point le bon sens du président de la Société Générale a pu être dérangeant dans ces périodes trop compliquées. Quelques semaines après la privatisation de la banque, Balladur étant toujours aux affaires, Viénot donne ordre à ses services de ne plus envoyer aux fonctionnaires du Trésor toutes les informations confidentielles – plans stratégiques, résultats hebdomadaires, etc. – dont, en bonne nationalisée, la banque les abreuvait jusque-là. Parce qu'il souhaite marquer aux yeux de tous la rupture claire avec la situation antérieure. « “ On ne peut pas leur faire ça ”, ont dit mes directeurs les yeux levés au ciel, comme si je les contraignais à quelque pratique contre nature, s'amuse Viénot. Mais le plus drôle, c'est qu'au bout de quelques mois – le temps normal de réaction pour une administration –, les fonctionnaires du Trésor se sont rendu compte qu'ils n'étaient plus sur nos listes, et eux aussi se sont mis à pousser des cris perçants. On a dû leur expliquer que la privatisation décidée par leur ministre n'était pas une abstraction, et qu'elle leur retirait une partie de leur pouvoir de contrôle. Certains ont sans doute été sincèrement choqués que le si convenable Édouard Balladur ait pu couvrir de son autorité un tel dérèglement des mœurs ! »

Naïve ou calculée, l'attitude de Viénot est en tout cas vécue comme une déclaration de guerre par Pierre Bérégovoy. Lui qui avait pris du champ afin de « laisser jouer les forces du marché », le voilà qui décide d'accélérer le mouvement. Plus question de perdre du temps : Pébereau devra aboutir vite. C'est en tout cas le message que celui-ci reçoit du cabinet du ministre. Tout va alors s'emballer. Pébereau revient immédiatement à la charge auprès de plusieurs banques d'affaires. Notamment de Stern, pour lui proposer à nouveau d'être son banquier dans l'opération, avec un bon paquet de commissions à la clef. Pourquoi Stern, alors que Peyrelevade l'a quittée ? Est-ce parce que Édouard Stern est le gendre de Michel David-Weill, l'associé-gérant de Lazard, et que c'est pour Pébereau une façon de se faire adouber par cet establishment-là ? Toujours est-il qu'Édouard Stern, après avoir demandé conseil à Jean Peyrelevade, refuse le projet, et les commissions. Il s'en félicitera plus tard.

Pébereau va simultanément renouer contact avec tous ceux qui peuvent lui apporter de l'argent et qui s'étaient dérobés jusque-là. Il multiplie les rencontres : le lundi 3 octobre, le jour même où Samir Traboulsi reçoit la Légion d'honneur des mains de Pierre Bérégovoy, Georges Pébereau, par l'intermédiaire de son frère Michel, patron du CCF, rencontre Bernard Pagezy et lui demande d'apporter un milliard de francs dans la corbeille : pour le président de la Compagnie du Midi, le moment est venu de payer sa dette. Il parviendra à limiter la somme à 400 millions de francs, mais « il lui faudra quinze jours pour se résigner », avouera-t-il plus tard. S'il avait oublié sa dette, un coup de fil de Charles Salzmann, conseiller à l'Élysée, qu'il connaît de longue date, la lui rappellera sans ambage [1].

Le vendredi 7 octobre, la compagnie britannique Eagle Star et le financier italo-suisse Tito Tettamanti acceptent d'entrer dans la SIGP. Le 12 octobre, c'est Christian Pellerin qui donne son accord de principe dans le bureau de Gustave Leven, en présence de Jean-Louis Descours et Georges Pébereau. Le même jour se dénoue une opération qui va apporter 603 millions de francs de cash à Perrier, que contrôle Gustave Leven. L'entreprise vend 5% de Canal Plus à un cours de 635 francs, supérieur au cours de Bourse de la veille (612 francs). La plus-value par rapport au prix d'achat atteint 400 millions de francs, vraisemblablement replacés illico dans la SIGP. Qui est l'acheteur, tombant du ciel au bon moment avec autant de cash, pour acquérir des titres aux possiblilités de hausse désormais incertaines? La Caisse des Dépôts de Robert Lion!

Le lendemain, dans le plus grand secret, une réunion consacrée à l'opération sur la Société Générale se tient sous la présidence de Michel Rocard. Dix personnes, ministres et

1. Adolescent, Charles Salzmann était souvent reçu dans la propriété de Mme Pagezy, dans l'Hérault.

conseillers, y participent, mais ce n'est pas un comité interministériel : il n'y aura donc pas de traces écrites. Le Premier ministre ne marque aucun emballement particulier pour l'attaque, mais donne néanmoins son aval, à deux conditions : que l'État n'apparaisse pas, donc que la Caisse des Dépôts n'intervienne qu'en appui ; et que les intérêts étrangers soient minoritaires. Il réitère ainsi officiellement ce qu'il a dit par deux fois à Georges Pébereau au cours des deux mois précédents, et lui a fait répéter à deux reprises par Tony Dreyfus. Cet avocat d'affaires ami de Rocard mais aussi d'« Ernekind », le vice-président du CNPF, administrateur de la Société Générale, tutoie lui aussi le Premier ministre. Il a rang de secrétaire d'État, sans affectation, auprès de lui : il est en réalité son conseiller pour les affaires sensibles. Matignon était donc, depuis plusieurs semaines, parfaitement informé de ce qui se tramait. Mais sa réserve avait été remarquée.

Cette réunion officialise néanmoins l'engagement complet du gouvernement derrière l'attaque boursière conduite par Georges, Gustave, Jean-Louis, François, Robert et les autres, sur la première banque privée française.

Les dés sont jetés.

13

LES FAUX PAS DE PÉBEREAU

Ascenseur pour l'échafaud

« Si Peyrelevade n'avait pas soudain clairement choisi son camp, celui des défenseurs de l'ordre, il nous aurait été beaucoup plus difficile de contrer l'offensive du tandem Lion-Pébereau sur la Société Générale », confie une personnalité de l'establishment privé. « Viénot nous a vraiment fait très peur, il a failli basculer dans le camp des attaquants ; mais heureusement pour nous, il s'est largement rattrapé par la suite », susurre une autre figure du grand patronat. Il est vrai que l'évolution personnelle de ces deux hommes a été déterminante dans l'échec du raid sur la Société Générale.

C'est essentiellement l'attitude de Georges Pébereau qui en est la cause. Il a notamment gaspillé l'atout de sa relation avec Jean Peyrelevade, transformant un soutien naturel en ennemi irréductible. Après le coup de fil de Patrick Careil lui enjoignant gentiment, à la demande de Pébereau, de lancer l'UAP dans la bagarre, Peyrelevade a brutalement basculé. Il s'estime trahi ! Ses interrogations, ses hésitations et ses frustrations par rapport à l'establishment qui l'a toujours rejeté – tout en reconnaissant sa compétence, ce qui est plus douloureux encore – sont soudain balayées. Il hésitait : le voilà qui change de camp et se range du côté de l'ordre établi.

Objectif : arrêter, s'il est encore temps, l'opération qui peut déconsidérer tous les nouveaux managers proches de la gauche. Il s'y emploiera à sa manière : résolument mais discrètement, sans couper ouvertement les ponts avec Pébereau et Lion qu'il rencontre, en août et septembre, à plusieurs reprises [1] et en faisant jouer son réseau d'influences. Le patron de l'UAP prend son bâton de pèlerin, se met à parcourir les palais dorés de la République pour alerter tout le monde. Il téléphone à Patrick Careil rue de Rivoli (mais ignore Boublil puisque les deux hommes ne se souffrent ni ne se parlent). A l'Élysée, il essaie de convaincre Hervé Hannoun, conseiller, et Jean-Louis Bianco, secrétaire général de la présidence, d'arrêter l'opération avant que l'irréversible soit commis. Bianco, fidèle à l'attitude qu'il adopte en pareille circonstance, écoute avec une immense attention, enregistre et manie le silence avec maestria. Le président est-il derrière cette offensive, pousse-t-il Pierre Bérégovoy? Qu'en pense Jean-Louis Bianco lui-même? Pas moyen de le savoir. Bianco connaît bien et pratique à merveille son difficile métier.

Même silence à Matignon. Deux fois, Peyrelevade rendra visite à Tony Dreyfus. Il l'adjure :

– Arrêtez cette opération, qui va nous déconsidérer! Cela vous est facile : il vous suffit de prendre votre téléphone et d'appeler Robert Lion!

Dreyfus semble ennuyé, mais ne décrochera pas son téléphone. Peyrelevade sent bien que ses mises en garde sont entendues, mais que sont écoutées d'autres voix – plus fortes que la sienne. Comme si les responsables politiques mesuraient bien l'ambiguïté de l'opération projetée, mais, convaincus de son succès, considéraient que celui-ci effacerait rapidement toutes les zones d'ombre. Lui n'y croit pas une seconde. Le voici donc rangé dans le camp du grand patronat. Sans plaisir, mais sans complexes, il attendra la suite des événements.

L'évolution de Marc Viénot est au moins aussi surprenante. Ceux qui s'inquiétaient de sa loyauté – autant que de ses capacités à réagir efficacement aux attaques dont la

1. Jean Peyrelevade se rendra même au siège de la Caisse des Dépôts pour parler de la Société Générale, à la demande de Robert Lion et en présence de Georges Pébereau.

banque est l'objet – ont sans doute sous-estimé à quel point les maladresses de Georges Pébereau contribueront à l'ancrer dans leur camp.

La plupart des protagonistes de l'affaire sont convaincus que si le patron de Marceau Investissements avait joué cartes sur table, il pouvait emporter le morceau. A condition, bien sûr, de garantir son fauteuil au président de la Société Générale et de le convaincre que l'entrée de Marceau à son conseil allait renforcer l'indépendance de la banque et de ses dirigeants, à la fois face aux pouvoirs publics et face aux « parrains » encombrants du privé. Pébereau en avait les moyens : sa capacité de séduction, sa force de conviction étaient alors intactes, et le dénoyautage en douceur d'Havas aurait pu servir d'exemple à tous ceux qui sont d'abord attachés à la pérennité de leur entreprise dans un contexte politique nouveau. La gauche *soft* est désormais au pouvoir pour cinq ans et personne n'imagine encore qu'une entreprise puisse prospérer en conflit ouvert avec le pouvoir. Surtout pas une grande banque de dépôt !

Georges Pébereau va au contraire accumuler les fautes psychologiques à l'égard de Viénot en particulier, et de la place en général. L'affaire des Wagons-Lits est de ce point de vue un cas d'école. Les conditions de son entrée surprise au capital et au conseil d'administration de cette société ont été parfaitement contre-productives, si son objectif principal était la Société Générale, comme c'est bien évidemment le cas. Début septembre, en effet, la Caisse des Dépôts vend à Marceau 8 % des actions de la Compagnie des Wagons-Lits sur les 28 % qu'elle détient. La transaction n'est pas directe, mais passe à travers une société coquille contrôlée par Pébereau, où figurent déjà Gustave Leven et Jean-Louis Descours. De plus, ce montage permet à Georges Pébereau, avec l'assentiment de la Caisse, de ne payer que 130 millions de francs une participation qui, si elle avait été directe, lui en aurait coûté 300 millions.

Cela fait désordre, mais il y a plus grave : devenu administrateur des Wagons-Lits, Pébereau se voit soudain chargé par le conseil d'une mission étrange : tout simplement celle de redéfinir la stratégie de l'entreprise ! Voilà qui est à la fois maladroit, provocateur et naïf. Pébereau désavoue ainsi ouvertement Antoine Veil, administrateur délégué, qui conduit depuis deux ans une stratégie cohérente – même si elle est contestée. Or celui-ci n'est pas n'importe qui : ancien patron de la compagnie aérienne privée UTA (lorsqu'elle appartenait à Francis Fabre, un proche de Georges Pompidou), ancien patron de Manurhin, où Jean-Luc Lagardère (Matra) l'avait placé, c'est le mari de Simone. Il rêvait d'une carrière politique dans les rangs du RPR, mais a dû faire une croix dessus pour ne plus gêner celle de sa femme. Pour elle, il est prêt à tous les sacrifices, et même à se découvrir parfois, le matin, un peu plus centriste que la veille. Tout le monde l'aime bien, Antoine ! Surtout les hommes politiques qui, à travers son cas plutôt rare en France, mesurent peut-être le degré d'abnégation qu'ils exigent de leurs propres épouses. Tenace, un tantinet soupe au lait, il a la brutalité des timides, mais aussi du bon sens et de la constance. Bref : dans le marigot parisien, on peut s'offrir la peau de ce genre d'animal, mais encore faut-il le tuer net, et proprement. Pébereau au contraire s'installe à côté ou au-dessus de lui (nul ne le sait !), pour définir la stratégie à sa place, mais sans pouvoirs ni munitions. Juste pour l'humilier, et lui permettre de gagner du temps. Il faut une bonne dose de naïveté pour s'attaquer au mari de Simone Veil, le traiter comme un aimable incompétent prêt à avaler n'importe quelle couleuvre, si l'on veut en même temps s'assurer le soutien des barristes et des centristes de tout poil ! Simone, en tout cas, n'a pas apprécié, et la petite histoire raconte que, furieuse, elle aurait été voir François Mitterrand afin qu'il fasse en sorte qu'on ne touche pas à un cheveu d'Antoine avant sa retraite, en tout cas pas avant les élections européennes.

De fait, Antoine Veil obtiendra un sursis jusqu'en juillet, au lendemain des élections européennes où Simone ne réalisera qu'un score très médiocre. Il devra alors démissionner.

Mais en octobre 1988, il tient encore fermement la barre. Voilà le couple Lion-Pébereau bloqué. A la fois par ce diktat venu d'en haut et par la réaction vigoureuse des Belges. Car les deux compères ont fait preuve d'une naïveté mille fois supérieure en imaginant qu'à eux deux ils allaient rompre à leur profit l'équilibre des actionnaires des Wagons-Lits et rouler Albert Frère, le patron du groupe Bruxelles-Lambert! Le capital de la Compagnie résulte d'un dosage subtil, hérité de l'histoire et du rapport de forces entre Français et Belges. Basée à Paris bien que son siège soit à Bruxelles, la Compagnie des Wagons-Lits est contrôlée à 28 % par la Caisse des Dépôts, tandis que le groupe belge Bruxelles-Lambert possède 20 % du capital, et le groupe saoudien Rolaco 12 %. Un pacte d'actionnaires strict fige les participations de chacun. Le pouvoir réel est assuré par l'administrateur délégué français, étroitement contrôlé par le président de Bruxelles-Lambert, actionnaire de référence.

L'idée de départ de Lion et de Pébereau était de franciser la Compagnie des Wagons-Lits et de vendre des actifs pour en faire une entreprise disposant de cash, mobilisable à brève échéance. Peut-être pour tirer le deuxième étage de la fusée sur la Société Générale? Sans doute avaient-ils oublié que venait de se dérouler la bataille pour le contrôle de la Société Générale de Belgique, finalement tombée dans le giron du français Suez, et que le moment pouvait être mieux choisi pour voler aux Belges un deuxième joyau de leur couronne. Sans doute aussi n'avaient-ils pas mesuré qu'ils s'attaquaient ouvertement à Albert Frère, c'est-à-dire à un monument. Fils d'un fabricant de clous de Charleroi, ce personnage haut en couleur est devenu l'un des hommes les plus riches de Belgique. Les murs de son hôtel particulier de Bruxelles sont couverts de Renoir, de Dali et de Delvaux. En plein déclin de la sidérurgie, cet amateur éclairé des peintres surréalistes a amassé sa fortune dans le commerce de l'acier et de la ferraille, à partir de sa petite société – Frère Bourgeois Commerciale – créée en 1953. Repéré bien plus tard par Paribas, il sera nommé à la tête de la Hainault Sambre, dont la banque française est l'un des principaux actionnaires. Les liens d'Albert Frère et de Paribas se resserrent dans les années soixante-dix. Il deviendra administrateur de la banque et de sa filiale belge Cobepa. Lorsque les socialistes français nationalisent Paribas, il participe au « complot » visant à sortir les actifs étrangers de Paribas du périmètre de la banque, pour leur éviter la nationalisation.

Pierre Moussa, P-DG de Paribas, pourtant proche de la gauche, jouera le rôle du bouc émissaire pour avoir couvert cette opération et sera même publiquement désavoué par Ambroise Roux. En Belgique, Albert Frère récupère Cobepa, ce qui lui permet de prendre le contrôle du groupe Bruxelles-Lambert, alors en difficulté. Avec son ami Eskénazi, transfuge de la direction de Paribas au moment de la nationalisation, Frère va redresser le groupe à la hussarde, placer ses hommes et se retrouver ainsi, grâce aux nationalisations à la française, à la tête d'un ensemble qui pèse près de douze milliards de francs! Il n'en aura guère de reconnaissance, vouant aux gémonies tout ce qui est étatique, et d'abord la Caisse des Dépôts.

Et voilà que Robert Lion, entend lui souffler la Compagnie des Wagons-Lits? Risible, plaisante un grand banquier parisien : « C'est Michel Blanc marchant sur les pieds de Gérard Depardieu avec l'intention de lui piquer son portefeuille! » Albert Frère remettra vite l'insolent à sa place. Il n'a pas le droit d'augmenter sa part de capital? Qu'à cela ne tienne : Pierre Bellon, président de la Sodexho, est appelé à la rescousse. C'est un Français qui épaulera les Belges, pour équilibrer l'ensemble Caisse des Dépôts-Marceau Investissements et qui finira par remplacer lui-même Antoine Veil. Georges Pébereau, lui, restera au conseil des Wagons-Lits, mais nul ne s'intéressera plus à sa stratégie.

Qui a aidé Pierre Bellon à prendre 17,5 % de la Compagnie des Wagons-Lits? La Société Générale bien sûr, qui, au plus fort de la bataille, a avancé les fonds nécessaire à la Sodexho. La banque sera trop contente d'ouvrir un deuxième front face au tandem Lion-Pébereau. Elle est convaincue que l'exemplarité de leur défaite sera bien comprise par tous. Il est vrai qu'à maints égards, l'attaque sur les Wagons-Lits ressemble étrangement à celle de la Société Générale. Mêmes protagonistes, officiels et masqués. Même objectif flou : prendre le pouvoir sans le prendre, et sans mettre sur la table l'argent qu'il faut. Même sous-estimation de l'adversaire. Pébereau et Lion ont ainsi offert gracieusement à leurs adversaires principaux le modèle réduit de l'arme secrète avec laquelle ils pensaient les défaire. Original!

Là n'est pas la seule erreur de Georges Pébereau. S'il a poussé Viénot dans le camp des irréductibles, au lieu de l'attirer vers lui, c'est avant tout parce qu'il n'a pas su, pas osé, être franc avec lui. Qu'il a essayé de le tromper, jusqu'au bout. « Ce n'est pas sa faute, dira un jour Viénot avec sa férocité coutumière : quand Pébereau dit la vérité, il est gêné. »

Pébereau a menti avec un superbe aplomb à Marc Viénot, à plusieurs reprises. Le vendredi 23 septembre par exemple, celui-ci le convie à un petit déjeuner au siège de la banque pour discuter à nouveau de l'entrée de la Société Générale dans Marceau Investissements. Pébereau n'est pas satisfait des réponses dilatoires de Léopold Jeorger. Il est prêt à s'engager à ne pas acheter un seul titre de la CGE, car il croit que c'est de cette inquiétude que provient le blocage de Pierre Suard à son égard. Il veut en parler seul à seul avec le grand patron, mais celui-ci est une nouvelle fois venu flanqué de l'éternel Jean-Paul Delacour. Viénot est aimable, sans plus. Il s'étonne du rôle de Trianon Finance dans Marceau Investissements et indique à Pébereau qu'il lui semble difficile, pour la Société Générale, de s'engager à entrer dans un tel montage. L'autre plaide, explique, sans succès. Marc Viénot, soudain l'interrompt :

– Le bruit court dans tout Paris que vous achetez des actions de la banque! Si tel était le cas, nous ne pourrions évidemment pas travailler ensemble. Pouvez-vous démentir ces rumeurs?

– Elles sont infondées, je vous assure. Je ne suis pour rien dans ces achats, dont je ne connais pas l'origine. Marceau Investissements ne possède en tout et pour tout que les 0,5 % de votre capital qui lui ont été attribués par Édouard Balladur, dit-il en tournant son regard vers son beau-frère, qui reste silencieux.

Nombreux sont ceux qui pensent que c'est au cours de cette conversation que Pébereau, en brûlant ses vaisseaux, a signé son échec. « Cela lui interdisait toute sortie ultérieure par le haut, estime par exemple Jean Peyrelevade : s'il avait dit oui, il gardait toutes ses possibilités de négociation [1]. »

Viénot est ébranlé par les dénégations de ses interlocuteurs. Et si c'était Ambroise Roux et Pierre Suard qui cherchaient à le manipuler afin d'empêcher, par inimitié personnelle, le patron de Marceau Investissements de revenir sur le devant de la scène? Son doute va se trouver conforté quelques jours plus tard, à Berlin. La ville est noyée sous une pluie battante. Tout le Gotha de la haute finance internationale est là : c'est l'assemblée annuelle du Fonds monétaire international (FMI). Un soir, Pierre Bérégovoy rencontre Marc Viénot dans une réception et le prend à part :

– Vous devez être content!

– Pourquoi le serais-je, monsieur le Ministre?

– Voyons! Le cours de votre action, qui vous inquiétait tant, ne cesse plus de monter.

– Ne serait-ce pas grâce à vous?

De plus en plus jovial, le visage du ministre des Finances s'éclaire d'un large sourire :

– Non, non. Je n'y suis pour rien, soyez-en bien sûr.

Viénot, cette fois-ci, est vraiment secoué : qui ment, qui dit la vérité? Par nature et par éducation, il est tenté de croire son ministre de tutelle, qu'au demeurant il apprécie et qui avait l'accent de la sincérité.

Viénot tombera d'autant plus haut, le lundi suivant, dans l'appartement aménagé qui sert de QG à Ambroise Roux, près du parc Monceau. Le patron de la Générale Occiden-

1. Entretien avec l'auteur.

tale – rachetée à Jimmy Goldsmith – lui rapporte la conversation qu'il vient d'avoir avec celui-ci. Jimmy a été contacté par Pébereau et Lion, flanqués des *golden papies* Leven et Descours. Ils lui ont expliqué leur attaque prochaine sur la Société Générale, dans ses moindres détails, en lui demandant d'y participer, pourquoi pas sur une grande échelle. Quel sort réservent-ils à Viénot?

« Ils ont l'intention de vous garder, mais démonétisé. »

Sans doute Ambroise Roux en rajoute-t-il pour qu'enfin Viénot se réveille. Nombreux sont ceux qui estiment même que le « parrain » a utilisé Jimmy Goldsmith à la fois comme épouvantail pour Marc Viénot et comme paravent pour masquer d'autres informateurs qui, contactés par les assaillants, sont venus tout raconter aux défenseurs. C'est notamment le cas de la banque Lazard, informée des intentions de Pébereau par Rand Araskog. Elle aurait gardé le silence le temps d'évaluer le rapport des forces en présence, avant de jouer la carte de Viénot et de l'establishment privé. Mais d'autres protagonistes sont convaincus que Jimmy Goldsmith et la banque Lazard ont bon dos. Georges Pébereau et un certain nombre de socialistes sont ainsi persuadés qu'en attendant de jouer les *go between*, Jean Peyrelevade a prévenu les adversaires de ce qui se tramait. « J'ai été au contraire d'une discrétion totale », dément l'intéressé [1].

Toujours est-il que Viénot, cette fois-ci parfaitement conscient d'être la cible des chasseurs – même s'il continue à jouer en public les étonnés quand on lui parle des mouvements sur son titre –, se rend compte que Pébereau lui a menti depuis le début, et qu'en lui demandant d'investir dans Marceau, il se moquait ouvertement de lui. C'est à ce moment-là que son univers bascule. Envolées les hésitations, les tentations, les faiblesses. Pébereau, en se jouant de lui, a trahi sa confiance? Il le paiera très cher. Comme un fauve blessé, Marc Viénot va dès lors mener un combat solitaire, pour tuer son attaquant. Il s'appuiera sur qui voudra bien

1. Entretien avec l'auteur.

l'aider, mais personne – et surtout pas Ambroise Roux – ne le privera de son combat. La lutte à mort est engagée.

Elle commencera dès le lendemain. Par un curieux hasard de calendrier, Pébereau et ses collaborateurs sont reçus à déjeuner par l'état-major de la Société Générale : celle-ci invite l'un après l'autre chacun des actionnaires de son noyau dur, et le mardi 4 octobre, c'est le tour de Marceau Investissements. Avant de passer à table, Viénot s'adresse en aparté à Pébereau, mais assez fort pour que d'autres entendent : « Je souhaiterais vous voir seul à seul tout à l'heure. »

Pendant le repas, la conversation n'a porté que sur des généralités. Le café avalé, Pébereau prend congé de ses collaborateurs, Viénot des siens. Sauf de Jean-Paul Delacour. Provocation, pense Viénot. Provocation, comprend Pébereau. On s'isole dans le bureau présidentiel :

– Alors, vous ne pouvez plus me dire que ce n'est pas vous qui achetez par paquets les titres de la Société Générale !

– Pas du tout, c'est un épouvantable malentendu !

Viénot est bluffé. Son interlocuteur le prend vraiment pour un imbécile. Il le voit écarquiller ses yeux ronds et clairs, feignant à la fois la surprise et la réprobation. Il l'entend dénoncer la « rumeur malveillante » qui le désigne comme le « ramasseur » des titres sur le marché, assurer qu'il est toujours à 0,5 %, s'insurger que la Société Générale vende à tout le monde sauf à lui. Mais il n'a encore rien entendu :

– Je vous promets que je n'ai jamais acheté une action de la Société Générale et que je n'en achèterai jamais une à votre insu !

Cette déclaration péremptoire et fausse – la SIGP possède déjà un peu moins de 5 % du capital de la banque, juste en dessous du seuil de déclaration obligatoire – n'ébranle plus du tout Marc Viénot. Elle l'emplit tout au contraire d'une sorte de joie sauvage. Celle de l'animal traqué qui aperçoit enfin son chasseur, et fait le mort pour mieux le piéger. Il ne lui dit rien, l'écoute, fait mine de le croire et le raccompagne à la porte. Dès que l'autre a quitté les lieux, Viénot lance un véritable branle-bas de combat. D'abord, s'informer. Une cellule de crise est immédiatement constituée, qui centralisera toutes les informations recueillies depuis le siège social jusqu'à la dernière des agences. Les correspondants étrangers sont alertés. Tous ceux qui ont des relations dans la police et les renseignements généraux sont activés. Les déplacements de Georges Pébereau devront être connus d'heure en heure.

Celui-ci pense au contraire qu'il a, à nouveau, plus ou moins convaincu Viénot de sa bonne foi et qu'il dispose donc d'un répit. C'est le moment, pense-t-il, de consolider son avantage : dès le lendemain du déjeuner à la Société Générale, le voilà qui appelle à nouveau Marc Viénot depuis l'aéroport de Roissy pour lui dire qu'il n'a acheté aucun titre, et qu'il faut absolument « dissiper ce malentendu ». Où s'envole Pébereau lorsqu'il raccroche le combiné ? En Suisse, où il va voir plusieurs banques, ainsi que l'étrange financier italo-suisse Tito Tettamanti. Viénot sera immédiatement informé de ce déplacement et, en temps réel, de tous les établissements que visite Pébereau, avant même que ce dernier n'ait pris congé. Ainsi fonctionne la solidarité des grandes banques. Inutile de dire que Pébereau rentrera bredouille, n'ayant pu accrocher que Tettamanti.

A ceux qui s'étonneront, plus tard, qu'il se soit ainsi laissé enfermer dans un mensonge qui ne pouvait qu'être découvert à un moment ou à un autre, Pébereau opposera une réponse simple : « Ce sont des questions que l'on ne pose pas lorsqu'on négocie à haut niveau dans l'industrie, tout simplement parce qu'elles n'appellent aucune réponse crédible. Nous n'étions pas au Rotary, et Viénot aurait dû le comprendre. A question absurde, réponse absurde [1]. » L'argument n'est pas sans valeur. Il est vrai que le monde des affaires n'est ni celui de l'amitié, ni celui de l'amour, mais celui de la guerre, et que la dissimulation y est un atout

1. Entretien avec l'auteur.

tactique évident. Mais nul ne se place ici sur le plan de la morale. C'est le sens de l'efficacité qui a fait défaut à Georges Pébereau. On n'adopte pas le même comportement face à chacun de ses interlocuteurs : c'est une règle de base de tout bon négociateur que de savoir se mettre à la place d'autrui, et d'intégrer son propre univers mental. En mentant ouvertement à Marc Viénot, le connaissant, Georges Pébereau a transformé un agneau en loup. Le patron de Marceau Investissements n'est pas, ou n'est plus, un négociateur à la hauteur de sa réputation. Il ne devra son échec qu'à lui-même.

14

ATTAQUE SUR LA BANQUE

La chevauchée fantastique

Massive, l'attaque est lancée simultanément à Paris et à Londres le mercredi 19 octobre 1988, un an jour pour jour après le plus grand krach boursier de l'Histoire. Près de 2,9 millions d'actions, c'est-à-dire 4,9 % du capital de la Société Générale, changent de mains en quelques heures, pour de 1,5 milliard de francs. A la Bourse, les commis s'agitent comme des lapins dans un champ de luzerne. Dix-neuf charges d'agents de change négocient des « blocs » de plus de 20 000 actions chacun, à des cours qui avoisinent les 529 francs. Tous ceux – et ils sont nombreux – qui, depuis des semaines, ont acheté « de la Générale » pour réaliser une plus-value sans risque, savent que le moment est venu de « balancer son papier ». A côté des gros paquets de titres qui arrivent sur le marché, probablement en provenance de divers parkings à l'étranger où ils étaient stockés en attendant le jour J, des millions d'actions sont ainsi déversées, et trouvent toutes preneur. La SIGP et ses filiales étrangères secrètes, qui viennent d'être créées, contrôlées à cent pour cent, achètent tout ce qui se présente [1]. Quelle belle séance!

Et quelle longue journée pour Georges Pébereau, avant

1. Une filiale étrangère hollandaise (Massalix, au capital initial de 300 000 florins) contrôle quatre sous-filiales panaméennes (Sewick Commercial Inc, Tirol Properties Inc., Litel SA et Geneco International SA, chacune au capital initial de 10 000 dollars). Leur existence sera révélée par le président de la COB devant la commission des Finances du Sénat le 15 décembre suivant. La caisse des Dépôts elle même, engagée à hauteur de 1 milliard de francs, avait donné son aval pour la filiale hollandaise, mais ne connaissait pas l'existence des panaméennes, enregistrées... au consulat du Panama à Genève.

cette entrevue, en fin d'après-midi, avec Marc Viénot ! Dès le matin, le patron de Marceau Investissements a reçu les uns après les autres ses différents soutiens, notamment Bernard Pagezy, qui donne ordre à la Compagnie du Midi de virer 400 millions de francs à la SIGP, sous forme d'avances, *via* la banque britannique Kleinworth-Benson.

Un peu plus tard, Christian Pellerin est dans la salle du conseil d'administration de Marceau Investissements. Selon la version du promoteur, Georges Pébereau se renseigne sur les achats directs, qu'il lui avait demandé d'effectuer à hauteur de 90 millions de francs, parallèlement aux 110 millions (dont 1 million de « commission ») qu'il a bloqués dans la SIGP, et qui lui ont été prêtés par le CCF après un simple coup de fil de Georges à son frère Michel. Cet achat direct était encadré par une convention prévoyant l'ouverture d'un compte personnel à la Compagnie privée de banque [1] et assortie d'un accord modèle accordant un droit de préemption à la SIGP. Pellerin n'a pu acheter personnellement « que » 33 000 titres pour 15 millions de francs. Sur les conseils de Pébereau, il appelle, depuis la salle du conseil, le gestionnaire de son compte, pour lui dire d'arrêter tout, afin de ne pas emballer le titre. Cette version des faits accrédite les rumeurs d'achats parallèles de Pébereau et de ses associés à fin d'enrichissement personnel, d'autant qu'en effet Pellerin vendra discrètement, le 8 novembre, ses titres acquis un mois plus tôt, empochant une plus-value de 3 millions de francs [2].

1. Une petite banque coquille, que le CCF (Michel Pébereau) a vendu à Trianon Finance (Georges Pébereau), en conservant 35 % de son capital.

2. Pellerin affirmera qu'il a été trompé, et qu'il a vendu ses titres lorsqu'il s'est rendu compte que la Société Générale jugeait inamicale l'offensive de Georges Pébereau. Viénot l'ayant annoncé publiquement dès le 26 octobre, il faut croire que le promoteur n'a pas lu un journal ni regardé la télévision pendant quinze jours ! En réalité, il a vendu parce qu'il a reçu la visite de deux responsables du département immobilier de la Société Générale avec lesquels il est en relation pour plusieurs projets dont un, de 3 milliards de francs, à La Défense. Bruno Flichy et Bernard Tristan ne savent pas qu'il a acheté des actions pour son propre compte, mais lui font comprendre qu'ayant marqué son hostilité à la banque en s'associant à Georges Pébereau, il n'a aucune chance d'être retenu. Le lendemain, Pellerin vendra tout pour limiter les dégâts, en espérant, semble-t-il, que son engagement personnel resterait secret.

Georges Pébereau affirme de son côté n'avoir jamais eu connaissance des achats directs, que le promoteur aurait réalisés à son insu. Pourtant le responsable du compte de Christian Pellerin, ouvert chez l'agent de change Ferri, indiquera bien à la COB que le coup de fil avait été annoncé par la secrétaire de Pébereau, et que son origine était identifiable par la petite musique du standard de Marceau Investissements. Les deux hommes se traiteront respectivement de menteurs – une nouveauté dans un monde jusque-là plus policé – et se traîneront réciproquement en justice. Une certitude : l'un des deux, au moins, est à la fois menteur et tricheur !

La journée folle se poursuit ainsi. Pébereau exulte. Cela lui rappelle la grande époque. Les visiteurs se succèdent dans son bureau, les coups de fil pleuvent. Sa revanche, il la tient ! L'entrevue ratée en fin d'après-midi avec Marc Viénot ne modère son enthousiasme que quelques minutes. Il n'imagine pas, à cet instant, que le président de la Société Générale refusera dorénavant de le voir, ou même de cosigner un quelconque document, même au moment de l'armistice.

Le lendemain, jeudi 20 octobre, les achats se poursuivent à un rythme effréné : 2,3 millions de titres, soit 3,9 % du capital pour plus de 1 milliard de francs changent encore de mains. Pourtant, les cours sont retombés autour de 490 francs, contre 546 francs au plus haut la veille. Les ordres de vente des petits porteurs déferlent. Au total, en deux jours, 5,19 millions d'actions de la Société Générale ont été échangées. Plus tard, Pébereau reconnaîtra qu'il avait mal ajusté le tir : « On pensait détenir 7 % de la Société Générale, et on s'est retrouvé avec 9,16 % ! [1] » A ce moment-là, le grand public ne sait pas encore qui a acheté. Tout Paris bruisse de rumeurs. De nombreux noms sont cités, mais celui de Marceau Investissements revient avec le plus d'insistance. Viénot garde, lui aussi, le silence sur l'iden-

1. Entretien avec l'auteur. La COB révélera cependant en août 1989 que Pébereau a dû renoncer le 19 octobre 1988 à acquérir des actions de la Société Générale détenues par des intermédiaires suisses, pour ne pas dépasser le seuil de 10 %.

tité de son visiteur de la veille. Celui-ci ne se découvrira que le lundi suivant : « Marceau Investissements a engagé une opération amicale pour protéger la Société Générale d'éventuelles agressions extérieures », indiquera Pébereau dans un communiqué.

Commence alors une période d'agitation extrême, où il ne se passe pas de jour sans prises de position de tel ou tel responsable et nouvelles « révélations » sur le montage de l'attaquant. L'intoxication est à son comble. Sur ce terrain, où il excellait jadis quand les puissantes équipes de la CGE travaillaient pour lui, Pébereau se fera complètement déborder par la Société Générale. C'est la force des grandes maisons. Le club constitué autour de Marc Viénot se révélera d'une grande efficacité. L'information est recueillie, traitée, distillée à tel ou tel. La désinformation aussi. Tous les coups sont permis.

Chacun joue, à tue-tête, sa propre partition sur les thèmes rabâchés de la droite et de la gauche, des privatisations RPR et des renationalisations sournoises. Pierre Bérégovoy décline dans les micros la « Lettre à tous les Français » du président et assure qu'il n'y aura « ni nationalisation occulte ni privatisation rampante ». Il reconnaît cependant qu'il a « encouragé » les investisseurs publics à placer leur argent dans les sociétés privatisées. De fait, à 10 heures du soir, le samedi 22 octobre, il appelle le patron des AGF pour lui « suggérer » d'augmenter lui aussi sa participation dans la Société Générale et de se ranger nettement du côté des assaillants. Michel Albert écoute, argumente, gagne du temps. En fait, il refuse : inoui!

Viénot est soumis lui aussi à forte pression. De tous côtés, on lui souffle le chaud et le froid. Il retient des nombreux contacts avec la « mouvance gouvernementale » qu' « on » lui promet de lui laisser la présidence, s'il fait une place à Pébereau et lui laisse la définition des grands choix stratégiques. « Comme aux Wagons-Lits », ricane Viénot qui, à la surprise générale, ne s'effondre pas, ne fait pas la bêtise d'appeler n'importe quel « chevalier blanc » étranger et conserve, en apparence, tout son sang-froid.

Le conseil de la Société Générale est réuni à la hâte le mercredi 26 octobre. Jean-Louis Descours, qui doit faire face à l'hostilité ouverte des représentants du personnel au conseil, prend la parole pour assurer que l'opération est amicale et ne vise qu'à donner à la banque un actionnaire de référence. Marc Viénot lui oppose un argumentaire simple, dont il ne s'écartera pas tout au long de la bataille :

– La présence d'un actionnaire dominant serait contraire aux intérêts de la Société Générale.

Et d'expliquer qu'une « grande banque commerciale a besoin de disposer d'une entière liberté de décision vis-à-vis de l'ensemble de sa clientèle et du public, sans subir d'influence. C'est la raison pour laquelle la quasi-totalité de nos homologues, aux États-Unis, en Grande-Bretagne, en Allemagne, en Suisse, au Japon, ont un actionnariat très dispersé, et que les mouvements de participation affectant leur capital sont soumis à contrôle ». Marc Viénot rappelle même qu'aux États-Unis, les liens entre les banques commerciales et les groupes industriels et financiers sont interdits, et que leurs plus gros actionnaires y contrôlent généralement moins de 1 % du capital. Le président du conseil d'administration demande alors à tous les administrateurs de se prononcer sur le bien-fondé de sa position. A part Jean-Louis Descours, personne ne conteste ce point de vue. Bernard Attali, devenu président d'Air France, n'est plus administrateur. Michel Albert, retenu à un congrès d'assureurs à Lisbonne [1], a donné son pouvoir à Jean-René Fourtou, qui s'abstiendra. Loin de s'être effondré, Marc Viénot est désormais pleinement soutenu par son conseil, auquel Jean-Louis Descours n'assistera plus.

Le soir même, au cours d'un dîner à huis clos de l'AFEP, présidé par Ambroise Roux, Viénot interpellera plutôt sèche-

1. Le patron britannique de la compagnie Eagle Star lui annoncera, au cours de ce congrès, qu'il est aux côtés de Pébereau mais, devant sa réserve, lui confie qu'il se pose aussi des questions.

ment Pierre Bérégovoy, qui est l'hôte du club des grands patrons privés dans le cadre prestigieux de la Conciergerie. « L'atmosphère était électrique, à la mesure de notre déception, raconte un participant : parmi les ministres socialistes, Bérégovoy était jusque-là notre chouchou, et nous avons eu le sentiment d'avoir été trahis. »

Tout basculera pendant les jours suivants. Le vendredi, tard dans la soirée, deux hommes se retrouvent près d'un pont, sur les berges de la Seine. Ils s'identifient rapidement, prononcent quelques mots. Un document passe d'une main à l'autre. Un membre du Comité des établissements de crédit, émanation de la Banque de France, qui vient de donner l'après-midi même son autorisation au dépassement de seuil de 10 % dans le capital de la Société Générale, confie à Erik Izraelewicz, journaliste au *Monde,* l'organigramme du dispositif de Georges Pébereau gardé jusque-là jalousement secret [1]. Izraelewicz croit tenir un bon *scoop.* Mais lorsqu'il dépouille, dès l'aube, les journaux du samedi matin, il déchante. Son confrère Thierry Philippon l'a doublé : le schéma s'étale dans *Libération*! Très vite, pourtant, Izraelewicz constate que figure dans le document publié par *Libé* un nom qui a été effacé sur le sien : celui du Centre Laval Corporation, pour 100 millions de francs. A 9 heures, Philippe Lagayette, sous-gouverneur de la Banque de France, l'appelle pour lui conseiller de ne pas reproduire le schéma de *Libé* « qui est faux ! » Ainsi alerté, Izraelewicz pourra, dès l'après-midi, dévoiler le pot-aux-roses, en décrivant « l'étrange tour de table » de Pébereau. Que s'est-il passé ?

Marc Viénot a été informé le jeudi soir, par un des membres au moins du Comité des établissements de crédit, au moment où ils ont reçu le dossier. Dès le vendredi matin, il a devant les yeux l'organigramme complexe des atta-

1. Présidé par Jacques de Larosière, gouverneur de la Banque de France, le comité est alors composé de Jean-Claude Trichet, directeur du Trésor, Jean Martineau, président du Crédit populaire de France, Michel Freyches, président de la Banque française du commerce extérieur, Jean-Pierre Moussy (CFDT-Banques) et Jean-Jacques Burgard (Association française des banques).

quants. Il est effaré : avec 400 millions de francs, Marceau Investissements contrôle le SIGP, dont le capital dépasse 3 milliards. On épluche tous les noms. En quelques minutes, ses services lui révèlent qui se cache derrière le Centre Laval Corporation : il s'agit du financier italo-suisse Tito Tettamanti, qui a récemment défrayé la chronique en Suisse où il a lancé la première OPA, en utilisant des centaines d'étudiants comme prête-noms. Plus grave : il interviendrait dans les circuits de recyclage d'argent sale, qui commencent à faire scandale dans la Confédération. La Société Générale compromise par un tel personnage ? Marc Viénot réagit spontanément. Au lieu de laisser cette verrue dans le dispositif de Pébereau, il appelle à 11 h 30 Jacques de Larosière, le gouverneur de la Banque de France, pour lui faire part de sa surprise, et lui envoie par coursier un dossier d'information constitué à la hâte sur ce groupe. Le gouverneur l'en remercie chaudement. Honnête, Viénot est aussi naïf : il n'imagine pas une seconde la suite. Il est convaincu que, dans un pays de droit, le Comité des établissements de crédit ne peut que différer l'examen du dossier – d'une semaine au moins.

Mais Pierre Bérégovoy avait demandé à Jacques de Larosière de « faire diligence ». Ce dernier ne brûlera pas la consigne. D'abord, vérifier. L'ambassade de France à Berne lui confirme sans délai la mise en garde de Viénot : « Tettamanti n'est pas fréquentable. » Que faire ? Philippe Lagayette appelle aussitôt Georges Pébereau pour le mettre au courant : à 15 h 30, lorsque se réunit le conseil, Tettamanti aura été remplacé par... Leven et Descours. Ce tour de passe-passe rend obsolète le schéma de *Libération* du samedi.

Le feu vert à l'achat de plus de 10 % de la quatrième banque française est alors accordé, sept jours après la demande d'une petite société d'investissement aux actionnaires masqués. Deux poids, deux mesures : l'été précédent, Generali, qui voulait augmenter sa participation dans la Compagnie du Midi, avait dû attendre trois mois. « Imagine-t-on la Bundesbank laissant, sans une enquête extrêmement approfondie, un groupe d'investisseurs s'emparer de 10 %, voire plus, du capital de l'une des grandes banques ouest-allemandes, interroge Erik Izraelewicz [1] ? » « Rarement le Comité aura eu droit à un dossier aussi maigre pour un investissement de cette envergure, écrit Thierry Philippon : le coup était joué d'avance [2]. »

Là n'est pas la seule incongruité de cette réunion. Philippe Lagayette et Pierre-Henri Cassou, secrétaire du Comité, n'ont pas dit aux autres membres qui se cache derrière la banque britannique Kleinworth-Benson, et leur demandent le silence à propos du prêt participatif accordé par Thomson. Enfin, on remarque que c'est ce même Comité qui donne son aval au sauvetage controversé de la Al Saudi Bank, très favorable à Thomson [3].

Le gouvernement et la Banque de France justifieront cette procédure expéditive par la nécessité de ne pas laisser pourrir un dossier à forte implication boursière. Quant au coup de fil de Lagayette à Pébereau pour lui faire retirer l'imprésentable Tettamanti, il s'agirait, à les en croire, d'une procédure normale : « Les fonctionnaires sont là pour mettre en garde *a priori* les administrés lorsqu'il y a un os, et non pour les sanctionner *a posteriori* », résume Georges Pébereau. Il fera porter le chapeau à Bernadette de Bonrepos-Bainville qu'il a débauchée à la Chase Manhattan Bank, et qui l'aurait mis en contact avec Tito Tettamanti. Pour Philippe Lagayette, plus serein, la question n'était pas de savoir quel pouvait être l'actionnariat idéal pour la Société Générale mais s'il fallait, ou non, autoriser Georges Pébereau à détenir plus de 10 % de la banque, dans le cadre de procédures légales scrupuleusement respectées, ce qui n'était pas le cas

1. *Le Monde*, 30-31 octobre 1988.
2. *Libération*, 29-30 octobre 1988.
3. Le 29 septembre, exactement un mois plus tôt, le patron de la Al Saudi Bank en faillite est convoqué dans la nuit au bureau de Jacques de Larosière. Après un coup de fil à Ryad, un protocole est signé. Le trou de 2,4 millards de francs devra être comblé par toutes les autres banques parisiennes. Mais on découvrira plus tard que le trou a été nettement surévalué. Thomson, qui a joué dans cette affaire un rôle central depuis le début, bénéficiera d'une déduction fiscale de 350 millions de francs et rachètera – pour rien – Al Saudi Bank.

de Generali. « Il n'y avait aucune raison objective de dire non, et une telle décision, illégitime, impossible à motiver, aurait assurément été attaquée, plaide le sous-gouverneur, proche de Jacques Delors : nous avons donc donné un oui – à condition, entre autres, que soit versé le capital annoncé. »

Lagayette estime même que cette position du Comité des établissements de crédit participe du mouvement général d'autonomie croissante des pouvoirs intermédiaires dont s'est doté l'État. Interdire à Pébereau de prendre 10 % de la Société Générale sous prétexte que les grandes banques de dépôt ont généralement des actionnariats diffus eût été, à l'en croire, une décision conservatrice, et d'un total conformisme avec l'establishment : « Si c'était à refaire, je le referais à l'identique [1]. »

Le moins que l'on puisse dire est que ce message, sur le moment, n'est pas passé. Aux yeux de l'establishment, le conseil a agi sur ordre, se rendant complice d'une mauvaise action de l'État. Pour Viénot, c'est un électrochoc. Il est convaincu que l'appareil d'État, avec ses institutions les plus respectables, a pris parti contre lui. Si son comportement avait été cohérent avec son éducation, voilà qui aurait dû amener Viénot à résipiscence. Or, c'est l'inverse qui se produit. Il commence à couper tous les crédits, les découverts et les relations commerciales de la Société Générale avec chacun des participants à l'attaque. Il ne manquerait plus que de voir Leven, Descours et Dalle attaquer la banque avec l'argent qu'elle leur prête ! Pellerin, Kleinworth-Benson et Eagle Star sont, d'un trait, rayés des listes. Tous ceux qui avaient suivi Pébereau avec la promesse qu'ils pourraient ainsi resserrer leurs liens avec la Société Générale en sont pour leurs frais !

Viénot n'est pas le seul à être choqué – et c'est sans doute là le plus important. Ce qui aurait été admis quelques années plus tôt suscite cette fois-ci une levée de boucliers encore feutrée (chacun s'interroge pour savoir comment le vent va

1. Entretien avec l'auteur.

tourner) mais très sensible. Après un moment d'hésitation, où l'on verra par exemple Alain Madelin affirmer que « Georges Pébereau est dans la logique capitaliste [1] », les hommes politiques de droite montent rapidement au créneau alors que ceux de gauche tiennent des discours contournés, ou se taisent. Plus significatif : dans toutes ses composantes politiques, la presse prend plus ou moins position pour la Société Générale, contre Marceau Investissements. Même celle qui est la moins suspecte de sympathie pour la droite ou les noyaux Balladur.

Les attaquants, selon des schémas mentaux hérités de l'époque gaulliste, s'imaginent qu'après un long silence, une bonne conférence de presse suffira à faire taire les curieux et à asseoir leur crédibilité. Celle-ci a lieu le lundi 7 novembre, au siège de Marceau Investissements. Il y a là Gustave Leven, Jean-Louis Descours et François Dalle, réunis en public autour de Georges Pébereau pour la première et la dernière fois. Il a fallu que Pébereau insiste pour qu'ils se prêtent à cet exercice qu'ils exècrent. Tous ont toujours fui les journalistes, qu'en général ils méprisent. Et les voilà qui se déchaînent avec le zèle des néophytes, se qualifiant eux-mêmes de « *golden boys* de soixante-dix ans », s'amusant comme des petits fous. François Dalle est de loin le plus farce de la bande. Alors que Pébereau affirme aimablement que « l'objectif n'est pas de faire disparaître Viénot et Delacour », Dalle renchérit à sa manière : « On ne veut emmerder personne, on veut juste faire des affaires. » Il plaisante, s'embrouille un peu, hésite, lâche involontairement au détour d'une phrase que pour lui, l'affaire est déjà *in the pocket*. Un

1. « Présenter cette affaire comme une nationalisation rampante serait une erreur, écrit Alain Madelin dans *La Tribune de l'Expansion* du 28 octobre : il faut laisser jouer les lois du marché [...] Je ne vois que des actionnaires dans leur logique. » Interrogé sur le rôle de la Caisse des Dépôts, Madelin répond : « Les institutionnels sont partout dans le tissu économique, c'est une des singularités de la France. » Ces propos, que l'on peut difficilement mettre sur le compte de la distraction, traduisent bien la confusion des esprits au moment du lancement de l'attaque, et donnent la mesure des atouts que Pébereau a gaspillés par maladresse.

lapsus dont on se souviendra lorsque les accusations se feront plus convergentes, selon lesquelles les associés de Pébereau auraient acheté pour leur propre compte des actions Société Générale bien avant le déclenchement de l'opération, pour les placer dans des parkings à l'étranger avant de les revendre avec plus-value, les 19 et 20 octobre, à la SIGP, dont ils ne sont qu'actionnaires minoritaires.

Mais la presse économique a changé, depuis l'époque où la vérité révélée sortait de la bouche des grands patrons et où, venant d'eux, la moindre plaisanterie de garçon de bains était reçue avec une admiration idolâtre. Cette conférence de presse primesautière est rapportée pour ce qu'elle est : une aimable plaisanterie. *Libération, Le Figaro, Le Quotidien de Paris, Les Échos, La Tribune de L'Expansion* et même *Le Monde* en publient les comptes-rendus délirants. Commentaire de Viénot : « Voilà bien la génération Mitterrand [1] ! »

Au lieu de calmer l'appétit des journalistes, cette joyeuse brochette ne fait que l'aiguiser. Comment le nouveau pouvoir socialiste peut-il s'être laissé embarquer avec de tels artistes ? Qui, surtout, se cache derrière eux ? Pour la première fois en France, se déploie un journalisme d'investigation dans le domaine financier, qui dépasse largement le cadre de la presse spécialisée. Découvrir les alliés cachés de Georges Pébereau devient le dernier jeu de piste à la mode dans les rédactions. Erik Izraelewicz ouvre le feu en révélant que la banque secrète ayant apporté un prêt participatif de 300 millions de francs n'est autre qu'une filiale de Thomson, firme nationalisée bénéficiaire de crédits publics. Jean-Michel Quatrepoint, dans *L'Agence économique et financière,* (AGEFI), démonte les uns après les autres les montages de Georges Pébereau, et révèle l'existence de Trianon Finance ainsi que le prêt initial de Thomson à Pébereau, avec lequel il a créé la Scorimar. Grâce à Paul Betts, on

1. « Génération Mitterrand » était le slogan choisi par Jacques Séguéla pour la campagne présidentielle de François Mitterrand en 1988. On y voyait le chef de l'État donner la main à une petite fille.

découvre plus tard dans le *Financial Times* que c'est Bernard Pagezy et la Compagnie du Midi qui se cachent en réalité derrière la banque Kleinworth. Chaque journal dévoile une pièce du puzzle, ce qui permet peu à peu de le reconstituer.

La Société Générale a alimenté les uns et les autres avec une qualité d'information, un sens du *timing* et un choix œcuménique des « supports » qui forcent l'admiration. Mais cette excellente communication de crise n'aurait servi à rien si les journalistes eux mêmes ne s'étaient montrés particulièrement curieux. La plupart des informations qu'ils publient sont en réalité loin de leur avoir été apportées sur un plateau. Tant de personnes ont été mises dans la confidence, lorsque Pébereau pleurait ses soutiens, qu'il leur suffit de voir les uns et les autres et de tirer la ficelle pour que vienne la pelote. Leurs interlocuteurs sont bavards. C'est là un signe qui ne trompe pas. La personnalité des attaquants, les facilités dont ils ont bénéficié, le comportement de la Banque de France, de la Caisse des Dépôts et bientôt de la COB choquent à la fois les patrons traditionnels et de nombreux dirigeants d'entreprise publique, toutes sensibilités politiques confondues. Les langues se délient d'autant plus volontiers que le silence de Matignon se fait plus pesant, et plus significatif.

Que révèle la presse? Que tous ceux qui appuient Pébereau ont une dette à l'égard de la puissance publique. Le soutien de Thomson choque, sans vraiment surprendre. Alain Gomez, son patron de combat, au *look* et la mentalité de « para », s'est déjà à plusieurs reprises trouvé mêlé à des affaires peu claires. Le grand contrat d'armement signé en 1984 avec l'Arabie Saoudite a donné lieu à des délits d'initié restés impunis, à côté desquels celui de Pechiney fait figure de plaisanterie de potache. Le Yalta du téléphone entre Thomson et la CGE s'est réalisé grâce aux relations particulières de Gomez et de Pébereau. Surtout, Thomson vient de bénéficier du règlement, favorable pour elle et coûteux pour les autres banques, du sinistre de la Al Saudi Bank. Et nul ne connaît encore le montant du salaire déguisé que constitue le versement d'argent par Thomson à la Scorimar, la société de Georges Pébereau. Ni bien sûr sa présence comme actionnaire dans Socofinance, la société suisse au centre du délit d'initié sur l'affaire Pechiney. Bref : l'engagement de Thomson dans cette affaire est suspect. Mais il apparaît dans l'ordre naturel – en tout cas ancien – des choses.

La présence de Bernard Pagezy aux côtés de Pébereau fera, en revanche, l'effet d'un coup de tonnerre. Car Pagezy est une figure emblématique de la HSP (haute société protestante) qui porte en sautoir sa morale intransigeante et son dédain pour le vulgaire. Hostile à la gauche, Pagezy est un homme d'ordre et un membre éminent de l'establishment traditionnel, dans ce qu'il a de plus conservateur et parfois de plus borné. Lorsque Balladur, pour réintroduire la notion de démocratie dans le capital des entreprises, a fait passer une loi sur le vote par correspondance des actionnaires, il s'y est opposé avec une farouche obstination. Et au moment de la rédaction des décrets d'application, il a – en vain – fait, aux côtés de Jacques Calvet, le siège du ministre, réclamant que les actionnaires soient tenus de manifester leur intention de voter... par lettre recommandée. Ce qui tuait évidemment la réforme! Pagezy, comme d'autres patrons à l'ancienne, dénonce volontiers la main-mise de l'État, mais craint pardessus tout le vrai capitalisme. Pour lui, le seul système qui vaille est celui pratiqué jusqu'en 1981 : la cooptation des dirigeants dans un cercle restreint. Même s'il conduit, par autosclérose, à l'ossification générale, c'est le plus confortable parce que le moins risqué.

Si Pagezy a plongé aux côtés de Pébereau, pense-t-on immédiatement, c'est qu'il y a été contraint. Lui-même le reconnaîtra plus tard, après l'avoir hautement démenti. Mais la légitimité d'un patron ne se mesure-t-elle pas, désormais, à sa capacité de résistance aux pressions? Celui de la compagnie du Midi a moins renvoyé l'ascenseur au blocage des

Generali dans son capital qu'il n'a cherché à obtenir le soutien de la Caisse des Dépôts, actionnaire à hauteur de 5 % lorsque le moment fut venu de trancher entre Bébéar et lui. Ainsi Pagezy, qui critique l'État mais attend tout de lui, est beaucoup moins à contre-emploi qu'il n'y paraît aux côtés de Pébereau. Tous deux appartiennent à cette catégorie de dirigeants qu'y n'imaginent pas réussir une opération, obtenir un contrat important, repousser une attaque étrangère sans le soutien de la puissance publique, qui enrobe toute la société civile de sa prééminence. Simplement parce qu'il en a toujours été ainsi. Question de mentalité et de génération. Audelà de la bataille apparente entre la droite et la gauche, c'est bien ce clivage entre les anciens et les modernes, à droite comme à gauche, que fera apparaître l'affaire de la Société Générale comme l'extraordinaire révélateur d'une société en mutation accélérée.

Le clivage Pagezy-Bébéar en fournit un bon exemple. Sept ans les séparent. Presque un siècle ! A l'austérité du premier répond la vulgarité rayonnante du second, qui n'hésite pas à louer un yacht pour suivre de plus près le grand prix automobile de Monaco. Avec ses meilleurs sentiments mutualistes. Solidaire de tous les archaïsmes patronaux, Pagezy vend son âme au diable en entrant dans le montage Pébereau. Bébéar, élu sur la liste de Jean Lecanuet à Rouen, fait au contraire le choix d'une société qui commence à se détacher de l'État. Entre les deux, c'est l'explosion. Bébéar est d'autant plus furieux qu'il a appris le coup fourré de Pagezy par une indiscrétion, au cours d'un dîner du « Club des cent » (qui réunit les plus grands patrons et hauts fonctionnaires français). Pierre-Henri Cassou lui parle tout de go de « son » offensive avec Pébereau, croyant qu'il est aux côtés de Pagezy, son partenaire au sein d'Axa-Midi. Bébéar doit se contrôler pour ne pas laisser éclater sa fureur.

Les deux hommes sont à Londres le lendemain, pour visiter leur filiale commune, Equity and Law. Bébéar somme Pagezy de s'expliquer. L'autre passe aux aveux. Il s'est engagé dans cette affaire, dit-il, à la demande du gouvernement et dans l'espoir, en jouant les *go between*, de permettre à la Compagnie du Midi de jouer un rôle au sein de la Société Générale. Bébéar se déclare « estomaqué » puis « profondément indigné », et le fait savoir. Ce chasseur d'éléphants, dont ses détracteurs assurent qu'il éprouve une joie malsaine à les abattre, a choisi sa prochaine victime, un vieux solitaire au cuir épais : avec Pagezy, pas de quartier! La mise à mort sera douloureuse : Pagezy devra se faire chaperonner par Bébéar pour que Marc Viénot accepte de le recevoir. L'entrevue, humiliante et orageuse, a lieu le lundi 21 novembre, alors qu'un froid intense est tombé sur Paris. Bébéar, pourtant, n'aura guère à combattre pour arriver à ses fins. Pagezy, dépassé par les événements, révulsé par sa perte d'influence, adoptera une conduite suicidaire, comme les vieux animaux rejetés par le troupeau.

Viénot, lui, reçoit de nombreux soutiens. A commencer par celui de Jacques Calvet. Quand Chrysler, au bord de la faillite, a vendu brutalement ses 15 % de Peugeot-Citroën, qui a organisé le rachat et le reclassement des titres, en protégeant le pouvoir de la famille Peugeot? La Société Générale. Cela ne s'oublie pas. Mais Peugeot n'est pas seul. Pernod-Ricard, Michelin, Lafarge-Coppée viendront eux aussi soutenir la banque attaquée. Ils créent secrètement un syndicat de défense, augmentent leurs participations et s'engagent à aller plus loin en cas de besoin.

Tandis que le camp des défenseurs se renforce, celui des attaquants se délite : plusieurs actionnaires de Marceau Investissements s'insurgent. C'est le cas de Bébéar, mais aussi d'ITT : Rand Araskog s'est laissé embarquer contre son gré et le fait savoir. Pire : Jacques Vincent, P-DG d'Exor, une holding qui possède la majorité chez Perrier, désavoue Gustave Leven en plein conseil et, geste sans précédent, fait passer trois lignes perdues au milieu d'un long article du *Figaro* pour en informer le microcosme. Ce signe ne trompe pas : après quelques jours où tout aurait pu basculer, il est devenu clair que l'offensive de Georges Pébereau sur la

Société Générale a échoué. Lui-même affirme le contraire, sans convaincre. Le voilà collé avec 10 % du capital de la banque achetés au prix fort, sans l'ombre d'un pouvoir de décision ou d'influence, face à une équipe que l'adversité a soudée et légitimée. La seule question que se pose alors l'establishment est celle-ci : comment en sortir, en sauvant l'image et peut-être même le poste de Pierre Bérégovoy, de plus en plus déstabilisé, et dont la politique est contestée à Matignon?

Les deux parties ont bien délégué des personnalités de second rang pour négocier un éventuel accord, mais Xavier Namy et Patrick Duverger se rencontreront en vain. Car personne ne veut de compromis. Viénot sait qu'il a gagné : il a senti passer trop près le vent du boulet pour se faire voler sa victoire. Pébereau n'admet pas avoir perdu. Son échec serait aussi celui de l'État : une telle hypothèse est exclue. Il lui reste un atout majeur : l'engagement des actionnaires publics de la Société Générale à ses côtés. La menace était sous-jacente. « Pébereau aurait virtuellement 30 % de la Société Générale », titrait ainsi *La Tribune de L'Expansion*, en faisant l'amalgame entre les actionnaires officiels de la SIGP, une deuxième vague que Pébereau aurait prévue « en cas de grande offensive [1] », et les actionnaires publics de la banque, au premier rang desquels l'UAP, le GAN, les AGF et Rhône-Poulenc. Un article qui sèmera le trouble chez les patrons des entreprises concernées, et qui aidera beaucoup Viénot à trouver des soutiens privés.

Peyrelevade monte en ligne pour calmer le jeu. Depuis plusieurs jours, parallèlement à Ambroise Roux, il fait pression sur Viénot, qui ne rêve plus que plaies et bosses :

– Vous avez gagné, nul n'en doute plus, mais négociez maintenant : la crédibilité de la place de Paris est en jeu!

Les amicales pressions portent enfin leurs fruits. Viénot

1. Il s'agissait en réalité de Robert Maxwell et d'Edmond Safra, qui ont détenu ensemble jusqu'à 4 % de la Société Générale et dont le rôle ne sera découvert qu'en août 1989. Georges Pébereau s'efforcera alors de faire croire que les achats de ses deux actionnaires n'entraient pas dans une action concertée.

rappelle le patron de l'UAP le mercredi 23 novembre au soir :

– J'ai suivi vos conseils et je tiens à vous transmettre copie de la proposition que je viens d'envoyer à Georges Pébereau.

Débordé, Peyrelevade ne la lira que le lendemain. Elle prévoit un échange d'administrateurs entre Marceau Investissements et la Société Générale. Mais il y a trois conditions : que le représentant de Marceau au conseil de la banque ne soit pas Georges Pébereau (Viénot ne veut plus le voir, question de principe) ; que la Caisse des Dépôts prenne l'engagement de se retirer progressivement ; que la SIGP réduise sa participation de 10 à 4 %. Pébereau juge ces propositions insultantes pour lui. Mais il hésite. La surprise viendra de Robert Lion, qui refuse tout net et n'a guère de difficulté à convaincre Pierre Bérégovoy que, la manière douce ayant échoué, il convient de « rétablir l'autorité de l'État ». Il faut en finir, et vite !

C'est donc le jeudi 24 novembre que l'État essaiera de rétablir en force son autorité. Et qu'à la surprise générale, face à deux ou trois hommes qui dépendent de lui, pour la première fois il n'y parviendra pas. Pierre Bérégovoy, qui en a fini avec son « point de presse hebdomadaire », appelle, peu après midi, le patron de l'UAP et lui « demande de bien vouloir augmenter de façon significative sa participation au capital de la Société Générale ». Chacun sait, en France, ce que signifie une « demande » d'un ministre des Finances adressée à un président de compagnie d'assurances nationalisée. Peyrelevade lui répète pourtant une nouvelle fois qu'il veut bien, après l'accord, aider à une solution de compromis, mais qu'avant, il ne bougera pas. Un peu plus tard, Pébereau appelle à son tour Peyrelevade, pour lui demander rendez-vous dans l'après-midi. Le patron de l'UAP est « désolé » : il n'a « aucun créneau disponible ». Tout se passera donc par téléphone. L'un après l'autre, Pébereau et Lion tentent de le convaincre, avec insistance, maniant alternativement la séduction et la menace. Peyrelevade ne bougera pas. Bérégovoy, qui s'envole le lendemain à Moscou avec le président, commet alors sans doute la plus grave de ses erreurs. Poussé par Robert Lion, il monte lui-même au créneau, en appelant Peyrelevade chez lui, peu après 22 heures. On n'en est plus aux « demandes » mais aux menaces voilées :

– J'ai noté votre position. Chacun prenda ses responsabilités.

La dernière intervention du ministre auprès de Peyrelevade est sans ambiguité. Pourtant, une nouvelle fois, Bérégovoy essuie un refus poli mais déterminé. Peyrelevade vient de jouer son va-tout. Lorsque Bérégovoy raccroche le combiné, il est interloqué. A 22 h 25, la voix blanche, il rappelle Alain Boublil :

– Peyrelevade n'a pas cédé, dit-il à son directeur de cabinet. Nous verrons à mon retour ce qu'il conviendra de faire.

Michel Albert a su, lui aussi, résister à une rafale de pressions identiques. Le microcosme, qui le croyait d'un naturel plus souple, en a été fort surpris, et le gouvernement fort marri. D'autant qu'il ne pouvait pas plaider l'absence de synergie entre les AGF et la Société Générale, son banquier depuis un bon siècle ! Les deux sociétés ont signé en 1987 un pacte prévoyant une participation croisée de 4 % de l'une chez l'autre, et stipulant qu'elles « se porteront secours » en cas de difficulté. Mais Michel Albert – qui s'était au préalable assuré du soutien de Michel Rocard, dont il est proche – a simplement expliqué que sa participation de 4 % dans la Générale était bien un maximum au regard des règles de composition des portefeuilles des compagnies d'assurances.

Peyrelevade le socialiste et Michel Albert le centriste sauront dire non. Une position qui fera date dans l'histoire des relations entre l'État et « ses » entreprises publiques. L'ancien militant PR Jean-René Fourtou, patron de Rhône-Poulenc et grand joueur de tennis (à vingt ans, il a failli en faire sa profession) parviendra à éviter le smash, en gagnant du temps avant de se résoudre à acheter 395 000 titres, entre le 16 décembre et le 24 janvier (à plus de 500 francs) « par avance sur un règlement futur du conflit ». RPR pur sucre, ancien conseiller de Jacques Chirac, François Heilbronner se pliera sans retenue aux exigences du pouvoir socialiste. Afin de conserver son fauteuil de président du GAN, où Édouard Balladur l'a installé pour remplacer Bernard Attali ? C'est ce que l'on dit, à droite comme à gauche. En tout cas, il achètera 1,7 million d'actions à partir du 25 novembre, sur un simple signal du cabinet de Pierre Bérégovoy, alors qu'il avait refusé d'aider la Société Générale après le krach, parce qu'il jugeait alors l'ampleur de sa participation (2 %) « excessive ». Heilbronner dément bien entendu avoir fait l'objet de pressions. Il a raison : il avait cédé avant, en contrepartie du blocage par le ministère des Finances du projet de fusion du GAN et des AGF, et de l'autorisation accordée par le même ministère de prendre le contrôle des banques du groupe CIC, dont il détenait jusque-là 34,8 %. Une vieille revendication du GAN. L'objectif stratégique s'accompange d'un intérêt particulier : dans le premier cas, Albert coiffait Heilbronner ou l'éliminait; dans le second, c'est Heilbronner qui pourrait espérer se débarrasser de Jean Saint-Geours, patron du CIC. Ce qui adviendra en juin 1989, au moment du renouvellement des mandats des patrons d'entreprises publiques. De toute façon, l'obéissance de Heilbronner au pouvoir s'inscrit dans le droit fil de la tradition française.

Outre la fureur qu'il déchaîne dans les rangs de ses anciens amis politiques et l'image quelque peu altérée qu'il donne de lui-même, Heilbronner devra payer le prix fort : 591 francs par action, alors qu'il les aurait obtenues quelques mois plus tôt à moins de 300 francs ! Le GAN paiera en moyenne 501 francs ses titres Société Générale, contre 393 francs pour les AGF. A la docilité, Heilbronner ajoute l'incohérence : « Le GAN n'a pas accru sa participation dans la Société Générale (...). Elle est restée inchangée à 2,26 % à la date du lundi soir 28 novembre », publie la compagnie. A cette date, 100 000 actions supplémentaires ont déjà été achetées. Pourquoi ce communiqué mensonger ? Aucune réponse n'est satisfaisante. François Heilbronner touchera en tout cas ce qu'au RPR on appelle « les deniers de Judas » : en juin, Bérégovoy lui sauvera sa place. Mais au regard de l'Histoire, que pèse la complaisance de Heilbronner face aux refus d'Albert et de Peyrelevade?

Pendant que Pierre Bérégovoy est à Moscou, il se passe quelque chose d'inouï : non seulement ses « suggestions » n'ont pas été écoutées – en clair, il n'a pas été obéi – mais elles ont été rapportées le surlendemain. « M. Bérégovoy relance l'offensive sur la Société Générale », titre *Le Monde* qui paraît le samedi après-midi. Erik Izraelewicz y révèle que Pierre Bérégovoy « a demandé par téléphone, pour l'instant », aux dirigeants des trois compagnies d'assurances d'acheter des titres de la Société Générale sur le marché, afin de renforcer une participation qui, réunie avec celle de Marceau Investissements, atteint déjà les 20 %.

Voilà le ministre pris la main dans le sac! Furieux, il appelle depuis Moscou son cabinet à plusieurs reprises. Que s'est-il passé? Jean Peyrelevade s'est simplement débrouillé pour avertir un journaliste ami des pressions dont il était l'objet. Mais celui-ci ne pouvait plus intervenir à temps, compte tenu de ses délais de parution. Aussi a-t-il prévenu son collègue du *Monde* qui, après une enquête rapide, a obtenu les confirmations nécessaires. Dans les colonnes du *Monde*, cette information – que Peyrelevade aurait préféré diffuser de façon semi-confidentielle – prendra un relief inattendu. Le microcosme est estomaqué. « Peyrelevade et Albert nous ont trahis, et ils vont, très vite, le payer cher », commente sobrement Alain Boublil, le dimanche après-midi au Racing.

Il n'en sera rien. On se contentera de faux « démentis », proférés du bout des lèvres. Ils ne trompent personne, permettant seulement à Bérégovoy d'éviter de répondre aux questions qu'à l'avenir on lui posera à ce sujet. Peyrelevade et Albert ne subiront pas la moindre sanction. Tenté un moment de bloquer, en rétorsion, le rapprochement entre l'UAP et la BNP, Bérégovoy devra finalement se résoudre à l'accepter. En juin, le mandat des deux présidents sera renouvelé sans problèmes.

Pourquoi cette indulgence? Simplement parce que Peyrelevade et Albert, si l'on en croit plusieurs personnalités informées, auraient disposé à ce moment-là d'un dossier étayé compromettant les initiateurs de l'opération et susceptible, de ce fait, de gêner la rue de Rivoli. Toujours est-il que Pierre Bérégovoy a dû, dès son retour de Moscou, passer sous les fourches caudines de Matignon, jusque-là délibérément tenu à l'écart parce qu'il contestait la nécessité du dénoyautage, et plus encore la façon dont il était conduit. Contre l'avis de Michel Rocard, malgré les conseils de prudence d'Alain Boublil, Pierre Bérégovoy, écoutant pour son malheur Robert Lion, a tenté le coup de poker du passage en force, et il l'a perdu. Pour lui, le moment est venu de payer. Pendant quelques semaines, c'est la position même du ministre qui devient instable. Et nul ne sait alors qu'il a fêté ses quarante ans de mariage en compagnie de Samir Traboulsi! Bérégovoy se rattrapera aux branches, mais son avenir à Matignon, *a fortiori* à l'Élysée, semble compromis. De plus, pour parachever son rétablissement, il devra lâcher du lest : en premier lieu son directeur de cabinet.

Au vu et au su de tout le monde, l'État a reculé. Bérégovoy l'a engagé sans retenue dans une voie où il n'aurait jamais dû s'égarer, compte tenu du rapport des forces à l'automne 1988. L'affaire de la Société Générale est bel et bien terminée. Il restera à le faire admettre aux protagonistes, et surtout à la dénouer juridiquement. Quant à l'establishment, il va naturellement profiter de ce faux pas du pouvoir socialiste pour faire en sorte que de pareilles mésaventures ne se reproduisent plus. Plus jamais.

15

LA FACE CACHÉE DE PECHINEY

L'arnaque

Pour une belle fête, ce fut une belle fête! Ce dimanche 13 novembre 1988, en pleine affaire de la Société Générale, Pierre Bérégovoy a réuni à déjeuner près de quatre-vingts personnes chez Edgard, restaurant du Tout-Paris médiatique et politique, pour ses quarante ans de mariage. En dehors de la famille, il n'y a que des proches. Tout s'est merveilleusement passé. Paul Benmussa a bien voulu ouvrir son restaurant le dimanche, en lui faisant bénéficier du prix d'ami : 200 francs par tête. C'est une faveur mais elle n'est pas exceptionnelle : Paul n'a que des amis.

Chacun s'est placé à sa guise, mais le ministre a réuni à sa table ceux qu'il souhaitait honorer particulièrement – une vingtaine de personnes. Ses collaborateurs actuels ou anciens rue de Rivoli, notamment Alain Boublil, Harris Puisais (lié à Max Théret, le financier des bonnes œuvres du PS) ainsi que Jean-Charles Naouri. Mais aussi Patrice Pelat, l'ami du président, et... Samir Traboulsi. Il y a aussi « Liron », pâtissier à Nevers, installé à la droite de Mme Bérégovoy. Tous sont venus avec leurs épouses. Tous sont enjoués. Certains invités, se souvient Paul Benmussa avec une difficulté feinte, ont même « poussé les tables à la fin du repas pour danser, jusqu'au milieu de l'après-midi ». Quelle étrange assemblée! Lorsque Pierre Bérégovoy a remis un mois plus tôt la Légion d'honneur à Samir Traboulsi, on pouvait penser qu'il était en service commandé, assurant la continuité de l'État, sur fond de libération des otages, entre le gouvernement de Jacques

Chirac et celui de Michel Rocard. Mais aujourd'hui, plus de faux-semblants : Samir est bien son invité personnel. Le ministre, qui cultive son image populaire, serait-il, lui aussi, attiré par le strass et les paillettes? Il raconte que ses relations avec Samir Traboulsi ont été confortées par l'amitié de leurs deux épouses. Ceux qui connaissent bien Mme Traboulsi et Mme Bérégovoy en restent confondus...

Si Traboulsi s'ennuie le dimanche à partager la joie des Bérégovoy, il n'en laisse rien paraître. Par nature, et par métier. Tout s'est donc passé très gentiment, et le ministre a réglé la fête le soir même, avec un chèque personnel de 18 000 francs. Alerté par la rumeur parisienne selon laquelle ce déjeuner avait été réglé par Samir Traboulsi, le juge Édith Boizette, chargée de l'affaire Pechiney au moment où la COB a transmis le dossier à la justice, ira vérifier plus tard les relevés bancaires du restaurant : il n'y a pas eu régularisation après-coup. Le chèque a été déposé dès le lendemain. Qui peut s'en étonner? Pierre Bérégovoy est peut-être naïf, mais pas malhonnête [1]. En outre, chacun sait bien que lorsque Samir donne des réceptions, cela se passe en d'autre lieux, et lui coûte généralement plus de 200 francs par tête!

Fête familiale aujourd'hui, cette réception chez Edgard tournera en affaire d'État, lorsqu'il apparaîtra que plusieurs des personnages impliqués dans les délits d'initiés sur l'accord Pechiney-American Can étaient à la table privée du ministre de l'Économie et des Finances. A un moment crucial : entre le 11 novembre – date de l'accord confidentiel entre Jean Gandois, P-DG de Pechiney, et Nelson Peltz, principal actionnaire de Triangle – et le 14 novembre, quand sont passés les premiers ordres d'achats des initiés. Mais il faudra un bon mois pour que le voile sur « l'affaire Pechiney » commence à être levé.

– Éric, il paraît qu'il y a eu délit d'initié, en France, sur

1. Grand bourgeois, fils de grand bourgeois, énarque, Pierre Joxe verra curieusement dans l'allure peu sophistiquée des chaussettes du ministre des Finances la preuve de son honnêteté. Étrange critère de respectabilité, sur fond d'élitisme bien français.

l'affaire Pechiney. La SEC serait sur le coup. C'est du moins ce que vient de me glisser mon correspondant dans la conversation. Tu crois qu'on peut en faire quelque chose?

Christine Delavennat, dubitative, vient de raccrocher son téléphone. Autour d'elle, c'est la ruche, comme tous les mardis soir, jour de « bouclage » à *L'Express.* Vieux routier de la presse économique et financière, Éric Dadier flaire tout de suite le gros coup. Mais comment vérifier? A tout hasard, puisqu'il est plus de 20 heures, il appelle la COB. Surprise : on lui répond! C'est bon signe. Mieux : Dadier obtient immédiatement sa confirmation, grâce à un stratagème classique :

– J'ai appris que vous enquêtiez à propos d'un délit d'initié dans l'affaire Pechiney...

– Comment le savez-vous?

Tout est dit. L'interlocuteur s'est fait piéger : sa réponse vaut pour un acquiescement. Si la COB enquête, c'est au moins qu'il y a présomption de délit. Et comme l'initiative revient à la très intransigeante SEC, que des intérêts américains sont en jeu, peut-être, pour la première fois, débouchera-t-on en France sur du concret. Dadier propose immédiatement un « papier ». Mais tout le monde fait la moue : trop tard, pas de place. Il ne rédigera donc qu'une trentaine de lignes en bas de page, le vendredi 16 décembre : « La " grande nouvelle économique " annoncée sous forme de *scoop,* le samedi 19 novembre, par Michel Rocard, va-t-elle se transformer en scandale boursier? Y a-t-il eu délit d'initié avant que soit rendu public le 21 le rachat d'American Can par le groupe nationalisé Pechiney? Des achats importants ont été réalisés par la charge d'agent de change Ferri. Les fins limiers de la *Securities and Exchange Commission* sont en tout cas sur la trace des tricheurs. Des initiés qui pourraient bien être... Français. [...] Seule la COB est en mesure de prendre le relais. [...] Les gendarmes de la tour Mirabeau auront-ils le courage d'aller jusqu'au bout? A notre connaissance, ils hésitent. Par peur de pêcher un trop gros poisson? Nageant dans les eaux gouvernementales? »

Tout au long de sa vie professionnelle, comme beaucoup

de journalistes financiers, Éric Dadier a débusqué des dizaines de délits d'initiés, toujours dans l'indifférence générale. Mais cette fois-ci, alors qu'il pose plus de questions qu'il n'apporte de réponse, son article fera l'effet d'un poison mortel à diffusion lente, dont les effets sont déjà sensibles dans les premiers cercles du pouvoir. Dès le week-end, l'agitation est à son comble dans les palais nationaux, particulièrement rue de Rivoli.

Boublil a tout de suite compris. Il a été – du moins le croit-il – à l'origine de l'affaire Pechiney ; il s'en est vanté ; il était sur le yacht de Samir Traboulsi le 11 août, au vu et au su des dirigeants de Pechiney, et, le dimanche précédent, en compagnie du même Traboulsi, aux quarante ans de mariage de Bérégovoy : le gibier de cette partie de chasse, c'est lui. « C'est moi qu'ils visent, et pourtant je n'y suis pour rien, confie-t-il, dès le mardi : je n'ai évidemment pas touché un sou, je ne savais même pas où Triangle était cotée et n'avait aucune idée de son cours, et vous allez voir que mon nom va bientôt être évoqué ! Je vais payer pour la Société Générale. Ambroise Roux et ses amis sont très forts. On ne boxe pas dans la même catégorie qu'eux [1]. » La thèse du complot, reprise à mots couverts plus tard par Pierre Bérégovoy lui-même, ne pourra pas – on le verra – être écartée d'office.

Ce mardi pourtant, un seul nom circule, et encore n'est-il pas publié : celui de Pierre-Alain Marsan. *Trader* de la charge Ferri, trente ans, appartement rue de Bourgogne, Ferrari Testa Rossa, voilier de trente mètres sous pavillon italien, c'est un *golden boy* à la française, doué pour la finance, et qui a fait entrer plusieurs de ses copains du Racing dans

1. Entretien avec l'auteur. Comme beaucoup d'autres, Boublil voit d'autant plus facilement la main d'Ambroise Roux que *L'Express* appartient à la Générale Occidentale, une filiale de la CGE qu'il préside. Mais connaissant Ambroise Roux, on peut penser que s'il avait un message de cette nature à faire passer, il l'aurait fait publier dans un autre support. Et si « on » avait donné l'information à *L'Express* justement pour se servir d'Ambroise Roux comme d'un paravent ?

les charges d'agent de change [1]. Du menu fretin. Mais les gros poissons ne sont pas loin.

Dès le surlendemain, Max Théret, président de la Compagnie parisienne de placements (CPP), convoqué par la COB, reconnaît avoir acheté 32 000 actions, à partir d'informations sur le secteur de l'emballage recueillies au cours d'un voyage aux États-Unis, ainsi que d'un article sur la stratégie de développement de Pechiney lu dans la *Lettre confidentielle de la communication et du livre.* Pas de chance : « l'article », copie d'une étude de société de Bourse, a fait l'objet d'un « mastic » qui rend le passage concernant Pechiney incompréhensible ! De plus, compte tenu de la grève de la poste, ce serait miracle que Max Théret ait pu lire cette lettre – au demeurant, elle ne lui aurait rien appris – avant d'acheter les actions Triangle.

Dans le rapport qu'elle rédigera sur l'affaire Pechiney, la COB va démonter, les uns après les autres, tous les arguments de Max Théret et relever en particulier que le *trader* de la CPP ne connaissait même pas le nom de la société dont il voulait acquérir les titres, quelques secondes avant l'ouverture de Wall Street ! Ce qui fait désordre pour un « investissement à long terme mûrement réfléchi ». Le Français appelle un de ses interlocuteurs à Londres et lui demande « de trouver la société Triangle qui fait des *cans* » (sic) et « d'acheter tout de suite » ! Quelques jours plus tard, alors que le cours de Triangle a bondi de 10 à 56 dollars après l'annonce du rachat par Pechiney, les deux compères discuteront même de ce qu'il conviendra de dire en cas d'enquête de la SEC ou de la COB et échangeront leurs points de vue sur la charge de la preuve en matière de délit d'initié... Sans doute ne savaient-ils pas que leurs conversations étaient enregistrées, comme la loi l'exige en Grande-

1. Alain Ferri, un des agents de change dont le nom sera cité à plusieurs reprises dans l'affaire Pechiney comme dans celle de la Société Générale, n'est évidemment pour rien dans toutes ces magouilles. Il roule en Peugeot 405, vit à une autre époque, sur une autre planète et porte sur la « financiarisation excessive » de la société un regard plein de distance attristée.

Bretagne pour les ordres de Bourse. Il s'agit là aussi d'amateurs, pris la main dans le sac!

L'implication de Max Théret aiguise la curiosité de la presse, qui le connaît bien puisqu'à la demande du pouvoir socialiste, il a gaspillé – en vain – des sommes énormes pour sauver *Les Nouvelles littéraires* de Jean-Pierre Ramsay, essayer d'enlever *France-Soir* à Robert Hersant ou empêcher *Le Matin de Paris* de sombrer avec Paul Quilès. Il est au même moment sous les feux de l'actualité pour d'autres raisons : il vient juste de s'associer avec le très controversé homme d'affaires italien Gian-Carlo Parretti, auquel il sert de couverture française pour le rachat de Pathé-Cinéma au groupe Rivaud et à Suez, au grand dam du producteur Marin Karmitz, influent dans les milieux français de la communication. A la demande d'André Rousselet, la vente – peu claire – sera annulée par le gouvernement en juin 1989. Une grosse affaire qui n'a pas fini de livrer ses mystères...

Max Théret est un prête-nom peu banal. Ancien membre – chemise grise et cravate rouge – de la Ligue communiste internationaliste, garde du corps de Léon Trotski lorsque celui-ci habitait Barbizon, c'est un vrai militant. Envoyé en Espagne dès 1932 à la demande de la Ligue pour noyauter et organiser les Jeunesses socialistes espagnoles il y retourne en 1936 et intègre, sans grade, le bataillon Guillermo Torrijos de la « colonne Lénine ». Il n'y a là que des durs à cuire, qui seront tous surpris par la pugnacité de ce petit risque-tout fasciné par le danger. Jamais l'Espagne ne le quittera. Après la guerre et la Résistance, lorsqu'il crée des laboratoires photographiques, il n'embauche pour commencer que des réfugiés espagnols. Plus tard, au PSU, il côtoiera Rocard et Bérégovoy avant de rejoindre Mitterrand et la gauche classique, après le congrès d'Épinay. Mais Max Théret a surtout fondé la FNAC, avec André Essel, autre vieux trotskard. Objectif : continuer la lutte en se battant, non pour les augmentations de salaires mais pour le pouvoir d'achat des salariés dans une société de consommation. Les deux hommes font tandem et démontrent, en même temps que Gilbert Trigano au Club

Méditerranée, ce qui deviendra une évidence après 1968 : les gauchistes reconvertis font d'excellents patrons. Pourtant, les deux associés doivent se séparer, car si Essel s'attache à son entreprise, Théret vire au brasseur d'affaires. Il s'enrichira rapidement, tout en conservant un train de vie modeste. Il vit dans cent mètres carrés, ne possède ni Rolls ni yacht, et lorsqu'on l'a vu il y a trois ans aligner les zéros sur son carnet de chèques dans une salle des ventes, c'était pour... acheter la correspondance de Trotski! Pour qui travaille-t-il? Pour les nombreux amis que lui vaut son indéfectible fidélité? Pour le PS? Pour la Ligue? Où pour la franc-maçonnerie? Il y joue un rôle si important qu'il est parvenu, par un vrai coup de force, à imposer Jean-Louis Pétriat à la tête de la GMF après la mort accidentelle de Michel Barouin. Il appartient à la même loge maçonnique que son ami Harris Puisais, le conseiller de Pierre Bérégovoy. Une chose est sûre : l'argent que gagne Théret circule. S'il est convaincu de délit d'initié, c'est toute la gauche qui risque d'être éclaboussée.

D'autres noms sont cités. Mais il faudra que passent les fêtes pour que l'affaire Pechiney prenne toute sa dimension, lorsque Roger Pelat (dit Patrice Pelat, prénom de Résistance emprunté à son père et donné à son fils), lui aussi convoqué par la COB, avouera avoir acheté, avec sa famille, 10 000 actions Triangle « sur les conseils de Max Théret ». Cette explication apparaît bien peu crédible. Max Théret est disposé, par militantisme, à porter un chapeau bien trop grand pour lui. Pelat a passé son ordre d'achat « en clair », le mardi 15 novembre dans l'après-midi. Et la revente a eu lieu une semaine plus tard, au lendemain de l'annonce officielle de l'accord Triangle-Pechiney. Le grand public ne connaît pas Patrice Pelat mais la nouvelle, dans les milieux « informés », fait l'effet d'une bombe. Pelat est l'ami le plus proche du président, depuis la mort de Georges Dayan. Ils se tutoient depuis le stalag, d'où tous deux brûlaient de s'évader.

Pelat a failli devenir, avant Roger Hanin, le beau-frère du Président. Christine Gouze, une jeune fille qu'il « fréquentait » après l'avoir « draguée » dans un train, a présenté un jour sa sœur Danièle à François, le copain BCBG. De cette époque datent les séjours à Cluny et les ascensions – alors à quatre – de la Roche de Solutré. Le 28 octobre 1944, Pelat sera, avec Henri Fresnay, le témoin du mariage de Danièle et François Mitterrand, et le parrain de leur premier enfant. Quarante ans plus tard, Patrice Pelat fils deviendra à son tour le parrain du fils aîné de Jean-Christophe Mitterrand. Patrice Pelat, lui, n'épouse pas Christine. Il n'est pas encore décidé à se marier. C'est une manière de John Wayne à qui personne, et surtout pas les filles, ne résistent. Un baroudeur qui s'est bombardé « colonel » et qui, dans cette période troublée, passe pour un spécialiste de la « réquisition ». Pelat réquisitionne des camions de beurre pour ses troupes, pompeusement baptisées « bataillon de la liberté », des châteaux pour les cantonner, en passant par deux appartements près du bois de Boulogne pour se loger avec François, du moins si l'on en croit Marcel Haedrich, journaliste écrivain qui militait auprès de lui. Il aurait même réquisitionné la bonne viande du boucher « Fend-la-bise », chez qui il avait été commis, à quinze ans. Bref : tout le monde aimerait faire les quatre cents coups avec Patrice Pelat, et le garder comme ami par-delà les ans.

Il préfère de beaucoup les affaires à la politique. Ce qui ne l'empêche pas de remplir des missions, comme en 1957, lorsqu'il s'est employé à tisser des liens entre certains gaullistes (dont Jean de Lipkowski) et l'UDSR de François Mitterrand. La politique, il y touche pourtant en 1971, lorsqu'il se fait élire maire de Boutigny, une commune de mille cinq cents habitants où sa société Vibrachoc, créée en 1949 avec Robert Mitterrand, frère aîné de François et père de Frédéric, emploie près de trois cents personnes. Il deviendra même conseiller général de l'Essonne, un département à majorité communiste.

En 1981, il entre à l'Élysée, par la petite porte : il est nommé secrétaire du Comité des chasses présidentielles, animé par François de Grossouvre. Dès l'année suivante, une première alerte cardiaque le conduit à renoncer à ses mandats, et surtout à se retirer de Vibrachoc. On sait dans quelles conditions controversées la CGE de Georges Pébereau, avec le Crédit Lyonnais et la BNP, rachèteront cette entreprise à son actionnaire principal, ainsi qu'à l'étrange société Arfina : basée au Lichtenstein avec des prête-noms suisses, c'est par elle que transiteraient les participations financières et les redevances des brevets des filiales de Vibrachoc situées à l'étranger. A l'Élysée, Patrice Pelat vient en habitué, avec sa Renault 25. Sa Rolls, il la laisse au garage. Proche de Charles Salzmann, qui fut son premier employé chez Vibrachoc, il se lie d'amitié avec Alain Boublil. Il rend des services, notamment dans le domaine des ventes d'armes, pour le compte de l'État et de diverses entreprises – particulièrement Thomson. On s'occupe de lui : il est ainsi nommé au conseil d'administration d'Air France, l'un des plus recherchés parce qu'il donne droit, pour toute la famille, à la gratuité totale des transports sur la plupart des compagnies du monde. Une facilité qu'il n'utilise d'ailleurs pas. Les collaborateurs du président apprécient la courtoisie de cet homme chaleureux et dynamique, qui part de temps à autre l'après-midi en balade dans Paris, avec son vieux copain. Casquette vissée sur la tête, ils font les bouquinistes en « regardant passer les jolies toilettes ». Comme jadis.

L'implication de Patrice Pelat dans le délit d'initié de Pechiney est donc un drame, d'abord pour le président. Alors que chacun connaît son aversion personnelle pour l'argent, le voilà indirectement compromis. Quelques jours plus tôt, il avait cru évacuer l'affaire en lançant : « Quand une politique réussit, on s'attaque aux hommes, et même à ma personne. » Mais il lui faut maintenant se rendre à l'évidence et enrayer ce cancer. Nul ne sait vraiment ce que les deux hommes se sont dit. Ce fut, paraît-il, dur pour tous deux. Patrice Pelat n'a plus réapparu à l'Élysée. Le président devait passer devant le peuple : un coup de fil à Anne Sinclair et le voilà invité à « 7 sur 7 » pour s'expliquer. On peut railler les propos qu'il a tenus ce jour-là sur TF1, sa description de la chaude amitié née dans la froideur du stalag, alors qu'ils avaient « les pieds entourés de chiffons », dans cette « Allemagne de l'Est qui est au nord », ses propos violents et archaïques sur l'argent qui corrompt : la blessure était trop visible pour que le chef de l'État ne sorte pas blanchi de cet exercice, immédiatement amnistié du seul délit dont il s'était éventuellement rendu coupable – celui d'amitié. Ce soir-là, il était devenu clair que l'affaire Pechiney ne pourrait jamais devenir le Watergate français, quand bien même elle éclabousserait des personnalités importantes.

L'achat rendu public de 10 000 actions Triangle, dans des conditions pour le moins anormales, fut un drame plus grave encore pour Patrice Pelat. Était-ce une habitude, ou la première fois? Une sottise ou bien une malhonnêteté? Nul ne le sait. Patrice Pelat est mort le 7 mars 1989, d'une crise cardiaque, à l'Hôpital américain de Neuilly.

Dès l'annonce des auditions de Théret et Pelat, la presse se déchaîne. Distillées pour la plupart par une main invisible, de nouvelles informations font rebondir « l'affaire » tous les jours. Des filières suisses, luxembourgeoises, antillaises sont remontées. De nouveaux noms sont cités. Le rôle d'Alain Boublil, ses liens avec les protagonistes sont étalés. Au dessus d'une photo du directeur de cabinet de Bérégovoy, *Le Quotidien de Paris* titre, sur cinq colonnes : « La rue de Rivoli était initiée depuis juillet [1] ». Pour la première fois en France, un délit d'initié fait la « une » des journaux, et pas seulement de la presse économique, qui restera d'ailleurs curieusement en retrait par rapport à la presse de grande information, aux radios et aux télévisions. Sans doute parce que, blasée, elle mesure mal la dimension politique d'un événement somme toute habituel, tandis que la grande presse a senti venir la demande déferlante de l'opinion publique.

Ce mouvement d'opinion est un phénomène en soi, qui traduit bien l'évolution en profondeur de la société française. « Avec un vendeur d'armes play-boy, libanais, et proche du

1. *Le Quotidien de Paris*, 12 janvier 1989.

pouvoir, un haut fonctionnaire juif n'appartenant à aucun grand corps, un financier du PS, ancien trotskiste et franc-maçon, et un richissime ami du président, tous les ingrédients étaient en effet réunis pour faire exploser un beau scandale, comme les adore la France éternelle », résume un proche de Michel Rocard. C'est sans doute vrai, mais insuffisant. En réalité, à propos de cette affaire, les Français ont eu collectivement, pour la première fois en matière boursière, une réaction moraliste, à l'anglo-saxonne.

L'utilisation d'informations privilégiées à des fins d'enrichissement personnel est aussi vieille que la Bourse. A condition qu'elle reste discrète, elle a longtemps été tolérée et le demeure dans les places exotiques – à la Bourse de Rio de Janeiro ou de Hong Kong, le non-initié est sûr de se faire dépouiller comme au coin du bois – mais aussi dans la plupart des pays latins. Il arrive encore aux patrons italiens de confier à certains journalistes amis des informations privilégiées, comme autant de « petits cadeaux », à charge pour eux de les utiliser avant de les publier, sans que cela choque véritablement. Sans retourner jusqu'à ces pratiques d'avant-guerre, la France s'est longtemps montrée d'une grande tolérance, comme en témoigne la faiblesse des moyens de la COB, privée de tout pouvoir de sanction. Celle-ci, en vingt ans, n'a sorti que peu d'affaires, souvent classées sans suite. Lorsqu'elle était saisie, la justice, elle aussi, avançait à reculons. On l'a bien vu lorsque des achats d'initiés sont intervenus en 1984 sur le titre Thomson à la veille de la signature de l'énorme contrat d'armement avec l'Arabie Saoudite. Faute de preuves, les auteurs présumés ont bénéficié d'un non-lieu.

Que s'est-il passé pour que soit soudain déchiré ce voile pudique? Depuis 1982 et particulièrement après la vague de privatisations Balladur, la France est redevenue un pays de capitalisme populaire. Le libéralisme, l'explosion des marchés, la multiplication du nombre de petits porteurs ne s'accommodent plus de l'opacité des transactions. Soudain, l'opinion ne tolère plus que dans ce jeu, les règles ne soient pas les mêmes pour tout le monde. Tout système génère ses contre-pouvoirs : l'émergence du capitalisme populaire n'a pas tardé à donner naissance à une morale capitaliste populaire, comme aux États-Unis.

Cette prise de conscience a naturellement été facilitée par l'abondance d'informations – vraies et fausses – dont a bénéficié la presse, parfois de manière très inattendue. Coups de fil anonymes, documents confidentiels de la SEC révélés sur les antennes (par René Tendron, chroniqueur à Europe n° 1) avant d'avoir été communiqués aux autorités françaises, etc. Les journaux ont, une nouvelle fois, bien fait leur travail, mais, à n'en pas douter, une ou plusieurs mains occultes les ont aidés. Certains journalistes n'ont eu qu'à ouvrir leurs boîtes aux lettres pour trouver de l'information ! D'autres ont été intimidés, voire menacés. En tout cas, le but recherché a été atteint : pendant deux mois – en janvier et février 1989 –, la France n'a parlé que de cela. Ce déchaînement médiatique est paradoxal dans la mesure où aucun responsable politique n'est soupçonné d'avoir utilisé les informations qu'il détenait à des fins d'enrichissement personnel, et que les délits d'initiés de l'affaire Pechiney ne portent au total que sur 60 millions de francs. Par rapport aux sommes détournées dans les scandales Recruit au Japon ou Drexel-Burnham aux États-Unis, les 32 300 actions achetées par Max Théret, qui lui ont rapporté en quelques jours 8,83 millions de francs, placent le vieux trotskard au niveau d'un bedeau pilleur de troncs d'église.

Bien sûr, quelqu'un a parlé. Qui ? Pourquoi ? Par intérêt ou par imprudence ? C'est à ces questions que devra répondre la justice, qui ramènera l'affaire des délits d'initiés de second rang de Pechiney à de plus justes proportions. Le délit du premier rang mérite une attention prioritaire : non par son ampleur, mais parce qu'il conduit tout droit au monde secret des ventes d'armes et des négociations sur la libération des otages français au Liban. Il passe par Socofinance, une société suisse à capitaux libanais. Ses achats suivent très exactement le rythme des négociations. Ils commencent le 18 août, le jour même où, à l'Hôtel de Paris à Monte-Carlo, en présence de Traboulsi, les négociateurs de Pechiney et de Triangle trouvent les bases d'un accord. Ils s'arrêtent en septembre, lorsque les discussions s'enlisent. Le 27 septembre, jour même où les négociations sont rompues, 25 000 titres sont vendus. Le 11 octobre, les achats repartent en même temps que les négociations, cette fois-ci parvenues en phase finale. Comme si un initié du premier cercle se précipitait sur le téléphone après chaque réunion. De fait, les Américains révéleront que Samir Traboulsi, lorsqu'il était à New York pendant cette période chaude, passait depuis sa suite du Waldorf Astoria des dizaines de coups de fil par jour à Socofinance, dans laquelle il possède un compte. Ses dirigeants, Georges Samia et Émile Haddad, des chrétiens libanais, lui sont très proches.

Socofinance achète les titres Triangle pour le compte de l'International Discount Bank and Trust, basée à Anguilla, un paradis fiscal au nord de la Guadeloupe. C'est une banque fictive, comme il en existe des dizaines dans The Valley, capitale (760 habitants) de ce pays d'opérette. Une boîte aux lettres, un téléphone et personne derrière. Socofinance et la banque IDBT ont eu au moins un actionnaire commun : Charbel Ganem, financier libanais, qui a quitté Beyrouth pour Genève en 1975. Tout laisse à penser qu'il s'agit d'une seule et même entité, organisée pour garantir le secret absolu. Il y a comme cela des milliers de filières qui permettent à l'argent de la drogue, du racket ou des grands délits financiers de circuler à travers le monde sans que police ni fisc ne puissent les remonter. S'il ne s'agissait que de cela, Socofinance ne mériterait pas l'attention qu'on lui porte. Mais elle a une particularité : le groupe nationalisé Thomson en possède 20 %.

La présence de Thomson – qui semblait sur le point d'augmenter sa participation et qui avait pris langue avec Dassault et Matra pour qu'ils la rejoignent dans le capital –, associée aux capitaux libanais et saoudiens, le rôle central qu'y joue Traboulsi, ajoutent au mystère Socofinance. Tout ceci sent le soufre. Personne ne croit que son activité se limite à son objet officiel – les opérations commerciales sur les métaux précieux. Et pourtant, Socofinance pourrait être plus défendable qu'on ne l'imagine. Cette société aurait servi à réunir l'argent nécessaire à la libération des otages français au Liban. Les 10 millions de francs versés à la mi-juin 1986 sur le compte de l'Arab Bank à Genève l'auraient été par son intermédiaire, en contrepartie de la libération de Georges Hansen et Philippe Rochot, d'Antenne 2. Traboulsi a été le pivot de cette négociation. Plus tard, lorsque Charles Pasqua a négocié la mise en liberté des derniers otages français – Marcel Carton, Marcel Fontaine et Jean-Paul Kauffmann –, elle aurait à nouveau apporté les fonds nécessaires. Où ces fonds secrets ont-ils été trouvés? Proviendraient-ils de plus-values réalisées sur des transactions boursières, avec délits d'initiés organisés à la clef? Ceux-ci auraient-ils été commis sous l'autorité du gouvernement français ou, à tout le moins, de ses services spécialisés? C'est ce que pensent plusieurs hommes politiques importants, aux yeux desquels les services spéciaux ont bien pour fonction d'agir en secret pour l'intérêt global du pays, selon des critères indépendants de ceux de la morale publique. Par rapport aux actions « humides » (les assassinats) des services « action », le délit d'initié est d'ailleurs un brigandage bien mineur qui ne fait de mal à personne et ne lèse pas grand monde.

Traboulsi pourrait avoir été l'agent de cette opération. Voilà qui, en tout cas, expliquerait la modération de ton de Charles Pasqua à son égard, les marques d'amitié que lui a prodiguées Pierre Bérégovoy et surtout sa Légion d'honneur accordée dans un consensus d'alternance politique, en dépit des avis négatifs de la préfecture de police. Ce n'est pas pour rien que Robert Mitterrand a prononcé un discours au cours du dîner de quarante couverts offert en son honneur le 3 octobre au ministère des Finances, en présence de nombreuses personnalités, dont Patrice Pelat. Voilà qui expliquerait aussi le renouvellement du mandat d'Alain Gomez, malgré l'engagement de Thomson dans Socofinance ou son rôle peu clair dans la faillite et le sauvetage de Al Saudi Bank.

Socofinance, pourtant, n'aurait pas servi uniquement à réunir l'argent nécessaire à la libération des otages. Sans doute participe-t-elle aussi à l'une des filières de financement des chrétiens libanais. Plus étonnant : au moment où Socofinance a été jetée sur le devant de la scène, Thomson était en train de transformer sa nature et son objet, afin de s'en servir pour favoriser les ventes d'armes françaises dans un certain nombre de pays qui exigent des compensations commerciales. Le négoce des marchandises achetées en contrepartie des grands contrats d'armement est une plaie pour les industriels, souvent obligés de les revendre à perte. Il aurait donc été envisagé de spécialiser cette société dans les opérations de compensation, les pertes inévitables étant équilibrées avec des gains réalisés par ailleurs. Bref : la France aurait trouvé, à travers elle, un outil efficace pour des opérations financières occultes, et certains auraient été tentés de s'en servir au-delà de son objet initial.

Des acteurs de cette chaîne ont pu jouer pour leur compte personnel. De même, il n'est pas exclu que se soient greffés sur Socofinance certains des initiés du deuxième rang. Les relations de Patrice Pelat et de Samir Traboulsi, tous deux conseillers officieux mais réels de Thomson, permettent même d'envisager une hypothèse selon laquelle aucun homme politique, aucun fonctionnaire ou conseiller gouvernemental, n'aurait été impliqué – même en tant que donneur d'informations – dans les délits d'initiés sur Pechiney. D'autant que Max Théret ne semble pas avoir été le premier informé, comme il s'efforce de le faire croire pour couvrir les autres. Si tel était le cas, si aucun ministère n'était impliqué, on aurait rarement fait autant de bruit pour si peu de chose !

Beaucoup a été fait pour compromettre Alain Boublil et, à travers lui, toucher Pierre Bérégovoy. Jean Gandois a même fait savoir que les achats avaient commencé le jour même où il avait appelé Boublil pour qu'il demande à Bérégovoy de le recevoir. Or, l'information dont les fonctionnaires ont disposé était très générale : « Les dossiers que nous a présentés Pechiney, en phase finale, établissaient le coût global de l'opération, mais sans évoquer l'ensemble des moyens de rachat envisagés (Pechiney a choisi l'OPA), ni *a fortiori* les problèmes de valeur et de cotation des actions Triangle », affirme Alain Boublil. Ce que confirme Yves Lyon-Caen, conseiller de Michel Rocard : « Jean-Louis Vinciguerra nous a présenté un dossier relativement sommaire qui indiquait le coût global de l'opération pour Pechiney et surtout son intérêt économique, mais il n'y avait là-dedans aucune information qui ait la moindre connotation boursière. »

A-t-on épuisé les autres pistes? Pour la SEC, les achats d'actions Triangle au cours de la dernière semaine de négociations n'offrent qu'un intérêt marginal. Ce que cherche l'institution américaine, c'est à prouver que Nelson Peltz et Peter May ont racheté à bas prix les titres Triangle à leurs actionnaires minoritaires en sachant qu'ils allaient vendre quelques semaines plus tard l'ensemble à Pechiney au prix fort, en engrangeant, pour eux, une plus-value phénoménale : 830 millions de dollars. A l'insu, ou avec l'accord de Pechiney? Selon certains, le groupe français aurait pris langue avec eux dès septembre 1987, c'est-à-dire neuf mois avant la date officielle. Les raisons pour lesquelles Jean Gandois a repris le 11 octobre, contre l'avis de ses avocats, une négociation rompue le 27 septembre, sur les mêmes bases officielles, n'ont pas encore été éclaircies. Pour obtenir American Can, Pechiney a-t-elle été suffisamment regardante sur la partie adverse? De toute manière, face aux deux requins que sont Nelson Peltz et Peter May, il n'y a, en France, que de petits poissons.

Ces « affaires », ne diffèrent au fond guère de celles qui agitent le microcosme à intervalles réguliers. Elles n'ont ni l'ampleur, ni le mystère, ni la gravité du « suicide » de Robert Boulin, des meurtres de Mehdi Ben Barka ou de Jean de Broglie, entre autres, tels que Thierry Wolton en a fait utilement l'inventaire [1]. On pense donc qu'elles seront vite oubliées, dès que l'opinion et la presse, toujours versatiles, auront détourné leur attention. C'est en tout cas ce que croient les Français, interrogés par les instituts de sondage. D'ailleurs, la cote du président et celle du Premier ministre ne sont pas affectées. Ne leur suffira-t-il pas de faire le dos rond? C'est compter sans une fraction du gouvernement qui, délibérément, a choisi d'utiliser cette situation délétère pour imposer sa morale et sa politique à l'autre. Décidément, quelque chose a changé au royaume de France.

Ce coup de force a lieu dans *L'Express*, sous forme d'une mini-interview du très chrétien et très libéral ministre de l'industrie, Roger Fauroux. Ce qu'il dit est inouï. Il commence par affirmer que la COB « aurait dû enquêter » sur l'affaire de la Société Générale, qui est « d'une tout autre gravité » que celle de Pechiney-American Can. Pourquoi? Parce que les « plus-values réalisées ont été beaucoup plus importantes et qu'un acteur public, la Caisse des Dépôts et Consignations, a joué un rôle clef dans cette opération ». Roger Fauroux enfonce le clou : « J'ajoute qu'il conviendrait, à la lumière de ces événements, de modifier les structures de la Caisse des Dépôts afin de lui redonner une indépendance véritable. » Interrogé sur les délits d'initiés de l'accord Pechiney-American Can, le ministre juge qu'il « serait fâcheux d'enterrer cette affaire » et que « la COB doit aller au bout de son enquête ». Il ajoute que « la presse, dont le rôle est capital pour la moralisation de notre vie financière, ne doit pas s'arrêter en chemin ».

Fauroux propose alors d'élargir les pouvoirs de la COB sur le modèle de la SEC américaine, car « les Français ont depuis longtemps levé les tabous sur le sexe, mais pas encore sur l'argent. Regardez la démocratie américaine : quoi qu'il en coûte, elle fait toute la lumière parce qu'elle considère que la dissimulation est antidémocratique ». Et le ministre conclut en affirmant que « ces péripéties politico-financières

1. Thierry Wolton, *Les Écuries de la Vᵉ République*, Paris, Grasset, 1989.

condamnables montrent à quel point la France vit encore, au plan des mentalités et des lois, dans un univers archaïque ».

N'en jetez plus! Sortant de la bouche d'un ministre en exercice, la rumeur devient accusation : les délits d'initiés ont été plus importants dans l'affaire de la Société Générale que dans l'affaire Pechiney qui avait tendance, depuis quelques semaines, à l'éclipser. La Caisse des Dépôts a « joué un rôle clef dans cette opération ». Compte tenu de ce qui vient d'être dit, voilà une accusation grave. Il faut lui « redonner son indépendance ». Cela signifie qu'elle l'a perdue. Or, qui exerce sa tutelle sur la Caisse? Et sur la COB qui, à en croire Roger Fauroux, n'a pas fait son travail? Pierre Bérégovoy lui-même.

La stupéfaction est générale. Pour avoir tenu des propos plus anodins, combien de ministres ont dû démissionner dans l'heure! Le Pr Schwarzenberg en sait quelque chose. Fauroux est-il devenu fou? Très vite, on se renseigne : l'interview, prévue pour la semaine suivante, a été coupée par *L'Express*, mais tout ce qui a été imprimé a été relu – comme c'est la règle – par le ministre. A-t-il donc délibérément choisi le suicide politique? Pas du tout : malgré la surprise de l'Élysée et la fureur de Pierre Bérégovoy, rien de fâcheux n'arrivera à Roger Fauroux. Celui-ci se contentera de publier un démenti préparé à l'avance, chef-d'œuvre de jésuitisme, qui a valeur de confirmation : « Le ministre de l'Industrie souhaite préciser que ses propos à *L'Express* ont été placés dans le contexte d'une campagne politique contre le gouvernement et que de ce fait leur signification a été altérée. Il souhaite que toute la lumière soit faite par la Commission des opérations de Bourse sur la régularité des transactions particulières effectuées lors de l'acquisition de titres de sociétés cotées en Bourse. Il exprime son entière solidarité avec le Premier ministre et le ministre de l'Économie et des Finances, qui ont affirmé leur volonté d'atteindre les mêmes objectifs. » Au moins Roger Fauroux dispose-t-il d'informations privilégiées sur les « plus-values beaucoup plus importantes réalisées »? Il n'en est rien. Devant la commission sénatoriale, il expliquera qu'il s'agissait pour lui de « simples intuitions ». Comme tout le monde, Roger Fauroux sait qu'on ne peut pas trouver en deux jours 5,19 millions d'actions de la Société Générale sur les marchés sans qu'il y ait des vendeurs prêts à fournir les titres réclamés à un prix convenu. Comme tout le monde, il a évalué les plus-values illicites à plus de 400 millions de francs. Mais c'est tout. C'est donc délibérément qu'il a décidé de donner un coup de pied dans la fourmilière.

Tandis que l'agitation est à son comble au château comme rue de Rivoli, où Alain Boublil affirme que cette charge est motivée par l'inimitié personnelle que lui voue Fauroux (depuis Saint-Gobain), la sérénité règne à Matignon, où certains conseillers dissimulent à peine leur plaisir. Roger Fauroux est intervenu en parfait accord avec Michel Rocard. Pourquoi pas même à sa demande? Le Premier ministre aurait-il donc tiré plus de ficelles qu'il ne l'a laissé paraître? Rue de Rivoli, on en est sûr, même si on ne peut le dire publiquement. Matignon suivait de très près l'affaire Société Générale, avec la volonté d'en finir vite. Dès que « l'affaire » Pechiney a été évoquée dans *L'Express*, à la mi-décembre 1988, la question est donc posée : y a-t-il eu dénonciation, et si oui, de la part de qui? Immédiatement, Alain Boublil a mis Ambroise Roux en cause. Pierre Bérégovoy lui-même a eu des sous-entendus encore plus lourds, au cours d'un « Forum de *L'Expansion* », le jeudi 5 janvier : « Cette affaire est-elle l'effet du hasard ou une information a-t-elle été communiquée, par qui, et dans quel but? » Dès le lendemain, *Le Monde*, qui s'est renseigné auprès de lui, écrit : « Le ministre laisse en fait entendre qu'une équipe de financiers avertis (réunis autour d'une personnalité qui pourrait être M. Ambroise Roux, le président de la Générale Occidentale) aurait réussi à pousser à la faute (au délit d'initié) plusieurs personnalités proches du pouvoir, de manière à déstabiliser non seulement la rue de Rivoli, mais aussi l'Élysée. On remarque que, jusqu'à présent, aucun collaborateur de

M. Michel Rocard n'a été mis en cause dans l'affaire, alors que plusieurs d'entre eux étaient également informés [1]. »

Le Monde donne ainsi crédit à l'hypothèse d'un double jeu de Matignon vis-à-vis de Pierre Bérégovoy. L'annonce intempestive par Michel Rocard d'une « grande opération pour la France », le samedi précédant la publication de l'accord Pechiney-Triangle, prouve cependant qu'il ignorait, à cette date, qu'elle était entachée d'irrégularités. On en a déduit un peu trop vite qu'il était resté totalement à l'écart du dossier, et surtout de ses aspects troubles. En effet, Michel Rocard sera informé deux jours plus tard, le lundi 21 novembre – en même temps que Pierre Bérégovoy et l'Élysée – par un coup de téléphone reçu par son conseiller Yves Lyon-Caen, que les limiers de la SEC, qui surveillent Nelson Peltz et Peter May au jour le jour, sont sur l'affaire et subodorent un grave délit. Trois semaines avant que *L'Express* n'en parle, le gouvernement est donc « affranchi ». A Matignon, on décide alors de se taire, mais d'agir en secret en se servant de ce levier pour mettre un terme à l'offensive sur la Société Générale. Il suffit de laisser jouer les forces de l'establishment, qui veut lui aussi en finir avec le couple Bérégovoy-Boublil.

Dans cette opération de déstabilisation, Jean Gandois a tenu un rôle majeur. Jadis hostile au PS, aujourd'hui à ceux qui, en son sein, estiment encore que la politique doit imposer ses choix aux entreprises, Gandois [2] connaît, depuis le 11 août, la présence de Boublil sur le yacht de Traboulsi à Figari. Or, dans le contexte du moment, il attend trois mois pour confier cet épisode sulfureux à Claire Blandin qui le publiera dans *Le Monde*, au moment adéquat [3]. C'est enfin Jean Gandois qui, fin janvier, a conclu une longue interview accordée au *Figaro* par ces phrases lourdes de menaces : « D'où venait la fuite ? Après tout, tous les initiés avaient été

1. *Le Monde* du 7 janvier 1989.
2. Conservé par la gauche à la tête de Rhône-Poulenc nationalisée en 1982, Jean Gandois a claqué brutalement la porte quelques mois plus tard. Devenu président du groupe sidérurgique belge Cockerill, il a été nommé président de Pechiney par Jacques Chirac, dans la vague de restauration de 1986, sans lâcher son autre mandat.
3. *Le Monde* du 18 janvier 1989.

triés sur le volet. J'ai une idée personnelle. Mais je ne peux pas la dire. Ce serait de la diffamation. Mais (...) je suis convaincu que la fuite vient de France [1]. » Gandois, deux mois après son accord, a donc fait ce qu'il pouvait pour éliminer Boublil – et pour déstabiliser Bérégovoy. Quelles étaient ses motivations réelles? A-t-il souhaité se dédouaner? Le président de Pechiney est en effet l'un des rares Français qui connaissent le vrai dessous des cartes.

Les accusations à peine voilées de Jean Gandois, les rumeurs distillées par Ambroise Roux, l'intervention inattendue de Roger Fauroux et la pression de Matignon auprès de l'Élysée et de la rue de Rivoli pour écarter Boublil et mettre un terme, par jet de l'éponge, aux opérations de dénoyautage de la Société Générale, tout ceci se révélera d'une efficacité redoutable. Bérégovoy devra aller à Canossa. En commençant par lâcher Boublil.

1. *Le Figaro* du 30 janvier.

16

POUR SOLDE DE TOUT COMPTE

Le salaire de la paix

La mise à mort a eu lieu le jeudi 19 janvier, peu avant 19 heures. Pierre Bérégovoy vient de présenter ses vœux aux journalistes accrédités, plus nombreux que jamais – d'autant que s'y sont adjoints bon nombre de charognards, attirés par l'odeur du sang. Vont-ils être déçus ? Dans cette même salle où, huit mois plus tôt, il avait été intronisé, Boublil, immobile, le regard sombre, a écouté le discours convenu de Michel Garibal, président de l'Association des journalistes économiques et financiers, et la réponse tout aussi convenue de Pierre Bérégovoy. Mais, dès le dernier mot prononcé, il s'est immédiatement éclipsé pour éviter la meute. C'est alors que Bérégovoy a scellé son sort, devant quelques journalistes agglutinés autour de lui :

– Alain Boublil a été très injustement attaqué, il faut qu'il dispose d'une situation qui lui permette de défendre son honneur.

C'est un pauvre prétexte. Pierre Bérégovoy avait tous les moyens juridiques pour défendre l'honneur de son directeur de cabinet, s'il avait pensé que c'était possible, et s'il l'avait souhaité. Mais Boublil lui-même, qui mesure à quel point sa présence est devenue encombrante, a décidé de jeter le gant. Depuis quinze jours, il est aux abois. Contre lui, la presse s'est déchaînée, alimentée par les inimitiés et les jalousies accumulées depuis huit ans. Le ministère des Finances n'est plus dirigé : la plupart des énarques, à la tête des grandes directions, attendaient l'hallali et y ont parfois participé, savourant leur revanche de voir ainsi « l'étranger » pris au piège qui s'est refermé avec la révélation de sa présence sur le yacht de Traboulsi. A deux reprises déjà, Michel Rocard avait demandé la tête d'Alain Boublil. Dans les deux cas, François Mitterrand avait dissuadé son ministre de la lui donner, estimant que cela aurait valeur d'aveu. Cette fois sera la bonne. Pierre Mauroy a sonné la charge en soulignant que les responsabilités publiques impliquaient, pour ceux qui les exercent, une grande prudence dans le choix de leurs relations. Voilà constitué le délit de fréquentation. Le premier secrétaire du parti socialiste aurait-il tenu les mêmes propos s'il avait su que Traboulsi était chez Edgard le 13 novembre, à la fête de Pierre Bérégovoy?

Le 20 janvier au matin, Boublil donne sa démission de directeur de cabinet du ministère de l'Économie et des Finances. La rage au ventre, il rejoint son appartement cossu, sans plus, de la rue Pierre-Charron devant lequel, pendant plusieurs semaines, une voiture de police montera la garde. Dans son courrier, au milieu de missives contournées ou impersonnelles de ministres et de grands industriels, arrivent des lettres anonymes avec menaces de mort et insultes antisémites. Au Racing, tout est clair : il est coupable. Les mêmes qui le flattaient se détournent de lui. Au lycée, ses enfants sont désormais affublés du charmant surnom de « Pechiney ». La férocité du microcosme pour les vaincus est sans limites. Mais Boublil a les qualités de ses défauts : il tient le choc dans l'adversité. Ou, du moins, fait semblant.

Hervé Hannoun le remplacera. Venu de l'Élysée, c'est un homme discret, compétent et rigoureux. Inspecteur des Finances, à la différence de Boublil, il est en revanche comme lui d'origine juive pied-noir. Ce choix n'est pas innocent : l'inspection des Finances veut bien assumer le rejet de Boublil en tant qu'étranger au corps, mais pas en tant que corps étranger. Conclusion en forme d'épitaphe d'un haut fonctionnaire du ministère : « Si Boublil avait fait partie de notre corps, peut-être ne se serait-il pas mis dans une situation aussi délicate, mais jamais, assurément, il n'aurait été lâché de la sorte. »

Sitôt Boublil parti, la machine semble s'emballer. Voilà que *Le Monde,* dans son édition du week-end, annonce « à la une » que Patrice Pelat n'aurait pas seulement acheté 10 000 actions en clair, mais 40 000 autres par la Suisse, et qu'un rapport en ce sens aurait été remis au président de la République. Cette information est rendue crédible par le fait qu'entre Experta Treuhand – une société fiduciaire de Zurich qui a acheté 20 000 actions Triangle avant l'accord avec Pechiney – et Arfina, la société jadis actionnaire de Vibrachoc, basée au Lichtenstein, et qui semble avoir appartenu à Patrice Pelat, il existe un lien : Pierre-Nicolas Rossier, directeur de la première, a été administrateur de la seconde. Coïncidence troublante, encore qu'il existe, en Suisse et au Lichtenstein, beaucoup d'hommes comme Rossier, qui gèrent les fonds d'une importante clientèle française. Ils sont souvent administrateurs de multiples sociétés écrans. Curieusement, cette information fera l'effet d'une bombe, alors qu'un tel achat ne change pas la nature de l'infraction éventuellement commise par Patrice Pelat. Elle a d'ailleurs été démentie deux jours plus tard par l'Élysée : aucun rapport ni aucune note sur ce sujet n'auraient été remis au président. Il semble que *Le Monde* ait été victime d'une manipulation organisée à l'Élysée par Gilles Ménage, visant à conduire le journal sur une fausse piste, à le laisser s'y enferrer, pour mieux le décrédibiliser sur ce dossier et protéger ainsi le château. Car les noms de plusieurs conseillers – notamment Jacques Attali et Charles Salzmann – commencent à circuler avec insistance. L'opération réussit partiellement : l'affaire Pechiney ne connaîtra plus que des soubresauts. [1]

On s'agite encore un peu lorsque *L'Express* révèle, le 26 janvier, que Samir Traboulsi a acheté plus de 500 000 actions de la Société Générale entre juin et sep-

1. La démarche en France de deux représentants de la SEC américaine, rentrés soudain aux États-Unis après le refus opposé, en juin, à leur demande d'entendre Jacques Attali, est ainsi passée pratiquement inaperçue.

tembre 1988. S'agit-il du chaînon manquant entre les deux affaires, qui ne feraient qu'une, avec des initiés communs? L'État, la société d'économie mixte sont-ils en cause? L'hypothèse fait long feu. Car Traboulsi a fait des opérations de *trading,* achetant et vendant des actions le même jour, pour dégager des plus-values instantanées. Et puis n'a-t-il pas tout vendu en septembre, juste au moment où sa spéculation aurait pu devenir véritablement fructueuse?

En revanche, cette révélation de *L'Express* commence à inquiéter la place de Paris. Car elle provient des relevés – secrets – des transactions boursières. Où va-t-on, si ce genre d'informations est mis sur la table, en dehors du cadre strict des enquêtes de la COB? Il y a de quoi faire fuir tous les grands investisseurs vers des cieux plus cléments. La boue a été assez remuée, puisque l'objectif de la manœuvre a été atteint, avec le départ de Boublil et la victoire de Michel Rocard sur Pierre Bérégovoy à propos du dénoyautage des entreprises privatisées en général, et de la Générale en particulier. Pierre Bérégovoy mesure à quelle vitesse s'est envolé le crédit qu'il avait accumulé au cours du premier septennat. Vaines, rendues publiques et non suivies de sanctions, ses interventions auprès de Jean Peyrelevade et de Michel Albert l'ont ridiculisé, à droite comme à gauche, auprès de ceux qui placent l'État au-dessus de tout, et même du bon sens. Il faut en finir, et vite, s'il veut garder une chance de se refaire une virginité et de jouer son rôle dans les batailles politiques futures, lui qui rêvait, pour commencer, de succéder à Michel Rocard à Matignon.

Déjà, en demandant à voir sans intermédiaires Marc Viénot à deux reprises (les 5 et 12 décembre), Pierre Bérégovoy avait cru pouvoir dénouer lui-même l'affaire, en en tirant un bénéfice personnel. Il avait dû vite déchanter. Même en tête à tête face à son ministre, Marc Viénot, au demeurant fort aimable, n'avait pas varié d'un pouce : pas question de faire entrer Georges Pébereau à son conseil, pas question de laisser un seul actionnaire détenir plus de 4 % de son capital. De ces entrevues, les deux hommes gardent un goût amer. Bérégovoy parce qu'il a échoué et qu'une fois encore un président lui a résisté, alors qu'en théorie il a tout pouvoir de nuisance sur une grande banque, même privée; Viénot parce qu'il a été effrayé par la faible connaissance qu'avait le ministre du dossier. N'a-t-il pas confondu la SIGP, coquille de Georges Pébereau créée pour conduire l'attaque, avec la CGIP, holding de tête de la famille De Wendel, présidée par Ernest-Antoine Seillière? Plus grave : Bérégovoy, si l'on en croit Viénot, n'avait pas la moindre idée de ce que peuvent être les règles de gestion d'une entreprise privée. Le ministre ne voulait pas comprendre que faire entrer Pébereau au conseil (même avec la garantie écrite qu'il resterait inerte) aurait gravement démobilisé les cadres de la banque, après ce qui s'était passé. Le Ministre n'y a vu qu'*a priori* politique et mauvaise volonté à son égard.

Bérégovoy a donc finalement dû se résoudre à confier à des mains plus expertes le règlement de ce dossier empoisonné. Mais en demandant au directeur du Trésor d'assurer cette mission « selon ses directives », Pierre Bérégovoy signait dans les faits son acte de reddition. Car Jean-Claude Trichet, auparavant directeur de cabinet d'Édouard Balladur, avait, à ce titre, piloté toute la politique des privatisations. Le ministre confie à l'organisateur des noyaux durs le soin de dénouer un conflit né des tentatives de les briser!

Le temps presse. Avec Trichet tout devrait, pense-t-on, aller vite. La compétence de cet inspecteur des Finances de quarante-sept ans est reconnue de tous, ainsi que son ouverture d'esprit. C'est un homme de service public, presque une caricature. Pour lui, dans certaines limites, toutes les politiques sont bonnes, à condition qu'elles soient techniquement bien conduites. Il s'y emploie, là où il est, avec toutes ses capacités, qui sont considérables. Alors qu'au plus fort des « affaires », la classe politique et les médias de droite vouaient aux gémonies la notion même d'économie mixte, Trichet prenait du recul : le mélange du public et du privé est consubstantiel à toutes les économies développées, et il fait partie intégrante du patrimoine français : Saint-Gobain n'a-t-elle pas été créée par décret royal ? Au fil des ans, estime-t-il, la France a théorisé, comme nulle part ailleurs, le rôle et le fonctionnement d'un secteur public concurrentiel. « En partie grâce à cet ancrage historique qui dépasse les discours politiques, mais aussi en raison de la compétence des élites issues principalement des grands corps, la France est le seul pays qui a réussi aussi bien ses nationalisations que ses privatisations, en l'espace de cinq ans », reconnaît Jean-Claude Trichet qui, peut-être par la force des choses, porte en lui fièrement les bases d'un vrai consensus national. La situation actuelle lui convient : son job, c'est de rationaliser des choix politiques, dans le cadre du système en place. En rejetant aussi bien les nationalisations que les privatisations, le président a tranché le débat : « A partir de là, il faut faire fonctionner le *stand still,* et je m'y emploie, dans la mesure de mes moyens. » [1]

Trichet accepte donc de bon cœur la mission de Bérégovoy. Sur le fond, il est ravi de pouvoir mettre un terme à la bataille pour le contrôle de la Société Générale, simplement en raison du préjudice qu'elle cause à la place financière de Paris, dont l'image se ternit rapidement à l'étranger. Sur la forme, dénouer un tel imbroglio est le type même de défi dont sont friands des hommes comme Jean-Claude Trichet. Les bons énarques – et particulièrement les inspecteurs des Finances – adorent débrouiller les dossiers les plus tordus. C'est leur fonds de commerce. Il y faut de la volonté, de la compétence et de la diplomatie, autant de qualités dont Trichet a été amplement pourvu par la nature.

Pourtant, même paré de toutes ses compétences, adoubé par son ministre et assuré de la volonté d'en finir affichée par les deux protagonistes, Jean-Claude Trichet aura toutes les peines du monde à obtenir la paix. Comme deux molosses tétanisés de rage à force d'avoir mordu dans la même carcasse, ni Georges Pébereau ni Marc Viénot ne sont vraiment prêts à lâcher le morceau. Leurs positions de départ sont

1. Entretien avec l'auteur.

inconciliables. Pébereau sait qu'il a perdu, mais exige qu'on lui sauve la face. Il faut que lui-même garde voix au chapitre, du moins formellement, et que ses actionnaires s'en sortent avec une plus-value minimale. Question de crédibilité, à la fois dans le monde traditionnel de la politique et des affaires, et dans celui du capitalisme tout court : a-t-on déjà vu un raider échouer sans même gagner un peu d'argent ? Ce qui a été garanti aussi bien à Framatome qu'à Schneider dans la bataille pour le contrôle de Télémécanique, pourquoi le lui refuserait-on ? Ce faisant, Pébereau est fidèle à son personnage. D'accord pour la prise de risques, mais à condition que d'autres veuillent bien ramasser les verres cassés derière lui...

Marc Viénot sait qu'il a gagné, mais n'entend pas faire, par calcul politique, comme s'il avait perdu. Lui aussi joue sa crédibilité auprès de ses troupes, plus qu'auprès de l'establishment privé maintenant désireux d'en finir vite. « Je veux bien manger mon chapeau, mais seulement le bord », résume-t-il plaisamment dans *Paris-Match.* Ses exigences ? Il ne veut toujours pas de Pébereau à son conseil, exige la dissolution de la SIGP mais consent à élever à 4,5 % le seuil au-dessus duquel il n'admet pas d'actionnaires. Dernier impératif, qui ne facilitera pas la tâche de Jean-Claude Trichet : il n'est pas question qu'il rencontre Pébereau, ni même qu'il appose sur un quelconque document sa signature à côté de la sienne ! « C'était Israël et l'Égypte après la guerre du Kippour », résume Jean-Claude Trichet, qui s'efforcera de jouer les Henry Kissinger, recevant Pébereau et Viénot en alternance, essayant de les faire parler, de discerner leurs motivations et leurs blessures psychologiques. Presque une psychanalyse ! Il faut, en plus, faire comprendre à Robert Lion, défait mais encore flambard, qui a gagné et qui a perdu...

Pour faire évoluer les positions des deux protagonistes, Jean-Claude Trichet a cherché avec eux les « tiers décisifs », c'est-à-dire les hommes ayant gardé leur crédit personnel auprès des deux adversaires, et à ce titre capables de l'épauler dans son rôle de *go between*. Après la bataille, il n'y en a plus guère. Tous les « parrains » de l'establishment étaient récusés par Pébereau, et les patrons d'entreprises publiques, à deux exceptions près, par Viénot. Ne sont finalement restés que Claude Bébéar, le patron d'Axa, et Jean-René Fourtou, celui de Rhône-Poulenc, l'homme qui passe entre les gouttes.

La position de Bébéar est impossible. « Il a pris des risques importants vis à vis de l'establishment dont il avait besoin, alors qu'il n'avait pas encore dénoué ses propres opérations, résume Jean-Claude Trichet, ce qui démontre courage et lucidité de sa part. » Bébéar s'engage en effet à fond dans la négociation alors que, dans la bataille qui va l'opposer à Bernard Pagezy pour le contrôle d'Axa-Midi, le poids de Robert Lion risque d'être déterminant. La Caisse des Dépôts détient en effet 5 % d'Axa-Midi, que guettent les Generali, et son choix, qui pourra faire basculer l'assemblée de son côté ou de celui de Pagezy. Pour cette même raison, en opposition à ses principes, Pagezy s'était rangé dans le clan Pébereau-Lion. Le terrain est miné. Bébéar s'y avance néanmoins.

D'abord, calmer les esprits. C'est sans doute pour cela que la COB a tant tardé à déclencher une enquête sur les éventuels délits d'initiés dans l'affaire de la Société Générale, alors que, sur instruction du gouvernement, elle avait été poussée à aller au fond des choses dans l'affaire Pechiney. [1] Trichet assure qu'aucune pression n'a été exercée sur Jean Farge pour le dissuader d'engager une enquête susceptible de polluer sa mission de conciliation. La COB se serait-elle

1. De la même manière, alors que le rapport de la COB sur Pechiney a été rendu public – une première en France –, celui sur la Société Générale restera secret. Le collège de la COB s'est contenté, dans le creux du début août, de publier un communiqué alambiqué et allusif, qui ne cite aucun nom et sépare sur des critères flous les faux initiés (ceux qui ont été mis dans la confidence de l'opération en préparation par Georges Pébereau) des « vrais ». Parmi ceux-ci, on apprendra – grâce au *Point* – le nom du principal d'entre eux : Jean-Pierre Peyraud, 77 ans, ancien directeur de la banque Rivaud et ancien actionnaire de *la Vie Française*, l'*AGEFI* et *la Tribune de l'Économie*, avant leur rachat par l'Expansion. Il aurait empoché une plus-value de 35 millions de francs sur les 42 millions de plus-values illicites identifiées par la COB. Les autres initiés auraient également appartenu à la banque Rivaud. La COB a transmis son rapport à la justice, à charge pour cette dernière de mener éventuellement sa propre enquête et, pourquoi pas, de poursuivre...

donc retenue par autocensure? Prudence au demeurant compréhensible. Car, lorsqu'elle a finalement ouvert son enquête, sous la pression de l'opposition parlementaire, tout a bien failli capoter : c'est après une visite de deux inspecteurs de la COB à Christian Pellerin – et son évocation dans la presse – que ce dernier a accusé Pébereau de lui avoir demandé d'acheter des titres en direct, parallèlement à sa participation à son dispositif. Au moment où les deux hommes se sont traînés en justice, la mission Trichet a bien failli capoter.

Finalement, Jean-Claude Trichet est parvenu à conclure. Le jeudi 23 février, à l'issue d'un déjeuner donné au ministère des Finances en l'honneur du président de la Banque européenne d'investissement, Marc Viénot a consenti à signer un document – qui ne porte pas le titre de protocole d'accord – dans lequel figurent les principes d'un compromis, sous l'autorité du directeur du Trésor, qui aura seul la charge d'en mettre au point les applications pratiques. Viénot n'a pas cédé : il n'a pas apposé son paraphe à côté de celui de Pébereau. C'est ce dernier qui, deux heures plus tard, signera le même document. La diplomatie est un art!

Un seul exemplaire de ce document existe, enfermé à double tour dans le coffre du directeur du Trésor. Il précise, dans ses grandes lignes, que la SIGP sera dissoute et ses actions de la Société Générale réparties entre les différents investisseurs, selon des pourcentages très précis, garantis par des pactes sous seing privé entre les uns et les autres [1].

Marc Viénot a gagné sur toute la ligne. La part des entreprises publiques actionnaires est passée de 11,8 % à 22 % mais celle des entreprises privées de 12 % à 32,5 %. Avec

1. Secteur public : 22,2 % (Caisse des Dépôts : 6 %; Rhône-Poulenc : 4,5 %; UAP : 1,5 %; Gan : 4,9 %; AGF : 3,8 %; État : 1,5 %). Grands investisseurs privés : 32,2 % (AXA-Midi : 4,5 %; CGE : 4,5 %; Commercial Union : 4 %; Meiji Life : 4 %; divers : 15,1 %). Société Générale elle-même : 14,4 % (autocontrôle : 6,2 %; caisse de retraite : 1,3 %; personnel : 6,9 %). Marché : 31,3 % (dont 19 % détenus par des clients de la banque, et 0,4 % par... Marceau Investissements.) Classer Marceau Investissements, membre initial du noyau dur, avec le « marché » plutôt qu'avec les « grands investisseurs privés » est un dernier coup de patte envoyé par Viénot à Pébereau.

l'autocontrôle, les actions détenues par la caisse de retraite et par le personnel, la position de Viénot ne peut être remise en cause, d'autant que 19 % du capital de la banque sont détenus par ses propres clients. Elle est même confortée. Sur un seul point, Viénot a cédé : alors qu'il refusait que quiconque détienne plus de 4,5 % du capital de « sa » banque, il accepte que la Caisse des Dépôts figure à hauteur de 6 %. Mais là encore, un compromis très diplomatique a été mis au point : 2 % seront portés par des filiales de la Caisse. Plus important : elle ne sera pas représentée au conseil – ce que Robert Lion avait d'ailleurs exclu depuis le début de l'opération. N'est-ce pas l'essentiel? Le GAN, lui aussi, dépasse avec 4,9 % la barre des 4,5 %. Mais de si peu!

Voilà pour le capital. Le conseil d'administration sera en outre élargi, laissant la place à trois nouveaux arrivants : Claude Bébéar (Axa-Midi), Louis Schweitzer (l'ancien directeur de cabinet de Laurent Fabius, devenu numéro deux de Renault) et Jean-Pierre Aubert, conseiller d'État et filleul du président de la République [1]. Voilà qui compense le retrait de Jean-Louis Descours, que Viénot souhaite voir disparaître lui aussi de son champ de vision.

Les prix de cession des actions entre les anciens et les nouveaux actionnaires devaient rester secrets. Le principe sur lequel s'est engagé Trichet est que tous les attaquants dégageront une plus-value identique et modeste, quelles que soient leurs dates d'achat (officielles). C'est ainsi que la Caisse des Dépôts, qui avait acheté 2 % des actions au plus bas, après le krach, paiera le solde plus cher que les autres. Mais une autre difficulté vient de ce que le prix d'achat moyen des attaquants est, selon eux, de 485 francs par action, un chiffre voisin des cours de Bourse. Pas question donc, compte tenu des frais, de prendre la valeur boursière comme base des prix des cessions internes : Pébereau, Leven, Descours, Dalle et les autres y seraient (théoriquement) de

1. Le choix de Louis Schweitzer créera un mini-drame chez Renault où Raymond Lévy, informé au tout dernier moment, n'appréciera ni le fond, ni la forme de cette décision. Louis Schweitzer a-t-il été choisi pour faire pendant à Jacques Calvet, autre administrateur?

leur poche. Mais les acheteurs sont convaincus que les attaquants ont gagné de l'argent par ailleurs, et ne sont guère disposés à leur offrir un bénéfice supplémentaire. Commentaire acide, quelques semaines plus tard, de Marc Viénot devant l'Association des journalistes économiques et financiers : « Plus je me suis approché du montage SIGP, plus mon étonnement a crû, et plus ma considération pour les personnages a décrû. »

Finalement, un prix de cession interne de 525 francs par action a été accepté. Mais plus tard, lorsque Pébereau se rendra compte que des raisons fiscales imprévues vont entraîner des frais supplémentaires, il décrochera un petit supplément de prix : Jean-Claude Trichet a tenu ses engagements. La différence entre les prix de cession et les cours de Bourse pose des problèmes d'une extrême complexité. Pas question de laisser prise à une accusation de favoritisme, par rapport aux détenteurs normaux d'actions Société Générale qui vendent directement sur le marché. Trichet a donc conçu un montage complexe dont l'idée de base est de procéder simultanément à une scission de la SIGP, propriétaire des actions, et à une cession de ces mêmes actions de la banque, à des prix différents. Bravo l'artiste! Le montage tient juridiquement la route même si, sur le plan de l'équité, il n'est guère défendable.

Le reclassement des titres prendra plusieurs mois, mais dès la fin février il est devenu clair que la bataille pour le contrôle de la Société Générale est terminée, et qu'elle s'est conclue par la victoire des défenseurs et la déroute des assaillants. L'accord final sauve à peine les apparences, ce que traduira Marc Viénot – une nouvelle fois – par une formule choc : « Champagne pour nous, mousseux pour eux! »

Les conséquences de cet événement seront incalculables. A court terme, on reste bien entendu dans le rituel droite-gauche. Pour tenter de rebondir et de donner un sens à ce qui n'était qu'une opération brouillonne et mal conduite, Pierre Bérégovoy a fait voter une loi sur les modalités d'application des privatisations, dite « loi de dénoyautage ». Elle consiste à rendre la liberté de vendre ou d'acheter leurs actions aux membres des noyaux durs des privatisées, sans attendre la période de deux ans initialement prévue. La belle affaire! L'objectif affiché est d'obliger les présidents d'entreprise privatisée à traiter convenablement leurs actionnaires publics. « S'il souhaitent les conserver, ils devront leur réserver la place qui leur revient, précise début juin Véronique Neiertz, secrétaire d'État auprès de Pierre Bérégovoy, faute de quoi la vente des titres ou le regroupement des participations publiques seraient envisagés. » Mais les actionnaires publics ont été généralement traités sur un strict plan d'égalité, dans la mesure où ils ne s'appuyaient pas sur des attaquants extérieurs pour déstabiliser les directions des entreprises... La menace, pour les entreprises privatisées, est de voir les actionnaires publics se regrouper pour faire pression sur leurs conseils. Ou bien, en se retirant, de faire tomber les cours et fragiliser les entreprises. Comme si l'État pouvait trouver une quelconque légitimité dans de telles pratiques!

En réalité, le projet de loi Bérégovoy vise surtout à faire pression sur les présidents d'entreprise publique, pour que ne puisse se reproduire son humiliation dans l'affaire de la Société Générale. Lui aussi a besoin de sauver la face! Avec cette loi, Pierre Bérégovoy, confronté au refus opposé par Jean Peyrelevade à l'achat d'actions supplémentaires de la Société Générale, « faute de synergie », aurait pu l'obliger à vendre sa participation au GAN, dont le président s'était montré plus docile. Le ministre des Finances se trompe évidemment sur l'impact réel d'une telle loi dans le cadre du nouveau rapport de forces établi entre l'État et les entreprises, publiques et privées. Il surestime aussi le poids des entreprises publiques, y compris celui de la Caisse des Dépôts, qui ne peuvent mettre sur la table que quelques milliards de francs au mieux, alors que la valeur boursière des grandes entreprises privées françaises se chiffre désormais en dizaines de milliards de francs. Mais puisqu'on est dans le rituel, les députés et sénateurs d'opposition combattront vigoureusement ce projet de loi. Ils fustigeront les « nationalisations rampantes », tandis que les communistes, symétriquement, dénonceront les « privatisations larvées ».

Rituelle encore, l'attitude de la CGE qui, profitant de la faiblesse du pouvoir, s'empressera de réaliser en avril 1989 ce qui lui avait été déconseillé en juin 1988 : en absorbant ses deux filiales Alsthom et Financière Alcatel, elle accapare la trésorerie de ces entreprises et porte sa capitalisation boursière à 40 milliards de francs, ce qui la met à l'abri d'éventuelles tentatives de dénoyautage conduites par des industriels privés amis du pouvoir : aucun n'a tant d'argent ! La CGE ne s'en tient pas là : avertie qu'Étienne Dailly, vice-président du Sénat, s'apprêtait à déposer une proposition de loi interdisant, à terme, l'autocontrôle [1], la CGE a imaginé un contre-feu : la limitation à 8 % des droits de vote des actionnaires, quel que soit le nombre des titres qu'ils détiennent. Une mesure ouvertement antilibérale, qui ne manque pas de piquant venant d'un président militant RPR, grand pourfendeur des nationalisations; mesure immorale aussi, parce que les actionnaires ont acheté un titre en fonction de plus-values attendues, notamment en cas d'attaque boursière; mesure inefficace enfin, car rien n'empêche théoriquement un éventuel attaquant de confier ses titres à diverses filiales ou mains amies, à hauteur de 8 % chacune. Comme, en outre, le projet de loi Bérégovoy donne aux pouvoirs publics un droit de veto sur les OPA hostiles lancées sur les sociétés privatisées, on est fondé à penser que cette décision de la CGE procède d'une stratégie fantasmatique : le rêve d'un retour au paradis perdu, c'est-à-dire à la situation d'avant 1981 où les conseils d'administration des

1. Détention, par une société ou par ses filiales, de ses propres titres, l'autocontrôle est un moyen très commode de protection des conseils d'administration contre les interventions extérieures qui pourraient les déstabiliser. Mais les mésaventures de Creusot-Loire permettent de mesurer les dangers d'une telle organisation qui conduit à créer des groupes fragiles, en cas de difficulté. Cette pratique est une insulte à l'esprit : à qui appartiendrait une entreprise entièrement autocontrôlée? Elle est, pour toutes ces raisons, interdite dans la plupart des pays vraiment capitalistes.

grandes entreprises privées coulaient des jours heureux, à l'abri de toute agression extérieure.

L'échec de l'attaque sur la Société Générale aurait-il donné le signal de la restauration? D'un retour aux vertiges malsains d'un capitalisme sans capitaux, fondé sur la cooptation d'establishment, au mépris des actionnaires, de leur égale information et de leurs responsabilités proportionnelles à leur apport en capital? Alors que les nationalisations s'étaient paradoxalement accompagnées d'une véritable libéralisation de l'économie et des comportements, selon les critères démocratiques du capitalisme anglo-saxon, va-t-on revenir vers le vieux système français qui refuse la sanction publique, interdisant le renouvellement des dirigeants, dont 1981 a marqué, d'une certaine manière, la faillite complète? Assurément non. La surréaction de Suard, personnelle et politicienne, est isolée, et d'ailleurs vertement critiquée, en France comme à l'étranger, à gauche comme à droite. [1]

Bien au contraire, l'attaque ratée sur la Société Générale a traduit – et en même temps accéléré – le renouveau complet de l'organisation du pouvoir économique en France, ainsi que l'évolution profonde des comportements. Le refus opposé par Peyrelevade à son ministre est un acte qui n'est ni gratuit, ni innocent. Cette attitude a mis en évidence le désarroi d'une certaine classe de dirigeants, marquée par ce passé de collusion organique entre l'État et les entreprises, et l'émergence d'une bande de loups prêts, tous crocs dehors, à chasser l'ancienne pour occuper le devant de la scène.

1. Jean Peyrelevade, coopté par l'establishment administrateur de la CGE après le dénouement de l'affaire Société Générale, s'abstiendra cependant de critiquer cette mesure de restauration, décidée au cours du premier conseil auquel il a assisté.

17

LES PARRAINS SONT FATIGUÉS

A mort l'arbitre!

Bernard Pagezy, la gorge nouée, livide, ramasse ses papiers, heurte un fauteuil, franchit les travées de la salle du conseil, s'approche d'Eugenio Coppola di Canzano, qu'il connaît depuis vingt ans et lui lance :

– Votre comportement n'est pas digne, pas amical, et en tout cas pas conforme à ce qu'on attend d'un institutionnel! Vous ne deviez pas vous prêter à une opération à la hussarde, ni vous associer au vidage scandaleux d'administrateurs de qualité... Je n'ai aucune considération pour vous, ni pour la banque Lazard... votre image en France sera durablement ternie!

Le représentant de la compagnie d'assurances italienne Generali a vaguement bafouillé quelque chose d'inintelligible. David Dautresme, associé de la banque Lazard, s'est précipité auprès de Pagezy pour tenter de le calmer. Celui-ci l'a écarté sans ménagement et a quitté la salle, pour ne plus jamais y revenir : en quelques minutes, Pagezy vient d'être chassé de la Compagnie du Midi, qu'il avait mis un quart de siècle à construire. Un peu plus tôt, son ami Olivier Lecerf, alors patron des Ciments Lafarge, les larmes aux yeux, avait annoncé sa démission, immédiatement suivi de Jacques Calvet, tout de fureur contenue, qui s'en est allé lui aussi, sous les applaudissements. Voilà que, devant témoins, les loups se déchirent entre eux.

On attendait depuis plusieurs semaines cette assemblée générale de la Compagnie du Midi du 28 février 1989, réunie pour départager Bernard Pagezy, son président, et Claude Bébéar, patron d'Axa, qui s'était associé avec lui dix mois plus tôt pour contrer l'attaque des Generali, avec l'aide des pouvoirs publics. Aux divergences stratégiques profondes (Pagezy voulait garder à Midi son caractère de groupe diversifié, Bébéar souhaitait focaliser toutes les ressources sur son métier de base, l'assurance) s'étaient ajoutées les querelles d'hommes, exacerbées par l'affaire de la Société Générale, conclue la semaine précédente. Une mission de conciliation avait été demandée par les deux protagonistes à François Michelin et à Jacques Calvet, administrateur de Midi.

A 9 h 30, quand s'ouvre la séance, dans ce petit hôtel XVIIe de la rue de l'Université, personne ne sait comment les choses vont tourner. Les Generali, qui possèdent 34 % des actions avec la banque Lazard, leur associée, voteront-elles les résolutions de Bébéar (actionnaire à hauteur de 18 %) ou celles de Pagezy, président sans capital ? Quelle sera la position de Robert Lion (la Caisse des Dépôts possède 5 % du capital du Midi) alors que Pagezy l'a soutenu dans son opération sur la Société Générale, et que Claude Bébéar a contribué à la dénouer en lui sauvant la face ? Les principales résolutions concernent la nomination de nouveaux administrateurs représentant Generali (Eugenio Coppola), Lazard (Antoine Bernheim) mais surtout trois sièges supplémentaires pour Axa, qui donneraient voix prépondérante à Claude Bébéar. Pour faire entrer de nouveaux administrateurs, d'autres doivent partir, et Pagezy a prévenu qu'il se solidariserait du sort dévolu à Pierre Célier, vice-président de Midi, président de Marine-Wendel, et de Raymond Doumenc, ancien président des Ciments Français. Une vraie bataille pour le pouvoir est engagée.

Chacun a parlé. Pagezy le premier, qui a dû s'expliquer, en « tournant sa langue », sur son engagement dans l'attaque sur la Société Générale : « Il existe une quantité de raisons pour ne pas répondre négativement à une demande des pouvoirs publics », a-t-il finalement lâché. Puis il définit ses choix stratégiques, en complète contradiction avec ceux de Claude Bébéar. Ce dernier prend à son tour la parole et, par précaution, lit un texte. Tout le monde se méfie : chacun est d'ailleurs venu avec ses propres huissiers ! Sur un ton de plus en plus violent, le chasseur d'éléphants s'étonne que ses résolutions n'aient pas été mises à l'ordre du jour (« ce qui est contraire à la loi », dit-il) et définit sa stratégie focalisée sur la seule assurance, avec la volonté de croître et de s'insérer dans un ensemble européen, « à condition que chacun reste maître chez soi », pour mieux faire pièce aux Japonais et aux Américains. L'attitude de Bernard Pagezy, qui n'a soutenu aucune de ses résolutions, le révolte :

– Voilà comment on traite ceux qu'on est venu chercher il y a dix mois pour se sortir d'un mauvais pas...

Vient le tour d'Eugenio Coppola, qui a demandé à parler en dernier. Posément, il explique que l'intérêt des Generali s'est accru depuis que « Pagezy a appelé Bébéar pour nous contrer, car l'opération a doublé le secteur assurances du Midi, ce qui constituait un attrait supplémentaire ». Coppola lâche alors, d'une voix sourde :

– Nous n'avons aucune raison de nous opposer à Claude Bébéar.

Pagezy a perdu. Le groupe géant italien vient de faire basculer le pouvoir au sein de la première compagnie d'assurance privée française, dont il est le principal actionnaire. Mais Pagezy n'est pas au bout de ses surprises. Tandis qu'on vote à main levée sur les résolutions, il apparaît que la Caisse des Dépôts vote avec Axa. « Tiens donc... » s'étonne Pagezy, qui réalise alors qu'il a perdu sur tous les tableaux en se rangeant du côté de Pébereau, c'est-à-dire des perdants. La plupart des autre grands actionnaires du Midi se sont, eux, immédiatement précipités du côté des vainqueurs, votant la mise à mort de Pagezy à plus de 85 % des voix. Avec une abstention remarquée : celle de Michelin.

Il y a bien sûr des raisons objectives à ce renversement d'alliances. Seul face aux Generali, Pagezy était trop fragile, tandis qu'avec ses soutiens français, Bébéar peut opposer aux

Italiens un bloc contrôlant 48 % des actions. L'essentiel, pourtant, n'est pas là. Pagezy a perdu la confiance de ses actionnaires. La pression des Generali et la coexistence avec Bébéar l'ont psychologiquement déstabilisé. Pour sauver son poste, il a mené cinq négociations – souvent contradictoires – en moins d'un an avec différents partenaires, mais aucune n'a abouti. « Il tirait les sonnettes, avec un mélange d'arrogance hautaine et de naïveté, persuadé que son seul pedigree et les menaces dont il était l'objet suffiraient à nous faire voler à son secours », raconte un de ceux qui ont été contactés. Mais la France a changé. Manager sans capitaux, plus solitaire que jamais, le vieux loup n'a pas les moyens de résister à la meute lâchée à ses trousses. Elle ne respecte plus rien ni personne.

Aucun sage n'est parvenu à empêcher l'irréparable. Nulle personnalité n'a pu séparer les deux belligérants et leur faire admettre un *modus vivendi*. De la même manière, il ne s'est trouvé aucun « parrain » pour empêcher le jeune Bernard Arnault de s'entre-déchirer, en pleine lumière, avec le vieil Henri Racamier, pour le contrôle de LVMH, le grand du luxe français, après qu'Alain Chevalier, haute figure du patronat français, avait été éliminé du jeu parce qu'il ne possédait rien d'autre que sa compétence de manager. Et que dire de la Société Générale? Cette affaire qui, en apparence, a mis aux prises deux entrepreneurs privés, a été initiée dans le bureau du directeur de cabinet du ministre des Finances et conclue huit mois plus tard dans celui du directeur du Trésor, à deux pas de là, sous les lambris dorés des grands bureaux de la rue de Rivoli! Si l'affaire la plus grave du début du septennat n'a pu être réglée que par le directeur du Trésor, n'est-ce pas le signe d'une faillite du grand patronat privé, qui réglait jadis ce type de conflits en écoutant toutes les parties en cause – y compris l'État, et parfois d'abord lui – avant de rendre des arbitrages secrets et respectés?

Jacques Ferry, lorsqu'il présidait la Chambre syndicale de la sidérurgie (descendante des maîtres de forges) et surtout

François Ceyrac, président du CNPF jusqu'en 1981, ont été les derniers de ces monstres sacrés. Ambroise Roux s'y est efforcé, mais n'y est pleinement parvenu qu'entre 1981 et 1986, lorsqu'il a fallu défendre les grands intérêts privés, face à une gauche ignorante des vrais rapports de forces.

Les nationalisations de 1982, les réactions mécaniques (que faire des sommes reçues lors des indemnisations, souvent très supérieures à la valeur réelle des entreprises nationalisées ?) et idéologiques qu'elles ont suscitées ont pu donner, pendant quelques années, l'illusion d'un renouveau du grand patronat privé, sous la houlette d'Ambroise Roux, tel que l'a bien décrit Stéphane Denis [1]. Roux avait été assez courageux pour quitter la CGE lors de sa nationalisation, assez critique pour rassembler les troupes sur quelques idées simples, assez souple pour ne pas couper le fil des négociations avec le pouvoir socialiste, au plus haut niveau. Stéphane Denis a ainsi révélé son intervention décisive pour que soient immédiatement revendues (à la Banque Stern et à Duménil-Leblé) les participations indirectement et secrètement acquises par la banque Lazard dans le groupe Rivaud. Il fallait éviter que deux institutions aussi prestigieuses ne viennent à en découdre au grand jour. Les réseaux de solidarité patronaux se sont alors reconstitués, en marge du CNPF. Ambroise Roux a bien été, pendant cette période, le principal « parrain » – au sens de juge du milieu – du grand patronat privé. Même si certains, comme Jacques Calvet, lui ont toujours dénié ce rôle en raison de « son jeu trop personnel ».

Mais ce n'était là qu'un phénomène provisoire. Déjà, pendant la période de cohabitation, ces solidarités s'étaient dissoutes, de nombreux patrons ne supportant pas l'idée de voir refleurir « l'État-RPR » et son emprise sur les affaires. On mesure mal à quel point la reconstitution, à l'identique, des réseaux RPR dans le *big business*, telle qu'elle apparaissait dans les noyaux Balladur, a heurté nombre de patrons de nouvelle génération, quelles qu'aient été leurs opinions politiques. Déjà, la coexistence d'une idéologie anglo-saxonne à

1. *Le Roman de l'argent*, Albin Michel, 1988.

dominante financière – axée sur les appels au marché, le soutien d'institutions comme la banque Lazard à de nouveaux entrepreneurs à l'image de Bernard Arnault ou Vincent Bolloré – et de la vieille idéologie classique, celle d'entrepreneurs plus traditionnels, obnubilés par le rôle de l'État, était grosse de conflits futurs.

Désormais, le CNPF porte en lui ces contradictions puisque cohabitent à sa tête deux hommes à l'idéologie parfaitement divergente, qui affectent de se compléter mais se neutralisent. Le piquant de la situation est qu'ils sont tous deux à contre-emploi. François Périgot, issu d'une multinationale étrangère (Unilever), est un président qui assume toutes les ambiguïtés des relations historiques entre l'industrie et la politique, caractéristiques de la société française traditionnelle. Ernest-Antoine Seillière, héritier des Wendel, qui ont bâti leur fortune sur les contrats du ministère de la Guerre, est en revanche un vice-président très libéral, favorable au désengagement de la puissance publique sur ses seules fonctions régaliennes et désireux de voir les entreprises privées françaises trouver par elles-mêmes les moyens de leur développement et de leur protection. Ultime contradiction : il n'est pas indifférent qu'« Ernekind » soit plus proche de Michel Rocard – qu'il tutoie – que ne l'est François Périgot. Question de génération et de *feeling* : à droite comme à gauche, ceux qui apprécient le grand vent se retrouvent souvent solidaires face à ceux qui, craignant le rhume, préfèrent les atmosphères confinées.

De toute façon, le problème du CNPF n'est pas là, mais dans l'évolution du *business* qui réduit mécaniquement son rôle et son influence. Jadis, les grandes entreprises fondaient leur développement sur les grands programmes publics et les négociations avec l'État de puissance à puissance. Aujourd'hui, les entreprises se battent et se financent sur le marché mondial. Elles n'hésitent donc plus à se singulariser et parfois à en découdre publiquement.

Le grand establishment s'est ressoudé un moment pour s'opposer à l'offensive de Georges Pébereau sur la Société

Générale. Mais si celle-ci a échoué, c'est parce que Georges Pébereau a choqué dans des cercles bien plus larges que ceux du patronat privé. Tous les patrons modernes, et surtout la plupart des élites de gauche, se sont trouvés – une fois n'est pas coutume – dans le même camp. Car l'attaque a épouvanté à double titre. D'une part, elle symbolisait les tentatives de renationalisation rampante, à contre-courant de l'air du temps, réveillant bien entendu tous les fantasmes de la vieille droite, unie comme aux plus belles années du premier septennat Mitterrand : c'était là le fonds de commerce d'Ambroise Roux, qui n'a pas manqué d'en profiter. D'autre part, elle signifiait une tentative de retour à la collusion malsaine des intérêts publics et privés, protégés par le secret, telle qu'on la pratiquait dans les années soixante et soixante-dix; de quoi révulser, à droite comme à gauche, tous ceux qui, en mesurant les avantages de l'économie mixte, refusent le mélange des genres. C'est peut-être pour cela qu'Ambroise Roux, décrédibilisé par la querelle personnelle qui l'opposait à son successeur à la CGE, a pu jouer un rôle essentiel au moment où tout risquait de basculer, mais n'était plus l'homme de la situation pour gérer la sortie de crise. Marc Viénot en était conscient. Entendant les propos laudatifs d'un de ses proches à propos du rôle d'Ambroise Roux dans la bataille, il a lâché, avec son sens de la formule qui ne lui vaudra bientôt plus que des ennemis : « C'est un astre brillant parce que c'est un astre mort. »

Trop vite dit. Car aucun parrain de rechange n'émerge, capable de redonner parole, influence et crédibilité au grand patronat privé. Sont éliminés d'office tout ceux dont les affaires dépendent trop directement de l'État, comme Guy Dejouany (Générale des Eaux), Jérome Monod (Lyonnaise des Eaux), Francis Bouygues et tous les autres patrons d'entreprise de travaux publics ou du bâtiment, Serge Dassault, Jean-Luc Lagardère (Matra) et les quelques autres industriels privés de l'armement. Didier Pineau-Valencienne souffre encore de son attitude jugée arrogante et irresponsable dans la faillite de Creusot-Loire. André Rousselet est trop proche du pprésident et de toute façon n'aspire pas à un tel rôle. Jack Francès (Assurances Victoire) est trop âgé, et Jean-Marc Vernes (qui lui succède) trop exclusivement lié au RPR. Bernard Arnault et Vincent Bolloré sont encore bien trop verts... et déjà contestés.

Les banques peuvent-elles jouer ce rôle de parrains, comme en Allemagne, où elles soutiennent les présidents mais n'hésitent pas à les remplacer lorsque la situation l'exige ? Les grandes banques d'affaires sont hors jeu, ne pouvant être juges et parties. D'ailleurs, Lazard elle-même est déchirée par des dissensions entre ses différents associés gérants : certains continuent de s'appuyer sur l'establishment traditionnel, tandis que d'autres s'efforcent d'adapter à la société française les nouveaux comportements, plus agressifs, du capitalisme anglo-saxon. Les deux grandes banques de dépôt privées sont elles aussi exclues : Marc Viénot sort tout juste de la bataille pour la Générale et Michel Pébereau (CCF) s'y est bien trop engagé même si, aux yeux du grand public, il a su se faire oublier. Les compagnies d'assurances ? Claude Bébéar dispose d'atouts certains mais il lui faudra encore du temps pour faire oublier l'origine mutualiste de ses affaires et surtout son non-conformisme.

Pour jouer ce rôle de parrain, ne restent en vérité que François Michelin et Jacques Calvet. François Michelin est un homme cohérent, constructif, mesuré, respecté de tous. Voyant, à la différence de Calvet, que la conciliation entre Bébéar et Pagezy était impossible, il a su s'écarter à temps. Pour lui, il n'est de pouvoir patronal réel sans règles de comportement strictes et morale solide. Son rôle est important, mais complètement occulte. Sa timidité naturelle, sa peur des médias – il ne supporte pas que ses propos soient résumés, interprétés ou même commentés – et son culte du secret lui interdisent de battre l'estrade, handicap majeur à l'époque de la communication envahissante. Malgré tout, François-Michelin sera le premier grand patron privé à être nommé au Conseil d'État par Pierre Arpaillange, Garde des Sceaux. A la demande de François Mitterrand lui-même.

Ne reste donc en première ligne que Jacques Calvet, qui a participé activement au dispositif de défense de la Société Générale. Par principe et par fidélité : c'est cette banque qui l'a sauvé du désastre en 1983, quand Chrysler a vendu en catastrophe 15 % de Peugeot SA. Pour « sauver » à son tour la Société Générale – en accord avec les Peugeot –, il a même trahi un engagement public : celui de ne pas prendre de participations extérieures au secteur automobile tant que Peugeot SA n'aurait pas réduit à zéro son endettement. Entorse selon lui justifiée, car se nouait autour de la Société Générale « l'avenir du capitalisme français ».

Calvet est un homme étrange, attachant et agaçant. Habité par une force intérieure peu commune, c'est, par excellence, un meneur. Sa méthode est simple : ne rien laisser passer, jamais. Foncer sur tous les problèmes qui se présentent, des plus simples aux plus inextricables, avec un égal appétit. Il résoud les problèmes un à un, en fuyant la théorie pour privilégier le concret. C'est ainsi qu'il a pris le pouvoir au trop gentil Jean-Paul Parayre, lorsque Talbot et Citroën étaient à feu et à sang. Grâce à lui, les socialistes ont fait un bond de plusieurs années dans leur compréhension de l'entreprise et de ses contraintes. Il choisit toujours la voie la plus directe : celle du bon sens. Alors, rien ni personne ne l'en détournera. Passer pour un imbécile ne lui pose aucun problème, s'il juge que c'est la meilleure tactique pour arriver à ses fins, qui peuvent êtres considérables mais aussi parfaitement subalternes.

Sa jouissance? Tirer des hommes et des femmes qui l'entourent le meilleur d'eux-mêmes. C'est du moins ce qu'il pense. Eux trouvent qu'il leur presse le citron au-delà de toute décence, avec une sorte de joie sauvage : celle du grand inquisiteur qui débusque le péché enfoui dans les tréfonds les plus obscurs de l'âme. Sous ses allures policées, Jacques Calvet masque une violence extrême, allant parfois mettre en cause jusqu'à la cohérence de sa personnalité. Ce croisé excelle à la guerre, mais s'ennuie en garnison. Ayant redressé

Peugeot – et de quelle manière! –, que lui reste-t-il à faire? Donner des leçons à l'Europe entière et expliquer l'écologie aux Verts allemands, en menant en solitaire des combats d'arrière-garde contre les pots catalytiques? Cela l'occupe, un point c'est tout. Écarter les Peugeot, comme d'autres managers l'ont fait avant lui avec d'autres familles, au nom de « l'intérêt de l'entreprise » qui masque souvent le leur? Il n'y est pas prêt.

Ce patron de combat incarne toutes les contradictions de la société française. Il respecte et défend encore les intérêts de la famille Peugeot, mais n'a jamais servi qu'un seul maître : l'État. Il faut voir avec quel ravissement il se félicite, en privé, d'avoir été à nouveau « détaché » de la Cour des comptes, alors qu'à cinquante-huit ans, et avec sa carrière, il devrait logiquement renier ce lien devenu symbolique.

Autant dire qu'avec lui, c'est une tranche épaisse et savoureuse de l'économie mixte qui nous est servie. Il a tout connu : directeur de cabinet de Valéry Giscard d'Estaing au ministère des Finances, il fut l'un des chantres de l'interventionnisme public, à un degré inimaginable aujourd'hui. Avec Giscard, il faisait la paire. Pas un dossier d'implantation, pas un investissement étranger, si mineur soit-il, pas un projet de fusion entre deux entreprises privées qui ne soit passé – pour avis, comme on dit – dans son bureau. Un seul dossier lui échappait, comme à tous les ministères : Concorde, voulu par le Général et soutenu avec ferveur par Michel Debré.

A la tête de la BNP, où Giscard l'a placé, il découvre les délices de l'entreprise nationale gérée comme une entreprise privée, la garantie de l'État en plus. Respectueux de la prééminence publique et déjà fanatique de l'action, il est parfaitement à son aise dans cette cathédrale baroque. Ce qui ne l'empêche pas, en 1982, d'être viré du jour au lendemain pour cause de filiation giscardienne et surtout parce qu'il fallait faire de la place pour René Thomas, proche de François Mitterrand. Il tombe alors de très haut, et ne s'en est jamais remis. Sa haine à l'égard du pouvoir socialiste s'était pourtant apaisée. Mais l'affaire de la Société Générale a tout fait basculer, minant la confiance réciproque qui renaissait entre le public et le privé. A cause d'elle, le secteur public a changé de nature. Plus question d'entretenir un lien – autre que commercial – avec les entreprises publiques : « Quelle que soit la valeur – et parfois le courage – de leurs dirigeants, ceux-ci restent soumis au renouvellement de leurs mandats, donc au fait du prince. »

Bien sûr, son entêtement à soutenir Pagezy – alors même que se profilait la défaite – a été perçu comme un échec cinglant. Calvet en a tiré les conclusions immédiates en rendant son mandat d'administrateur du Midi et de Paribas, en raison du soutien de la banque apporté à Bébéar. Mais le patron de Peugeot SA a pris date. Il place la fidélité aux hommes et à la doctrine au-dessus des intérêts du moment. Si un jour un nouveau leader de combat doit émerger du grand patronat privé, nul ne peut en douter : ce sera lui !

Des patrons d'entreprise publique comme Jean Peyrelevade ou René Thomas pensent, eux aussi, que l'attaque ratée de la Société Générale provoquera des ravages à long terme sur les relations entre les deux systèmes, appelés à coexister durablement. Ils sont convaincus de la nécessité, pour le secteur public, de se refaire une virginité, avant d'être à nouveau admis comme partenaire à part entière. Pour y parvenir, une seule exigence : cantonner l'État dans son seul rôle d'actionnaire. « Toute action de l'UAP qui sortirait du cadre de la défense des seuls intérêts patrimoniaux de l'État porterait immédiatement atteinte à ces intérêts, explique Jean Peyrelevade. Nous y perdrions en effet cohésion interne et légitimité externe. »

Cette quête d'indépendance sur fond de sociale-démocratie déculpabilisée, qui révulse l'Élysée et le ministère des Finances mais que soutiennent Matignon et le ministère de l'Industrie, donne à ceux qui l'assument une épaisseur imprévue. Dès lors, ne faut-il pas chercher les nouveaux leaders de l'establishment économico-politique parmi ceux des présidents d'entreprise publique dont les qualités dépassent de beaucoup le cadre de leurs fonctions? La bande est hétéroclite. Il y a d'abord tous ceux qui n'en reviennent pas d'avoir passé sans dommage la double alternance : René Thomas (BNP), Michel Albert (AGF), Alain Gomez (Thomson) mais aussi Roger Fauroux et d'autres sont convaincus de porter en eux les bases d'un large consensus, politique et économique, en dépit de leurs mérites inégaux. Il y a les patrons sans aucune attache à gauche, mais qui, ayant été reconduits par elle – comme Jean-René Fourtou ou Jean Gandois –, s'estiment investis d'une légitimité qui leur permet de préparer les privatisations qu'ils appellent de leurs vœux. Il y a enfin les patrons d'entreprise publique dits « de gauche » qui pensent et parfois disent la même chose, avec la crédibilité supplémentaire que leur confère leur provisoire mort au champ d'honneur de 1986 : Loïk Le Floch-Prigent et surtout Jean Peyrelevade entrent dans cette catégorie.

Chacun a son caractère, mais ils chassent en bande, sur le même territoire, avec une seule idée en tête : obtenir la privatisation partielle des entreprises qu'ils président. Comme la plupart d'entre eux n'osent pas encore la réclamer ouvertement, en raison du dogme « ni privatisations, ni nationalisations » – le « ni-ni » – édicté par François Mitterrand, une vaste campagne de contournement a été lancée sur le thème de l'insuffisance des fonds propres des entreprises publiques par rapport au secteur privé. Conclusion implicite : il faut ouvrir leur capital à des actionnaires privés minoritaires, puisque les sommes en jeu sont hors de proportion avec ce que peut apporter le budget de l'État. Roger Fauroux, avec la neutralité bienveillante de Michel Rocard, a joué un rôle actif dans cette campagne en s'opposant publiquement, une nouvelle fois, à Pierre Bérégovoy.

Le ministre des Finances a la logique avec lui : les fonds propres sont indispensables pour protéger les entreprises privées des aléas de la conjoncture et des attaques inopinées, ou pour leur permettre d'acheter des concurrents ou des parts de marché, mais ils le sont beaucoup moins pour les entreprises publiques, dont la permanence est évidemment garantie par l'État. En outre, fait valoir Pierre Bérégovoy, chaque fois qu'une entreprise nationale a demandé à l'État de l'argent pour réaliser une opération intéressante, elle l'a obtenu. Parfois même en prenant des libertés avec le « ni-ni », comme ce fut le cas pour le rachat d'American Can par Pechiney.

Mais la logique ne suffit plus : après le coup de force de Peyrelevade, le rapport s'est complètement modifié. L'ensemble des entreprises publiques, rentables et agressives, ont redressé la tête. Face à l'État humilié, la nouvelle bande de loups qui les dirige, forte de la légitimité qu'elle s'est elle-même octroyée, est en train de conquérir sa pleine autonomie. Elle attend son heure, méditant les propos de Roger Fauroux à propos du statut anachronique mais mythique de Renault : « Attendez qu'il tombe de lui-même ! »

L'ÉTAT HUMILIÉ

Les loups entre eux

Un État humilié, généralement, ça mord. Pourtant, pour la première fois en France, il ne s'est rien passé de tel. Une affaire Société Générale ? Elle a été gonflée par les médias. Des pressions ? Elles ont été démenties. Des actes d'insubordination ? Purs fantasmes ! D'ailleurs, tous les présidents d'entreprises publiques qui ont été mêlés à cette opération n'ont-ils pas été, sans exception, reconduits dans leurs fonction en juin 1989, à la date de renouvellement de leurs mandats ? Ceux qui ont senti le vent du boulet sont même, curieusement, ceux qui s'étaient ouvertement rangés du côté de Georges Pébereau et du ministère des Finances : Alain Gomez et François Heilbronner. Robert Lion reste directeur général de la Caisse des Dépôts et tente de faire valider le principe de son intervention sur la Société Générale en apportant 1 milliard de francs au Crédit Lyonnais – banque de dépôt nationalisée –, dont la caisse devient actionnaire. Georges Pébereau fait comme s'il allait rebondir, en dépit du scepticisme général. Il s'est remis à boire et mange normalement.

Pierre Bérégovoy a arraché la nomination de son conseiller Patrick Careil à la présidence de la petite banque Hervet. Après la « démission » de Boublil, voilà une récompense bien venue, qui permet au passage d'éloigner un des acteurs principaux de l'affaire. Yves Mansion, directeur général adjoint du cabinet, a rejoint pendant l'été 1989 les AGF pour y prendre, début 1990, la direction générale. Le ministère quitte la rue de Rivoli, symbole de sa toute-puissance, pour rejoindre le quai de Bercy, avec une nouvelle virginité. Charles Salzmann est parti de l'Élysée pour prendre la présidence de la Société du tunnel du Mont-Blanc, une sinécure qui avait été offerte, en son temps, à Édouard Balladur. Au lendemain du succès des fêtes du bicentenaire et du sommet des chefs d'État qu'il avait préparé, Jacques Attali lui-même annonce son prochain départ du château. Jean Farge, après l'enterrement de 1re classe du rapport de la COB sur la Société Générale, s'apprête à quitter cette institution provisoirement remise au pas.

Bientôt, si l'on n'y prend garde, les traces apparentes du cataclysme auront disparu. Tout le monde y a intérêt [1]. Le gouvernement s'emploie à renouer patiemment les fils du dialogue interrompu entre l'État et les entreprises. D'abord, calmer le jeu. La « surréaction » de Pierre Suard vis-à-vis du pouvoir socialiste est jugée normale à Matignon – comme au ministère de l'Industrie – après « l'agression » dont la CGE a été l'objet. Quant à la Société Générale, elle bénéficie désormais de toutes les indulgences. Le message est clair : l'État, qui s'est fourvoyé vers des rivages où jamais il n'aurait dû s'aventurer, doit adopter définitivement un profil bas pour que, sur fond d'intérêt commun et de respect mutuel retrouvé, l'indispensable confiance revienne peu à peu. L'acte de contrition n'est pas public, mais il est réel, et compris comme tel dans les milieux d'affaires.

Un faux pas sans lendemain, l'affaire de la Société Générale? Certainement pas : elle marque sans conteste, avec la faillite de Creusot-Loire et le changement de politique économique de 1983 qui a entraîné le président et toute la

1. Tout le monde ou presque. Car les batailles pour le pouvoir dans un contexte de succession présidentielle font rage au sein du PS et l'armistice entre Michel Rocard et Pierre Bérégovoy à propos de la Société générale et de la politique de dénoyautage n'a pas mis un terme aux indiscrétions orientées. La mise en cause de Jean-Charles Naouri – qui visait indirectement le ministre des Finances –, dont le nom a été délibérément sorti du rapport secret de la COB par un proche du juge Michau, est à rapprocher de ces combats fratricides. Elle émanait de l'entourage de Laurent Fabius.

gauche française dans l'engrenage européen – et libéral –, une date historique dans le recul du pouvoir d'État en France. Avec l'affaire de la Société Générale ou du dénoyautage des sociétés privatisées, la France, pendant quelques semaines, hésite entre deux modèles : l'ancien, d'origine latine, où l'État, qu'il ait raison ou tort, a toujours finalement dicté sa loi aux agents économiques; et le futur, celui d'un pays démocratique à l'anglo-saxonne, pourvu d'une morale plus exigeante et doté d'organes de pouvoir décentralisés détenant chacun une parcelle de souveraineté. Une évolution dont le coup d'envoi peut être daté du début des années soixante-dix, quand le Conseil constitutionnel, conçu par le général de Gaulle comme un simple soutien du pouvoir exécutif, a pris peu à peu son autonomie, à l'image de la Cour suprême aux États-Unis. Cette émergence irrépressible de la société civile, qui s'accélère en politique, gagne désormais le monde des affaires.

Tous les patrons ont ressenti cet événement comme un signe avant-coureur de la deuxième mort de Colbert. Ou les premières douleurs d'un accouchement de liberté. C'est bien sûr le cas des patrons d'entreprise publique. Mais aussi d'hommes comme Jean-Luc Lagardère, qui a lui aussi fondé son empire sur les relations incestueuses avec l'État. Il a rajeuni de dix ans, selon un de ses proches, depuis qu'il a réalisé qu'il allait pouvoir enfin conduire ses affaires tout seul. Ils sont très nombreux dans son cas, sidérés de voir que l'État a reculé devant le bon sens et le bon droit.

Peut-on d'ailleurs parler d'un État, dans cette affaire? Il est apparu multiple, faisant référence à des cultures et des comportements différents, parfois contradictoires. Il y a l'État incarné par le couple Bérégovoy-Boublil, désireux d'intervenir – pour le bien commun, bien entendu – dans le monde de l'argent. L'État-arbitre tel que l'envisage Jean-Claude Trichet : un rôle qui se mérite sur les seuls critères de la compétence technique, la hauteur de vue distanciée et la neutralité. L'État-grand frère, mélange d'autorité, de chaleur et de complicité, tel que cherche à l'incarner – jusqu'ici avec succès – Michel Rocard. Et demeure, bien sûr, l'État-impérial, celui de François Mitterrand. Il y a aujourd'hui, en France, autant de formes d'État que de dépositaires d'une parcelle de la puissance publique. C'est la marque évidente des périodes de transition, lorsque les initiatives des hommes suppléent à l'absence de règles claires, reconnues et adoptées par tous.

Les perspectives ouvertes sont considérables, dans plusieurs domaines. En termes de politique politicienne, le Premier ministre a bien évidemment imposé sa vision de la société, face à Pierre Bérégovoy et même face au président. Bien sûr, celui-ci peut toujours réagir. Mais quelle est sa véritable marge de manœuvre, alors que les hommes, les réseaux et la nouvelle idéologie sociale-démocrate, à tendance auto-gestionnaire, sont en place ? Après Mai 1968, le général de Gaulle lui même n'avait-il pas en main tous les pouvoirs, avec une Chambre à sa dévotion, alors que chacun savait – simple question de temps – qu'il avait perdu la partie ? Il y a là, en tout cas, tous les germes du conflit obligatoire entre le chef de l'État et son Premier ministre.

Pour le monde des affaires aussi, le cataclysme de la Société Générale est considérable. La privatisation des entreprises publiques du secteur concurrentiel est désormais inscrite dans les faits. Elle pourra être niée, occultée, retardée ou contournée, mais elle est inéluctable - n'en déplaise au chef de l'État qui mesurera sans doute là les limites de tout pouvoir politique. Peut-être aura-t-elle lieu – comme c'est souhaitable – progressivement, dans un contexte apaisé, au gré des situations particulières et des opportunités, si Michel Rocard parvient à imposer ses vues.

A l'anglo-saxonne, le recul de l'État omnipotent va s'accompagner d'un développement de l'État réglementaire, sur des bases nationales et plus encore européennes. Pour les entreprises privées et publiques, comme pour leurs patrons, la recherche des faveurs du prince va devoir céder la place au respect des lois, de plus en plus contraignantes. A l'âge de la « démocratie financière », les loups vont devoir apprendre à vivre en République.

INDEX

TABLE DES MATIÈRES

Cet ouvrage a été réalisé sur
Système Cameron
par la SOCIÉTÉ NOUVELLE FIRMIN-DIDOT
Mesnil-sur-l'Estrée
pour le compte des Éditions Calmann-Lévy
le 4 septembre 1989

Imprimé en France
N° d'éditeur : 11529/01
Dépôt légal : septembre 1989
N° d'impression : 12674